SAINT-SULPICE-LE-VERDON

MONOGRAPHIE

DE

SAINT-SULPICE-LE-VERDON

(CANTON DE ROCHESERVIÈRE — VENDÉE)

PAR

A. DE GOUÉ

DOCTEUR EN DROIT, LAURÉAT EN SORBONNE

LUÇON

M. BIDEAUX, IMPRIMEUR DE L'ÉVÊCHÉ

1913

MONOGRAPHIE

DE

SAINT-SULPICE-LE-VERDON

(CANTON DE ROCHESERVIÈRE – VENDÉE)

PAR

A. DE GOUÉ

DOCTEUR EN DROIT, LAURÉAT EN SORBONNE

LUÇON

M. BIDEAUX, IMPRIMEUR DE L'ÉVÊCHÉ

1913

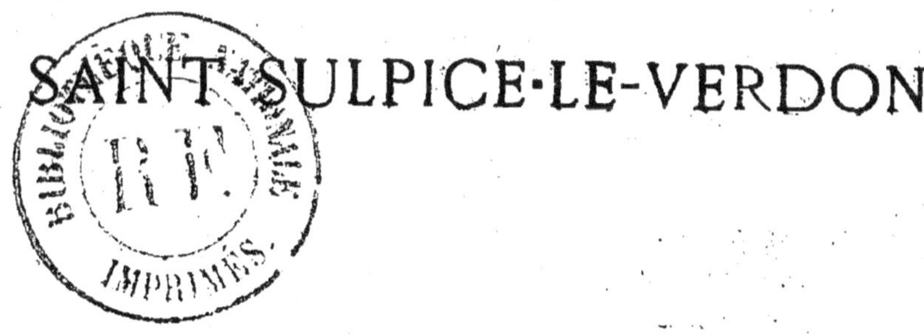

SAINT-SULPICE-LE-VERDON

CHAPITRE I

GÉNÉRALITÉS

§ I. — *Etymologie*

Saint-Sulpice-le-Verdon doit l'origine de son nom au patronage d'une chapelle dédiée, depuis les temps les plus reculés (avant 1182), à *saint Sulpice*, le pieux évêque de Bourges († 591) dont on célèbre la fête, suivant le martyrologe romain, le 17 janvier.

Si son nom, comme celui de presque toutes les localités qui sont placées sous le vocable d'un saint, ne permet pas de se livrer à quelque investigation sur ce point, il n'en est pas de même pour celui de *Verdon* ajouté au nom de son illustre patron, et qui, contrairement à un usage assez commun, n'est pas emprunté à la rivière qui baigne son territoire. Aussi a-t-il, depuis bien longtemps déjà, vivement intrigué les archéologues et les étymologistes vendéens.

Il est utile tout d'abord de constater, avec M. Dugast-Matifeux, que ce surnom donné à Saint-Sulpice ne paraît pas remonter bien loin. L'une des chartes de fondation de l'hôpital de Montaigu en 1182, le *Grand-Gauthier* rédigé vers 1300, le procès-verbal de visite de l'archidiacre Marchant en 1534 et les divers pouillés du diocèse de Luçon mentionnent tout simplement cette paroisse par ces mots : *ecclesia Sancti Sulpicii* (1). Si on veut la distinguer des autres localités de ce nom, on l'appelle *Saint-Sulpice-lez-Montaigu*, comme étant située près de Montaigu et dans sa seigneurie, de même qu'autrefois Chavagnes-en-Paillers et Saint-Georges-de-Montaigu étaient dénommées Chavagnes-lez-Montaigu, Saint-Georges-lez-Montaigu. Ce deuxième nom lui est donné, par exemple, dans l'acte de partage de la succession de damoiselle Perrette Chabot, dame de la Chabotterie, le 7 août 1593. C'est seulement le 17 janvier 1679, sur les registres paroissiaux de Saint-André-Treize-Voix, à l'acte de mariage de Pierre Douaud avec Renée Audureau, « de la paroisse de Saint-Sul-« pice-le-Verdon », que nos recherches nous ont permis de rencontrer pour la première fois le qualificatif de *Verdon* attaché au nom de *Saint-Sulpice*.

Suivant une opinion (M. l'abbé Th. de Goué), ce surnom lui serait venu de deux mots latins, *vere donum*, *vrai don*, par corruption *verdon*, lesquels auraient été donnés à la gloire d'un bienfaiteur ignoré ou du fondateur de la paroisse. — Cette opinion fort spécieuse devrait être justifiée par quelque preuve authentique, et ce don si magnifique aurait dû tout au moins laisser un vague souvenir dans la tradition locale.

______

(1) Il est à noter que le *Grand-Gauthier* de 1300 orthographie *Sancti Supplicii*, et que nombre de vieux titres français écrivent *Saint-Sulplice* ou *Supplice*. Cette transcription est conforme à la prononciation paysanne, et c'est, dit-on, en raison de cette ressemblance avec le terrible mot *supplice* qu'il y a eu si peu d'enfants de la paroisse à porter le nom de leur saint patron.

D'autres ont voulu donner une origine plus bizarre encore. Le ruisseau de l'Izoire, qui passe auprès du bourg et qui traverse dans toute sa largeur la paroisse, contient un grand nombre de petits poissons appelés scientifiquement *vairons* ou *vérons*, et que le peuple nomme *vredons*, prononciation qu'il donne fréquemment au mot Verdon. — Mais le fait n'est pas particulier à Saint-Sulpice, les ruisseaux qui passent dans les bourgs voisins sont tout aussi poissonneux et nous ne citons cette opinion que pour mémoire, car elle est sans valeur.

D'autres encore, mais plus savants cette fois, voudront peut-être trouver tout simplement son étymologie dans un vieux mot français, maintes fois employé sur les anciens titres pour désigner un cordeau, une corde légère. Les *Glossaires* et dictionnaires de l'ancienne langue française mentionnent plusieurs passages où le mot verdon est pris dans ce sens : en 1389, par exemple, on lira « pour XXX toyses de menue corde appelée verdon » ; en 1494 « item, pour une glenne de verdon », etc. On pourrait donc supposer que Saint-Sulpice serait devenu un centre de cordiers et de tisserands renommés par leur adresse dans tout le voisinage et que, pour ce motif, l'usage lui aurait fait attribuer le surnom de Verdon, vers le milieu du XVII° siècle.

Mais cette dernière hypothèse que nous prévoyons — car jamais elle n'a été formulée — ne peut, malgré sa plus grande vraisemblance, être davantage admise, et l'interprétation donnée par M. Dugast-Matifeux, dans sa monographie sur la Chabotterie (1), est seule plausible et seule raisonnable. Le qualificatif *Verdon* vient du mot latin *viridis* — *vert, verdoyant* — attribut qui est déjà rapporté en quelque sorte dans la charte de fondation de l'Aumônerie de Montaigu en 1182, « *capella silvestri de Sancto Sulpitio* — la chapelle forestière de Saint-Sulpice ». C'est la première mention de Saint-Sulpice dans l'histoire.

____

(1) *Echos du Bocage Vendéen,* 1884, p. 129-136.

Il ne nous suffit pas cependant de donner la significa·
tion du mot Verdon, ajouté à Saint-Sulpice, et de rap·
peler que cette paroisse, située en plein cœur du Bo·
cage, était couverte de nombreux et épais taillis ainsi
que de petites prairies toujours verdoyantes entourées
de haies aux arbres bien fournis. Les archives de la
Chabotterie, auxquelles nous avons eu si souvent re·
cours pour la rédaction de la monographie des commu·
nes de ce canton de Rocheservière, permettent de don·
ner une origine plus précise encore. On lit, en effet,
dans tous les aveux et dénombrements faits par les sei·
gneurs de la Chabotterie aux barons de Montaigu, en
1454, 1599, 1701, etc., l'article suivant : « ... Item (moi
« seigneur de la Chabotterie ai droit) sur le *pré Ver·*
« *don* (1), tenant à la rivière de Lizoire et au chemin de
« Saint-Sulpice au Luc, neuf deniers et quatre bois·
« ceaux d'avoine en chacune feste de Notre-Dame de
« My Aoust de cens et devoir féodal, lesquels neuf
« deniers m'apartiennent avecq la féodalité dudit pré. »

Il ne peut plus y avoir d'hésitation possible. Le sur·
nom ajouté à Saint-Sulpice vient d'un pré placé dans le
fief de la Chabotterie appelé le *Pré Verdon*, que sa
situation et la qualité du terrain recevant les eaux
grasses du bourg rendaient tel, qu'il était désigné
comme le pré *vert* par excellence. Il touchait au bourg
d'une part, et était limité d'autre part par le chemin de
Saint-Sulpice aux Lucs et par l'Izoire dont les gracieux
méandres passent à cent mètres du bourg (2).

---

(1) En 1599, il est écrit comme on prononce alors, c'est-à-
dire *Vredon*.

(2) Le *pré Verdon* n'existe plus sous cette dénomination,
mais il devait évidemment tenir l'emplacement des pièces de
terres désignées au cadastre de 1838 sous le nom du *pré du
pont* et du *pré de la cure*, lequel avait été donné à la cure avec
d'autres terres par les seigneurs de la Chabotterie, à la fin du
XVIIe siècle. Ils forment aujourd'hui une partie du parc du
Logis, appartenant à M. Gourraud, qui les tient par acquisi·
tion de M. Savin depuis 1874.

L'étymologie des autres villages de la commune est d'origine variée. Les *Forges* rappellent les anciennes forges établies près de la *via* lors de domination romaine ; l'*Hopitaud* vient du mot latin *hospitium*, gîte, asile, et date de la même période ; le *Sableau*, du terrain sablonneux sur lequel est construit le village ; le *Fossé* ou les *Fossés*, des fossés profonds qui s'y trouvaient jadis ; la *Chevasse* ou *Chevace*, moins du fameux chêne des vassaux, comme le prétend la tradition, que des mots latins *cava*, *cavatio*, qui expriment l'idée de cuvette, de réservoir ; *Villeneuve*, d'une ferme ou *villa* nouvellement construite au début du Moyen-Age ; la *Vieille-Cour* (ou Vieille-Chabotterie), d'une dépendance de la Chabotterie qui même aurait été le château primitif ; le *Cossillon*, dont nous ne pouvons préciser l'origine, mais qui semble dériver de cosse ou cosson. Tous les autres noms de lieux ayant leur terminaison en *ière*, ainsi que la *Chabotterie* appelée parfois Chabottière, tirent leur origine d'un nom de personne, tels Bégaud, Caillaud, Chabot, Morin, Villate, etc.

§ II. — *Topographie et Hydrographie*

La commune de Saint-Sulpice-le-Verdon, située sur un vaste plateau à peu près sans aucun accident de terrain, a comme points culminants le moulin de la Bégaudière et l'ancien moulin de la Chabotterie dit aussi de la Chevasse, placés aux extrémités nord et sud de son territoire et cotés tous deux par la carte d'Etat-Major à 74 mètres au-dessus du niveau de la mer. La Chabotterie, à 59 mètres, est la construction dont les assises sont les plus basses de la commune ; mais le point le moins élevé de son territoire est le niveau de l'Izoire à la Caillaudière-aux-Tireaux, coté 56 mètres.

La superficie totale est de 1.405 hectares, qui se répartissent en terres labourables, vignes (25 hectares), prés, bois, landes, propriétés bâties, etc. Le sol azotique et cristallophyllien, appartenant à l'époque primaire, comporte des terres lourdes et fortes, très imperméables, mais qui, grâce aux engrais, produisent d'excellentes cultures ; cette couche relativement peu épaisse repose sur un terrain siliceux et de grès. Les receveurs des tailles, qui dressèrent en 1750 un *Etat des paroisses du Poitou* en font la description suivante : « Saint-Sulpice- « le-Verdon a 94 feux et 30 charrues ; le tiers en terres « labourables bonnes à seigle, plus un quart en landes, « le reste en pâtis ; il y a quelques vignes ; plusieurs « bretons y exploitent des terres et ne payent que la « taille, point de fouages ny capitation (1). » Aujourd'hui les landes ont été défrichées, et c'est à peine s'il en subiste deux ou trois hectares.

Il convient encore d'ajouter que le territoire de la commune est recouvert de plusieurs taillis mais de peu d'étendue, à l'exception de ceux de la Bégaudière. D'ailleurs, malgré les nombreuses routes, de quelque côté que l'on porte le regard, la vue est arrêtée par les chênes — en général émondés — qui se succèdent sans fin à l'entour des champs et sur le bord des chemins, donnant au pays l'aspect d'une vaste forêt. Mais ces arbres si robustes, auxquels le Bocage emprunte son cachet particulier, n'ont pas été sans éprouver, ces dernières années (depuis 1908), les atteintes de multiples maladies, et en particulier du blanc du chêne ou oïdium qui ont, hélas! bien diminué et leur nombre et leur majesté.

Cette perte irréparable peut influer gravement sur les cultures en raison du régime des eaux. Les cours d'eaux sont, en effet, aussi peu importants que peu nombreux ; tout au plus doit-on citer l'Izoire, la Rue et l'Oignon.

L'*Izoire* ou *Isoire* (et non pas l'Issoire, comme l'écrivent les cartes du ministère de l'Intérieur), qui prend sa source à la Normandelière, commune de la Copecha-

---

(1) *Bibl. de Poitiers*, Mss. 344 (368) et 582.

gnière, traverse tout le territoire de Saint-Sulpice, de l'est à l'ouest, en passant par la Chevasse, la Chabotterie, le bourg, la Caillaudière, et va se jeter à six lieues de là dans la Boulogne.

La *Rue* (et non le Bac, erreur typographique de la carte du ministère de l'Intérieur), petit affluent de la Boulogne, sert de limite aux communes des Lucs et de Saint-Sulpice sur un parcours d'un kilomètre. L'*Oignon*, qui se jette dans le lac de Grandlieu, prend sa source au nord-est de la paroisse, près de l'ancien château de la Bégaudière, dont il alimentait jadis les douves.

§ III. — *Voies de communications*

Saint-Sulpice, du temps de la domination romaine, avait sa *via*, coupant son territoire d'une ligne allant du nord au sud-ouest. M. Dugast-Matifeux a signalé l'existence de cette voie romaine partant de Saint-Georges-de-Montaigu ou *Durivum* pour aller au camp romain du Luc en passant par le poste de l'Herbergement. Il écrivait, en 1858, dans la *Revue des Provinces de l'Ouest* (1) : « Nous avons constaté sur le cadastre que le chemin « vicinal de Saint Georges à l'Hébergement fait suite, « en ligne droite, à l'ancien chemin de l'Hébergement « au Luc, qui s'étend sur une grande partie de la voie « romaine, comme on va le voir. Puis elle traverse « l'extrémité sud-est du bourg et les champs de Bois-« ville, où elle est très évidente, à 132 mètres de « distance de l'enceinte stratégique ; coupe la grande « route départementale de Montaigu à Napoléon, pres-« que en face l'avenue de Bois-Cholet ; longe ensuite « l'ancien chemin du Luc, qui lui est presque constam-

____

(1) Article reproduit dans les *Echos du Bocage vendéen,* 1885, p. 100.

« ment superposé tant qu'il reste droit ; s'écarte à tra-
« vers champs, pendant un kilomètre, avant les Forges
« qu'elle laisse à gauche, à 150 mètres environ. Elle se
« rencontre, au pré Pétrau, avec l'ancien chemin qui la
« suit encore jusqu'à la Croix-Gétière, où elle l'aban-
« donne de nouveau pour filer directement sur la Re-
« naullière, puis entre la Séguinière et l'Hôpitau, où
« elle est rejointe par le chemin. Là, dans le champ de la
« Roire (rigole), à quelques pas de la voie et du chemin
« réunis, nous avons vu, sur l'indication du métayer, un
« gisement de débris de tuiles à rebord et de poterie
« usuelle, qui constate l'existence sur ce point d'un éta-
« blissement gallo-romain de quelque importance, tel
« qu'une petite *villa*, ou peut-être une maison d'hospi-
« talité qui aurait laissé son nom à la ferme (l'Hôpi-
« taud). Une fouille y a été pratiquée, il y a quelques
« années, par les propriétaires ; mais comme elle avait
« plutôt pour but de trouver un trésor que de procéder
« à une recherche d'antiquités, elle serait à reprendre
« pour connaître l'objet des constructions, s'il est
« possible.

« La voie laisse ensuite les Repos à gauche, traverse
« les landes du Luc et arrive au village du nom carac-
« téristique de Chef-du-Pont, sur la Boulogne, au-des-
« sous du magnifique camp romain du petit Luc. Notre
« ami, M. Dutertre (qui fait d'excellente agriculture
« théorique et pratique sur les lieux), a parfaitement
« constaté à l'Hébergement et aux Forges la rectitude
« de cette voie à travers les champs, tandis que la dé-
« viation suivie au moyen-âge s'écarte de la ligne droite.
« Nous l'avons nous-même vérifiée avec lui, mais sans
« la suivre plus loin que le petit Luc. »

Peu à peu, suivant les besoins, se créèrent d'autres
chemins, à grand'peine praticables pendant l'hiver, en
raison de la nature du sol absorbant difficilement les
eaux. Plusieurs de nos routes actuelles ont suivi le
tracé des vieux chemins qui existaient avant la Révolution ; quelques-uns, cependant, qui étaient alors d'un

passage fréquent, ont été, par suite des voies nouvelles, délaissés peu à peu. Tel est le cas du chemin de Saint-Sulpice à la Copechagnière par Villeneuve ; c'est celui de l'Herbergement à l'ancien village de la Gestière et aux Lucs par les Forges ; c'est surtout celui de l'important chemin de Rocheservière à Saint-Denis-la-Chevasse par l'ancien moulin de la Chabotterie, chemin tracé sur les cartes de Jaillot et de Cassini, et auquel aboutissait celui partant de la Chabotterie et qui menait directement aux Lucs.

Voici quelles sont actuellement les voies de communications :

1º Chemin de grande communication nº 7, de Luçon à Saint-Etienne-de-Corcoué.

2º Chemin de grande communication nº 18, de Palluau à Saint-Denis-la-Chevasse (par la Copechagnière).

D'ordinaire on les désigne sous le nom de : 1º route de l'Herbergement aux Lucs ; 2º route de Mormaison à la Copechagnière.

Ces routes, qui empruntent toutes les deux les numéros 7 et 18, traversent le bourg et coupent en angle droit dans toute sa longueur et sa largeur le territoire de la commune, la première du nord-est au sud-ouest, la seconde du nord-ouest au sud-est.

3º Chemin de grande communication nº 33, de Luçon à Clisson, qui a suivi à peu près le tracé de l'ancienne route royale avant la Révolution. Cette route, passant sur toute la longueur Est de la commune par la Chevasse, construite sous Napoléon Iᵉʳ en 1806, fut la grand'route impériale de Nantes à Bordeaux ; puis elle devint route départementale, et elle a été enfin déclassée pour être comprise parmi les chemins de grande communication, bien qu'elle ait conservé encore son ancienne importance.

4º Chemin vicinal ordinaire nº 4, de Saint-Sulpice à Saint-André.

5º Chemin vicinal ordinaire nº 5, de la Chevasse à Saint-Denis.

6° Chemin vicinal ordinaire n° 6, de la Gestière à la Boulaye.

7° Chemin vicinal ordinaire n° 7, de la route des Lucs à la Siffraire.

8° Chemin vicinal ordinaire n° 8, de la Caillaudière aux Forges, en voie d'achèvement.

9° Chemin vicinal ordinaire n° 9, de la Lissonnière à la Villatière et continuant vers la grand'route, en voie d'achèvement.

10° Chemin vicinal ordinaire n° 10, de la route de Mormaison au pont de la Caillaudière aux Tireaux.

11° Chemin vicinal ordinaire n° 11, de la Renaulière à la route n° 6.

Ajoutons enfin que parallèlement à la grande route de Nantes a été construite la ligne de *chemin de fer* de Nantes à Bordeaux, avec station à l'Herbergement, à quatre kilomètres et demi du bourg de Saint-Sulpice. Cette ligne est ouverte à l'exploitation depuis le mois de janvier 1866.

§ IV. — *Agriculture, commerce et industrie*

Cette commune est composée d'un élément essentiellement agricole. Les terres, excellentes pour les différentes céréales, sont particulièrement favorables au blé et donnent un très bon rendement; avec le blé on y cultive principalement l'avoine, les haricots et le mil. L'élevage des bêtes à cornes est considérable et donne lieu à la culture d'immenses champs de choux et de betteraves fourragères. En dehors des petits bordiers cultivant les terres dont ils sont propriétaires, on compte une quarantaine de métairies d'une superficie moyenne de trente hectares, où est pratiquée la culture intensive.

De commerce proprement dit, outre celui des céréales

et des bestiaux, il n'en existe que ce qu'il convient pour
le strict nécessaire des habitants; quant à l'industrie,
elle est absolument nulle, et on ne peut guère citer que
deux moulins à vent, et, dans le bourg, un certain
nombre de vieux métiers de tisserands, tenus par les
membres d'une même famille.

§ V. — *Curiosités et lieux marquants*

1º Le chêne de la Chevasse et sa chapelle rustique; —
2º La croix de Charette à la lisière du bois de la Chabotterie; — 3º Le château de la Chabotterie; — 4º La
Vierge miraculeuse de l'église de Saint-Sulpice.

Nous y reviendrons plus longuement au cours de cette
chronique.

§ VI. — *Population, villages*

Depuis deux cents ans que nous avons des documents
précis sur ce point, le nombre des habitants de Saint-
Sulpice a relativement peu varié. Il a progressé dans un
mouvement lent, mais régulier, si l'on en excepte les
années qui suivirent la période révolutionnaire, ainsi
que ces dernières années, pendant lesquelles une dimi-
nution assez notable s'est fait sentir.

D'après l'*Etat du Poitou sous Louis XIV*, de M. Dugast-Matifeux, on trouve Saint-Sulpice avec 112 feux;
d'après le Pouillé de dom Fonteneau (première moitié
du XVIIIᵉ siècle), cette paroisse compte 450 commu-
niants. Nous venons de voir que suivant l'état dressé
par les receveurs des tailles en 1750 et reproduit par la
Carte du Poitou en 1756, Saint-Sulpice est donné

comme ayant 94 feux et 39 charrues (1). Le 12 décembre 1764, les collecteurs de la paroisse comptent exactement 100 feux et 20 charrues (2). Lors de la convocation des Etats-Généraux, en 1789, le nombre des feux s'élève à 120. Saint-Sulpice — de même que Mormaison qui eut, jusqu'en 1838, à quelques unités près, le même chiffre de population que Saint-Sulpice, — avait donc environ 625 habitants vers 1665, pour atteindre à peu près le chiffre de 700 à la veille de la Révolution.

A peine les guerres de Vendée sont-elles terminées, que les autorités ordonnent un nouveau recensement, qui nous fournit des indications fort curieuses. Nous extrayons ce qui a trait à Sulpice-le-Verdon *(sic)* du tableau certifié par le président de l'Administration du canton des Brouzils, le 25 fructidor an IV — 11 septembre 1796 (3).

Hommes mariés ou veufs..........	54
Femmes mariées ou veuves.........	75
Garçons de tout âge.............	108
Filles de tout âge	124
Total...........	361 habitants.
Défenseurs de la République morts ou vivants.....................	0
Bœufs	30
Vaches........................	40
Veaux et génisses................	51
Chevaux	5
Moutons.......................	72
Cochons.......................	12
Total............	210 animaux.

Les guerres de la Révolution ont décimé cette paroisse au point de la réduire, bêtes et gens, de près de

---

(1) *Bib. de Poitiers*, Mss. 344 (368) et 582.

(2) *Arch. de la Chabotterie* (doss. Saint-Sulpice).

3) *Arch. dép. de la Vendée*, L. 275.

Bourg de Saint-Sulpice-le-Verdon

moitié. Il faudra attendre bien des années pour que le chiffre de la population puisse remonter au niveau perdu. En 1820, le recensement officiel accuse à Saint-Sulpice 526 habitants; celui de 1841, 608 habitants; celui de 1861, 683 habitants; celui de 1881, 722 habitants; celui de 1891, 815 habitants (maximum); celui de de 1901, 784 habitants; celui de 1906, 811 habitants; enfin le dernier recensement quinquennal du 5 mars 1911 donne à Saint-Sulpice 775 habitants, 156 feux et 160 maisons.

D'après ce recensement, cette population se répartit de la façon suivante : 170 au *bourg* comprenant 41 maisons 104 à la *Grande* et *Petite-Chevasse*, 67 aux *Caillaudières*, 45 à la *Siffraire*, 37 à la *Renaulière*, 31 à la *Villatière*, 30 aux *Forges*, 25 au *Sableau*, 24 à la *Caillaudière-aux-Tireaux*. Les autres villages sont : la *Bonnelière*, la *Chironnière*, la *Boucherie*, l'*Hôpitaud*, la *Séguinière*, la *Limouzinière*, la *Chabotterie*, la *Morinière*, le *Fossé*, la *Lissonnière*, la *Mouillonnière*, la *Vieille-Cour*, *Villeneuve*, la *Davillière*, la *Bernerie*, le *Cossillon*, le *Moulin de la Bégaudière*, l'*Audrenière*, la *Bégaudière*, la *Gendelière*, *Badreau* et la *Bodinière* (1).

§ VII. — *Mœurs et coutumes*

Le langage, les mœurs et les coutumes, les qualités et les défauts de cette population ne diffèrent guère de ceux des paroisses voisines ; aussi renvoyons-nous

---

(1) Trois petits villages ont disparu depuis plus d'un siècle, ce sont : la *Roultière*, près des Forges, la *Gestière*, à mi-route de Saint-Sulpice à la Villatière, et la *Rousselière*, au milieu des anciennes landes Maudin, du côté des Lucs, auxquels il convient d'ajouter le *moulin de la Chabotterie*, démoli depuis un demi-siècle. Par contre, la *Limouzinière* et la *Bonnelière* sont des villages récents.

au tome VII des *Chroniques paroissiales*, p. 2-15, et au chapitre préliminaire de la chronique du canton de Rocheservière, t. VIII, p. 5-13 (1).

Toutefois, au moment de clore l'histoire de cet intéressant canton, qu'on nous permette de revenir une fois encore sur ce sujet, et de donner quelques nouveaux détails concernant plus spécialement Saint-Sulpice-le-Verdon.

Cette paroisse a la réputation, bien méritée d'ailleurs, de s'être conservée l'une des meilleures et des plus chrétiennes de toute la Vendée. Son esprit de foi se manifeste d'une façon vraiment imposante à chaque solennité religieuse, quand cette longue théorie d'hommes, qui ne semble finir jamais, s'approche de la sainte table; la fête de Pâques n'est guère davantage célébrée, et pourtant c'est tout au plus si l'on compte deux ou trois égarés refusant de satisfaire au devoir pascal.

Veut-on un exemple plus frappant encore des sentiments religieux de cette population et que plusieurs journaux ont relaté déjà ?

Le mercredi 16 octobre 1907, on célèbre à Saint-Sulpice deux mariages auxquels ont été conviés presque tous les habitants de la commune ainsi que plusieurs familles de Mormaison et de Saint-André. La plupart accompagnent à l'église les mariés pour prendre place ensuite, au nombre de sept cents, autour des nouveaux époux (J. et T. Lardière) au repas de noce qui, comme tous ceux de la contrée, ne se laisse guère distancer par les festins de feu Gargantua, célébrés par Rabelais.

Or, l'on est en plein mois du Rosaire, et à l'église, après la célébration de la messe, le curé, se tournant

---

(1) Voir également l'intéressant ouvrage de Jehan de la Chesnaye (M. Poiraud), *le Bocage qui s'en va*, publié dans la *Revue du Bas-Poitou*, et en tirage à part en 1911. L'auteur, qui fut longtemps instituteur à l'Herbergement, a relevé un bon nombre d'anciennes coutumes et de vieux dictons de cette région.

vers les invités, leur dit : « Mes chers amis, toute ma
« paroisse est aujourd'hui conviée à ces noces heureu-
« ses. Il va m'être impossible ce soir de célébrer la cé-
« rémonie quotidienne du Rosaire, à moins que vous
« n'acceptiez de distraire quelques instants à vos ré-
« jouissances. Je vous invite donc à revenir tous ensem-
« ble, à quatre heures, pour la cérémonie religieuse,
« qui, au lieu de l'interruption que je pourrais craindre,
« n'aura jamais eu pareille solennité. »

L'avis est entendu. A quatre heures sonnant les
danses cessent et, violons en tête, toute la noce derrière
les jeunes époux revient à l'église où est récité le chapelet suivi de la bénédiction du Saint Sacrement. L'é-
glise est pleine ainsi qu'aux plus grands jours de fête.

D'autres faits, mais qui sont communs à tout le canton et même aux cantons avoisinants, viennent attester
la foi profonde de la population.

Nulle part en France, même en Bretagne, on ne rencontre autant de croix et de calvaires ruraux aux em-
branchements des chemins que dans cette partie du Bocage. La croix, en bois ou en pierre, est simple et n'a souvent pour tout ornement qu'un ou plusieurs cœurs enflam-
més qui ont pour but de mieux affirmer la dévotion du ou
des donataires au Sacré-Cœur de Jésus, dévotion dont la
plus grande manifestation humaine a été incontestablement donnée par les Vendéens pendant les guerres de la
Révolution.

Mais ce qui étonne le plus, c'est la quantité plus ou
moins considérable de minuscules croix de bois piquées
en terre au pied du calvaire, les unes fraîchement tail-
lées, les autres noircies par le temps, d'autres enfin
toutes vermoulues. Cet amas de petites croix qui est une
énigme non seulement pour les étrangers, mais encore
pour les Vendéens du Haut-Bocage, de la Plaine et du
Marais, témoigne simplement d'un vieil usage local qui
veut qu'à chaque enterrement, sur tout le parcours du
funèbre cortège depuis le domicile du défunt jusqu'à
l'église paroissiale, on marque ainsi le passage du

convoi devant chaque calvaire à chaque *croisée* de chemin.

Au départ de la maison mortuaire, en effet, un des assistants se munit d'autant de petites croix qu'on doit rencontrer de croix sur la route ; devant chacune d'elles le cortège s'arrête et le porteur en pique une en terre tandis que les autres assistants s'agenouillent et récitent un *Pater* et un *Ave* pour le défunt. Comme certains villages dans les paroisses importantes se trouvent très éloignés du bourg, et que les « croisées » y sont nombreuses, souvent les pieuses stations se renouvellent cinq à six fois et même davantage. A Saint-Sulpice, par exemple, les gens de la Davillière et de la Bernerie doivent se munir de sept petites croix.

Autre coutume non moins intéressante.

Dans les villages trop éloignés du chef-lieu de la paroisse, pour que les habitants puissent suivre régulièrement les exercices quotidiens du *mois de Marie* qui ont lieu à l'église, on a conservé l'usage de se réunir tous les soirs, pendant le mois de mai, pour réciter le chapelet, chanter des cantiques et faire la prière en commun.

On s'entend dans chaque ferme ou entre les habitants d'un même village pour embellir ce qu'on appelle une « chapelle du mois de Marie ». Les femmes apportent leur couronne de mariée et leur linge le plus beau ; on se cotise pour acheter quelques cierges ; les enfants vont à la cueillette des fleurs, et l'on a vite élevé et orné un petit autel bien humble, mais pourtant coquet et tout parfumé, autour duquel on se rassemble, le soir, après les travaux de la journée. Chaque dimanche, après les vêpres, le curé, entouré des enfants, des chanteuses et des filles de Marie, vient présider la cérémonie du mois de Marie à l'une de ces petites « chapelles » de village.

Autrefois, il n'y avait pas une paroisse du Bocage et de la côte qui n'eût cette édifiante coutume qui se perd de plus en plus comme tant d'autres ; elle a même complètement disparu dans bon nombre de cantons où les anciens seuls en conservent le souvenir. Rocheservière, Saint-Sulpice, etc., auront à cœur, il faut l'espérer, de la conserver toujours (1).

D'ailleurs, presque tous les habitants de la paroisse portent sur eux un chapelet, à la maison, en voyage ou dans les champs. L'hiver, à la veillée, tandis que les femmes filent, le chef de famille le récite à haute voix, et il n'est pas un enfant qui ne dise, à partir de quatre ans, sa prière tous les soirs.

Essentiellement religieux, le paysan de Saint-Sulpice, comme celui des environs, malgré un aspect assez fruste, est intelligent ; son esprit un peu lourd est pratique mais parfois frondeur ; il est peut-être trop porté au respect humain. C'est du moins un travailleur infatigable, « point feignant » certes, et avec cela doué d'une très grande probité.

Sans doute, il « sacre » un peu trop ; sans doute encore, la bouteille est bien toujours la *dive* bouteille, et l'on s'en aperçoit, certains dimanches, quand le robuste cultivateur, las du travail de la semaine, s'est livré à des libations trop copieuses au cabaret. Mais le péché est bien excusable quand il ne devient pas une habitude, et incontestablement les autres communes n'ont rien à envier sur ce point à Saint-Sulpice.

Le défaut qu'on pourrait, il nous semble, reprocher davantage à l'habitant de cette excellente paroisse, est son esprit cancanier et, cette réputation qu'il possède dans tout le canton, il semble bien la mériter.

C'est une véritable émulation, entre les femmes surtout, de discourir à perdre de vue sur les événements les plus simples et les plus naturels quand ils concer-

---

(1) Ces coutumes pieuses ont été déjà signalées dans plusieurs ouvrages, et plus récemment par M. H. Bourgeois, dans la *Vendée Historique*, 1908, p. 467, et 1909, p. 181 et 182. — Nous pourrions encore ajouter l'usage à la grand'messe de la *prise du Bon Dieu*, que l'on rencontre également dans beaucoup de paroisses de la Loire-Inférieure.

nent... le voisin. Jamais en peine pour trouver les explications les plus étranges et les plus saugrenues, on donnera, pour le moindre fait, la moindre démarche, les détails les plus circonstanciés, que ces braves gens, par trop bavards, connaîtront naturellement beaucoup mieux que l'intéressé lui-même. Les commentaires iront leur train, et le sujet — si même sujet il y a — de ces interminables discours se transformera très vite totalement après une telle manœuvre de langues.

Que d'anecdotes piquantes à narrer !... Mais à notre tour ne soyons pas méchant...

Un autre point mérite d'être signalé, qui, cette fois, concerne non seulement Saint-Sulpice, mais un bon nombre des paroisses vendéennes : le paysan de ces contrées, bien que traditionaliste par ses actes, a totalement perdu l'esprit, le sens de la tradition historique.

Va-t-on dans certaines régions de la France, où un événement historique s'est passé, une bataille par exemple, les habitants en auront conservé le souvenir ; de père en fils ils s'en seront transmis les épisodes, et, avec le temps, ils l'entoureront de glorieuses ou de terribles légendes, dont le voyageur savoure le pittoresque récit.

Or, l'habitant de notre Bocage qui, comme celui du canton de Rocheservière surtout, a conservé les sentiments politiques et religieux de ses ancêtres, devrait connaître dans ses moindres détails la grande épopée vendéenne, les événements dont sa paroisse a été le théâtre, ceux dont ses aïeux ont été les héros. Il y a cinquante ans, on rencontrait encore quelques-uns de ces aimables conteurs ; mais aujourd'hui nos paysans, à de rares exceptions près, savent seulement que lorsque éclata la Révolution, toute la population de la contrée prit les armes pour la cause de Dieu et du Roi, que Charette, le seul général peut-être dont ils se rappellent le nom et qu'ils considèrent à vrai dire comme un demi-dieu, fut pris dans le bois de la Chabotterie..., c'est à peu près tout : ils ne vous apprendront aucune des prouesses de leurs ancêtres, qui auraient été pourtant si intéressantes à consigner dans cette chronique.

Demande-t-on à l'un d'eux, dont on connaît, d'après les états de service conservés dans les archives, plusieurs faits d'armes de son aïeul, s'il a quelque renseignement à ajouter, une anecdote à raconter, s'il possède le fusil d'honneur donné sous la Restauration, il répond presque invariablement, ainsi qu'il nous l'a été fait maintes fois : « Je sais bien que dans le temps tout le « pays a fait la grand'guerre, mais c'étaient les anciens ; « je n'ai jamais entendu dire que mon grand-père y « était. » Et c'est l'idée commune : ces gens, bien qu'ayant conscience que tous les habitants de leur paroisse ont fait la *grand'guerre*, comme ils le disent si bien, ne se rendent pas assez compte que tous ces combattants, ces héros, portaient leurs noms et qu'ils n'étaient autres que leurs grands parents, leurs propres grands-pères. Cette mentalité n'est pas sans frapper l'étranger. Un historien, parcourant la Vendée avant de publier un de ses meilleurs ouvrages, nous en a fait un jour la réflexion : il trouvait le Vendéen fier de son passé, mais il restait étonné de constater que cet homme ne se rendait pas assez compte du motif de sa si légitime fierté.

Certaines coutumes anciennes s'appliquent parfois encore, mais on en ignore le but et l'origine. Ainsi dans cette partie du Bocage, à Saint-Sulpice spécialement, on trouve un usage aussi remarquable par sa bizarrerie que par sa piété touchante, et qui, d'ailleurs, a été signalé déjà par plusieurs écrivains et érudits vendéens : la première nuit de noce est consacrée à la Vierge, sous le patronage de laquelle les nouveaux époux mettent leur union, et ce n'est que dans la nuit du lendemain qu'ils commencent à faire vie commune. Le fait, encore fréquent il y a une vingtaine d'années, est devenu de plus en plus rare, sans cependant avoir totalement disparu. Or, si la coutume a résisté en partie aux idées modernes, il faut l'avouer, l'esprit de cette tradition a disparu depuis déjà bien longtemps.

Plus d'une fois nous avons questionné de jeunes mariés pour savoir s'ils avaient conservé ce vieil usage. Parfois la réponse était affirmative et alors quand on leur en demandait la raison, ils répondaient que vraisemblable· ment en agissant ainsi, « c'était pour la plus grande « commodité de leurs parents ». Et si on leur rappelait la pieuse coutume, ils restaient tout étonnés de cette explication et ajoutaient cette éternelle réponse : « C'est peut-être bien vrai ; mais je ne l'ai jamais en- « tendu dire. »

Puisse donc le chroniqueur local, sinon faire revivre ces pieuses coutumes et ces glorieuses traditions, du moins en rappeler à jamais le souvenir !

CHAPITRE II

SAINT-SULPICE A TRAVERS L'HISTOIRE

Heureux, dit-on, les peuples qui n'ont pas d'histoire !
C'est bien le cas d'appliquer ce vieil adage, dicté par
la sagesse populaire, à la paroisse de Saint-Sulpice.
Chaque fois qu'elle prend une place, si modeste soit-
elle, dans l'histoire — guerre de Cent-Ans, guerres de
Religion, guerres de Vendée — chaque fois c'est pour
voir son territoire ravagé et pour pleurer la perte d'un
certain nombre de ses enfants.

§ I. — *Guerre de Cent-Ans*

Pendant la guerre de Cent-Ans, notre pays suit le
sort du Poitou, particulièrement éprouvé par les Anglais. Nous avons vu dans la *Chronique de Rocheservière*
(t. VIII) Messire Yves du Pont, sire de Rocheservière,
compter parmi les morts laissés sur le champ de bataille de Maupertuis, près de Poitiers, en 1336, et avec
lui et le seigneur de la Roche, de Saint-André-Treize-
Voix qui y est tué également, plusieurs habitants du
voisinage. Nobles et vilains s'arment en guerre pour
sauver la patrie, et nous trouvons les seigneurs de la
Bégaudière et de la Chabotterie au milieu des rangs
français. Les troupes sillonnent maintes et maintes fois
le pays, causant des déprédations de toutes sortes. La
tradition, enfin, nous apprend que le manoir des Chabot
est brûlé au cours de cette guerre, vraisemblablement

dès avant le traité de Brétigny (1360), qui cède le Poitou et tout spécialement les forteresses de Montaigu et de Belleville aux vainqueurs.

Cette guerre une fois terminée, la paroisse de Saint-Sulpice, située comme elle est sur la frontière de la Bretagne, dont les ducs sont alliés aux Anglais, voit à tout instant son territoire envahi par des bandes de pillards bretons. Au mois d'août 1480, les relations nous font connaître leurs méfaits commis dans la région comprise entre Rocheservière, Palluau, Belleville, Montaigu et les Essarts. Saint-Sulpice n'est donc pas épargné par ces forcenés dont le moindre crime est de rançonner les malheureux paysans (1). En septembre 1491, le frère cadet du seigneur de la Chabotterie, Roland Chabot, seigneur de la Babinière, remontre qu'il ne peut rejoindre les armées du roi, non pas tant à cause de ses blessures, qu'en raison de ce que, depuis quatre ans, lui et les gentilshommes voisins ne peuvent plus résider dans leurs maisons, étant toujours à la poursuite des pillards qui dévastent la châtellenie de Montaigu, dont Saint-Sulpice fait partie (2).

§ II. — *Guerres de religion*

Au siècle suivant, les guerres de religion viennent apporter de nouvelles souffrances.

Dans les environs, Montaigu, petite ville très fortifiée, est prise et reprise, et les bandes armées ne cessent à nouveau de parcourir les campagnes. Les calvinistes s'acharnent spécialement contre les prêtres et les églises. On pourrait croire que l'église de Saint-Sulpice, plus favorisée que celles du voisinage, aurait été res-

---

(1) *Société d'Emulation de la Vendée*, 1875, p. 28.

(2) *Roolles des bans et arrière-bans du Poitou*, par P. de Sauzay, 1667.

pectée, car nulle part il n'en est fait mention ; pourtant les doléances consignées à Nantes, par devant notaires, le 12 avril 1568, rapportent la destruction du bourg et de l'église des Lucs, le 31 mars précédent ; celle des deux églises de Rocheservière et de celle de la Grolle, le 6 avril ; l'incendie de celle de Saint-Christophe-la-Chartreuse, le 10 du même mois ; vers la même date, Beaufou, l'Herbergement « *et autres villages circonvoi-* « *sins*, estant le tout au diocèse de Luçon ont été brus- « lez et gastez principalement les églises par les ceux « disans estre de ladite nouvelle opinion sans résistance « quelsconque. » Aussi n'est-il guère d'espoir que Saint-Sulpice ait pu échapper alors à ce pillage général (1).

Les documents les plus précis ont trait à la destruction du château de la Bégaudière et au demantèlement de celui de la Chabotterie.

Le haut et puissant seigneur de la Bégaudière, Jean Bégaud, embrasse la religion calviniste ; son fils René épouse une fille de grande maison, damoiselle Marguerite de Machecoul, dont le père et les frères comptent parmi les chefs du parti protestant en Bas-Poitou. René Bégaud prend bien vite place à côté d'eux ; il devient capitaine d'une compagnie d'hommes d'armes et entraîne sans doute à sa suite plus d'un de ses vassaux de Saint-Sulpice en même temps qu'il les fait renier la foi de leurs pères.

Le 27 juillet 1569, il met en déroute à Saint-Christophe-du-Ligneron la compagnie de son voisin et antagoniste, le seigneur du Bois-Chollet, Roland de la Boucherie. Cinq ans plus tard, la fortune lui est devenue contraire et, le 16 septembre 1574, lors de la reprise de Fontenay-le-Comte par l'armée catholique, il est fait prisonnier en même temps que son beau-père et que ses beaux-frères (2). Pendant sa captivité, son beau château de la Bégaudière, attaqué à l'improviste et laissé

---

(1) Bib. de Poitiers, *Coll. dom Fonteneau*, 14.
(2) *Journal de Denis Généroux.*

sans défense, devient la proie des flammes, et ainsi disparaît, grâce aux terribles convulsions des guerres civiles, ce fier castel qui sert depuis longtemps de refuge
aux huguenots.

Le château de la Chabotterie, seul autre château fortifié de la paroisse, présente dès lors leur asile le plus
sûr. Il sera également fort maltraité.

Nous ne retrouvons pas le nom des Chabot et des
Aubert, seigneurs de la Chabotterie, parmi les chefs
protestants. Néanmoins, s'ils ne professent pas ouvertement la religion prétendue réformée, ils semblent favo·
riser le parti calviniste, car ils demeurent entièrement
hostiles à celui de la Ligue. Plusieurs de leurs alliances
se font dans des maisons pour lors notoirement protestantes, et la dame de ce lieu, Perrette Chabot, se remarie en secondes noces, en 1576, à Gabriel Darrot, chevalier de l'Ordre, seigneur de la Fromentinière, lequel
est cité, dans une lettre adressée par Duplessis-Mornay
au ministre de la reine Elisabeth d'Angleterre, au mois
de mai 1583, au nombre des gentilshommes poitevins
les plus en vue du parti protestant. Gabriel Darrot s'intitule parfois seigneur de la Chabotterie, et y habite en
même temps que son beau·fils et gendre, Messire Jehan
Aubert, le véritable seigneur de ce lieu : tous deux tiennent ouvertement la Chabotterie pour le nouveau parti,
qui est d'ailleurs maître de tout le pays (1).

C'est alors qu'Henri III, décidé d'en finir avec les Huguenots du Bas-Poitou, y envoye une forte armée de
troupes régulières sous les ordres de Louis de Gonzague,
duc de Nevers.

Après avoir assiégé et pris les villes de Mauléon
(Châtillon-sur Sèvre) et de Montaigu, le duc continue

____

(1) Au village de la Chevasse se trouve un champ faisant
partie jadis du domaine de la Chabotterie, qui porte encore le
nom de *cimetière aux Huguenots*, dénomination qui est consignée sur le cadastre. On serait donc porté à croire qu'un certain nombre d'habitants de Saint-Sulpice auraient embrassé la
nouvelle religion.

la campagne et s'empare de trente-six châteaux et mai-sons-fortes des environs, dont il a laissé la liste dans ses *Mémoires* et dans son rapport au roi du 3 décembre 1588 (1). Dans le nombre nous remarquons l'Eulière et l'Etang, paroisse de Chavagnes; les Bouillières et le Hallay, en Boufféré; le Châtenay en Saint-Denis-la-Chevasse; la Chabotterie, etc.

« *Après la reprise de ces places et chasteaux, il a fait entrer en iceux des gentilshommes d'honneur, catholiques et tous serviteurs du roy, qui se sont obligés par promesse signée d'eux de les conserver à Sa Majesté; empêcher que les Huguenots n'y entrent et ne permettre aucun exercice en iceux que de la religion catholique, et d'assister les commissaires que S. M. députera pour la vente des biens de ceux de la nouvelle opinion. Davantage ces chasteaux ayant été pris, les soldats ne les ont point pillés. Mais afin qu'ils eussent quelque récompense de leur labeur, ce qui s'est trouvé dedans a été vendu par commissaire député par M. de Nevers, et la moitié des deniers à eux baillée et l'autre moitié appliquée au service du roi. D'aucuns de ceux qui discourent sur la prise de ces chasteaux disent qu'on les devoit brusler... (2) ».*

Quoi qu'en dise l'auteur de ce passage, ces manoirs n'ont pas seulement à subir le pillage, car nombre d'entre eux sont détruits. La Chabotterie, moins maltraitée que plusieurs châteaux voisins, n'a qu'à souffrir d'un démantèlement dont on pouvait encore, il y a une trentaine d'années, apercevoir les traces. Un commissaire est dépêché pour faire l'inventaire des biens qui s'y trouvent et qui doivent revenir aux vainqueurs, et M. de Sagonne, principal lieutenant du duc de Nevers, maistre de camp de ses Chevau-Légers, l'occupe en personne, et y place une forte garnison. Ceci se passait vers le milieu du mois de novembre 1588.

---

(1) *Bib. Nat.* fr. 3411-82, et *Arch. hist. du Poitou*, XXVII.

(2) *Mémoires du duc de Nevers*, publiés par Gomberville en 1665, tome I.

Un mois après ces événements, le duc de Guise meurt assassiné et le roi rappelle le duc de Nevers. Les seigneurs huguenots, chassés de leurs châteaux, s'empressent aussitôt de rentrer dans leurs domaines et emploient tous leurs efforts à restaurer leurs demeures dévastées.

§ III. — *Guerres de la Révolution*

Cette crise terrible du XVI⁰ siècle est suivie dans notre Bocage d'une longue ère de paix et de tranquillité que vient rompre au bout de deux siècles la *Révolution française.*

Dès son début, la religion et la royauté, que l'on prétend vouloir sauvegarder, se trouvent sapées dans leurs fondements : le roi est en quelque sorte le prisonnier de l'Assemblée nationale et de la populace parisienne, l'Eglise sera traitée en rebelle si elle n'accepte la Constitution civile du clergé, c'est-à-dire le schisme.

Bientôt, le Bocage vendéen, au centre duquel Saint-Sulpice se trouve placé, montre des sentiments hostiles au nouvel état de choses. On signale, dès le 12 septembre 1790, des émeutes dirigées contre la garde nationale par les gens de Beaufou, des Lucs, de Saint-Sulpice, etc. (1). Le général Dumouriez rapporte, dans le *Journal* de sa tournée du mois d'août 1791, que « tout « le foyer du fanatisme est à Châtillon et dans les parois- « ses avoisinantes du district de Montaigu » dont Saint-Sulpice fait partie (2). « De tous les districts de notre « territoire, Montaigu est celui où il y a le moins de « civisme et où le fanatisme a le plus d'empire », écrit C.-J. C. Girard, président du département de la Ven-

---

(1) CHASSIN : *Préparation*, I, 214-221.
(2) *Ibid.*, II, 30. — *Arch. Nat.* F⁷ 4598⁵ .

dée, à celui de la Loire-Inférieure, le 24 août 1792 (1). Il suffit d'une étincelle pour mettre le feu aux poudres et au milieu du mois de mars 1793, la Vendée tout entière se lève menaçante contre la Révolution qui a tué son roi et proscrit ses prêtres.

Mais ce qui est resté ignoré, c'est que Saint-Sulpice avait déjà donné le signal de l'insurrection plus de deux mois auparavant.

Le soulèvement de Saint-Sulpice-le-Verdon (6-10 janvier 1793) (2). — Le dimanche 6 janvier 1793, jour de l'Epiphanie, *sept à huit cents hommes,* armés de piques et de bâtons, se sont rassemblés, au son du tocsin, dans le bourg de Saint-Sulpice. Ce sont les habitants de la paroisse, auxquels se sont joints un certain nombre de paysans de Mormaison, de l'Herbergement et des Lucs, attendant l'huissier porteur de contraintes, chargé de se faire payer les contributions directes que les habitants de Saint-Sulpice refusent de verser à un gouvernement qui chasse leurs prêtres et qui met en accusation leur roi.

L'officier ministériel arrive bientôt entouré d'une bonne escorte de citoyens en armes ; mais devant un tel déploiement de forces, aucune tentative n'est possible, et il prend le sage parti de s'en retourner au même instant.

Fiers de ce premier résultat, les paysans se portent alors vers la maison commune Saint-Sulpice, dont le maire, *Jean Touzeau,* propriétaire demeurant au village

---

(1) CHASSIN : *Préparation,* III, 12.

(2) *Arch. dép, de la Loire-Inférieure,* L 39, fos 79 et 80, 83 et 84. — *Bib. de Nantes,* Coll. révol. de Dugast-Matifeux, 25. — Nous venons de publier dans la *Revue du Bas-Poitou* 1911, p. 244-258, un récit détaillé de cette importante insurrection, restée jusqu'à ce jour entièrement ignorée de tous les historiens des guerres de Vendée, qui incontestablement lui eussent donné une place très marquée s'ils avaient connu les documents qui en font mention.

des Forges, bien que très modéré dans ses opinions, est, officiellement du moins, un républicain avéré. La porte de la chambre des délibérations cède promptement, et la foule s'empare des quelques armes à feu qui y sont déposées. A la sortie, les cris séditieux retentissent de plus en plus en plus nombreux, chacun discourt sur les événements et « tient, dit le procès-verbal, des propos « dont l'effet serait alarmant ».

L'affolement, on le conçoit, est à son comble dans la famille Touzeau, qui comprend à elle seule ce qu'il y a de patriotes — ses administrés disent déjà *patauds* — à Saint-Sulpice, ainsi que parmi les rares républicains de l'Herbergement. Touzeau s'empresse d'accourir à l'Herbergement pour s'entretenir des progrès probables de l'insurrection avec le maire de cette commune, Mathurin Chapeleau ; ils décident d'informer à la hâte l'administration du district de Montaigu des événements graves qui ont éclaté, et de réquisitionner toute la force armée afin de disperser sans retard ce rassemblement royaliste.

Montaigu se rend vite compte que sa garde nationale est incapable d'arrêter le mouvement insurrectionnel ; aussi les autorités dépêchent-elles sur le champ un courrier à Nantes vers l'administration départementale de la Loire-Inférieure, la priant d'envoyer aussitôt le secours demandé. Celle-ci en reconnaît l'urgence et ordonne le départ de « 50 hommes pris dans les détache- « ments des 14e et 44e régiments et dans le bataillon de « l'Aisne venant de la Guadeloupe ; 50 grenadiers de la « Garde nationale de Nantes ; 50 cavaliers et 20 canon- « niers de la même garde avec un canon, en tout 162 « hommes *(sic)*, lesquels partiront demain (8), pour aller « coucher à Aigrefeuille, et se rendre le lendemain (9) à « Montaigu. »

Après diverses péripéties, le détachement arrive au jour indiqué à Montaigu, où il est arrêté au rapport que les opérations doivent commencer le 10 janvier au matin.

La force armée nantaise, commandée par les citoyens *Bigot* et *Limonan*, à laquelle s'adjoint une partie de la garde nationale de Montaigu, se met en route sur l'Herbergement à l'heure indiquée, accompagnée du citoyen *François Coüanne*, commissaire délégué par le district pour diriger l'expédition.

On s'occupe à l'Herbergement de la distribution des billets de logement, quand un émissaire arrive en courant à la mairie donner des nouvelles de l'insurrection.

C'est qu'en effet le renfort a déjà trop tardé à se rendre sur les lieux. Depuis le 6 janvier, les insurgés sont les maîtres de la région ; pendant quatre jours, on ne leur a opposé ni troupes, ni gardes nationaux, et le rassemblement est devenu si nombreux que le 10 janvier, au moment même où la colonne républicaine pénètre dans le bourg de l'Herbergement, *les royalistes réunis à Saint-Sulpice sont au nombre de quatre mille*, au dire des documents officiels.

Dans une telle foule, les propos, comme bien l'on pense, deviennent de plus en plus séditieux. On y proclame la défense de la religion et de ses ministres, la fidélité à la royauté, à ses représentants et à ses soutiens. On entend clamer de toute part : *Vive Dieu et vivent nos prêtres ! A bas la République et vive le Roi !* Le succès facile la rend belliqueuse, et sur la proposition de l'un des meneurs elle décide de se rendre chez le républicain du cru, chez Touzeau, dont la demeure est à 1.500 mètres du bourg, et de s'emparer de sa personne pour servir comme ôtage, en cas de besoin.

C'est alors que Touzeau, ayant eu vent de ce projet qui doit s'exécuter dans quelques instants, a dépêché son domestique à l'Herbergement.

— *Mon maître*, s'écrie le courrier haletant aux autorités assemblées, *vous fait dire que 4 000 hommes arrivent à l'instant à sa maison des Forges pour l'incendier et la dévaster. Je n'ai pas de lettre à vous remettre de sa part, car il n'a pas eu le temps de l'écrire, ayant même abandonné sa maison et sa famille pour prendre la fuite à travers champs, mais croyez-moi et venez le délivrer.*

Les officiers font battre aussitôt la générale après avoir fait tirer un coup de fusil pour donner l'alarme, et en chantant la *Marseillaise*, fantassins, cavaliers et canonniers se dirigent sur le village des Forges.

Ils ont fait la moitié du chemin quand ils aperçoivent toute la famille Touzeau, Jean et Louis-Zacharie Touzeau, leurs sœurs et leur mère, accourant vers eux. La terreur est empreinte sur tous les traits des fugitifs; mais placés sous la protection de la colonne, ils reviennent sur leurs pas, et quelques minutes après les répu-publicains pénètrent aux Forges sans avoir tiré un coup de fusil.

Les insurgés, en effet, ayant appris que des forces considérables, soutenues par un ou plusieurs canons, se dirigent contre eux, se sont dispersés dès qu'ils ont entendu dans le lointain la fanfare et les chants. Satisfaite de la retraite du porteur de contrainte qui a été le principal motif du rassemblement, de la prise des armes déposées à la mairie, cette troupe qui n'a pour armes que des bâtons et quelques mauvais fusils, qui n'a aucune discipline, qui n'a pas de chef, qui n'a encore aucun but précis pour engager une lutte ouverte, s'est retirée — et, certes! ce n'est pas par lâcheté, car ils montreront bientôt la grandeur de leur héroïsme — devant une force armée de quelque importance. Et c'est à peine si les soldats de la République aperçoivent dans le lointain, entre les chemins creux et les halliers aux chênes dépouillés de feuilles, quelques retardataires fuyant dans la direction de Saint-Sulpice, des Lucs et de la Chevasse.

Voyant que tout danger immédiat paraît écarté, Couanne expédie des cavaliers chez le juge de paix du canton des Brouzils pour lui faire signer vingt-et-un mandats d'amener contre les principaux meneurs; il ordonne, en outre, d'enlever les cloches de l'église pour que les habitants ne puissent plus sonner le tocsin, et de les transporter à Montaigu.

Le lendemain matin, 11 janvier, après avoir donné des ordres à la troupe pour s'emparer, morts ou vifs, des fauteurs de la sédition, le commissaire, les officiers et la municipalité de Saint-Sulpice discutent sur les moyens à prendre pour empêcher un tel attroupement de se reproduire. Toutefois Touzeau et les quelques officiers municipaux qui sont présents voient avec regret le départ de leurs cloches et prient le commissaire Coüanne de réduire cette mesure à « ôter les cordes, l'échelle qui « monte au clocher, et à fermer les portes de l'église, « dont un des officiers municipaux aurait le chef, afin « de pouvoir y aller pour monter l'horloge ». Il est fait droit à leur requête.

Pendant ce temps, fantassins et cavaliers, divisés par pelotons, parcourent la campagne pour exécuter les ordres. Ils se transportent dans toutes maisons que l'on soupçonne être le refuge des coupables, mais partout elles sont désertes ; rien dans les châteaux de la Bégaudière et de la Chabotterie, où l'on procède à une visite domiciliaire en règle ; rien dans les chaumières de la paroisse ; rien dans celles des paroisses voisines. Enfin, sur le soir, les patrouilles regagnent tour à tour Saint-Sulpice, et les officiers sont obligés d'annoncer au commissaire que toute la troupe est rentrée sans avoir obtenu le moindre résultat.

Ce n'est pas sans grand dépit que les autorités républicaines reçoivent cette nouvelle ; mais faisant contre mauvaise fortune bon cœur, les membres présents de la municipalité, sur la proposition de Touzeau et de Coüanne, décident qu'un *arbre de la Liberté* sera planté le lendemain à Saint-Sulpice.

En effet, le 12 janvier au matin, l'on procède à cette plantation avec le concours de toute la troupe, qui tire une salve en honneur de la République et qui entonne le chant de *la Marseillaise*. La cérémonie achevée, cinquante hommes de la colonne sont désignés pour rester pendant plusieurs jours encore sur les lieux de l'insurrection ; vingt-cinq seront cantonnés à Saint-Sulpice et vingt-cinq à Mormaison. Le reste de la troupe se met en route pour Montaigu, où elle arrive à quatre heures du soir, avec un seul des insurgés désignés sur les mandats, qui s'est fait prendre dans la nuit précédente, et qui sera retenu dans les prisons du chef-lieu du district en attendant sa comparution devant le tribunal révolutionnaire.

En vérité, le succès n'était pas considérable. Néanmoins, le citoyen commissaire *Coüanne* terminait son rapport du 12 janvier 1793, signé également par *Sorin*, maire de Montaigu, et *Touzeau*, maire de Saint-Sulpice, par la déclaration suivante :

« Nous croyons qu'il est de notre devoir de rendre
« hommage à l'intelligence et à la prudence que nos
« frères de Nantes, troupes de ligne et gendarmerie,
« ont mis dans l'exécution de leurs différentes opéra-
« tions. L'administration de Montaigu leur doit le réta-
« blissement de l'ordre et la tranquillité de son terri-
« toire. Agréez, chers citoyens, sa reconnaissance et la
« mienne en particulier. »

A dire vrai, les *frères de Nantes* n'avaient pas rendu leurs services pour le seul honneur de servir la République. Ils exagéraient tellement la note à payer et la solde qui leur était due, que l'administration départementale de la Vendée se voyait obligée de la réduire, et de remplacer les troupes nantaises demeurées à Saint-Sulpice par soixante six hommes de la garde nationale de Fontenay-le-Comte, chef-lieu du département, en attendant que le lieutenant-général Verteuil donne l'ordre d'y placer une compagnie de troupes de ligne.

Grâce à ces mesures, les populations de Saint-Sulpice et des villages voisins ne paraissent plus s'être soulevées, jusqu'au 11 mars suivant Toutefois, les événements des 6-10 janvier, dont on comprendra facilement tout l'intérêt pour l'histoire de la préparation des guerres de Vendée, méritaient qu'on les signalât d'autant mieux

qu'ils sont à notre connaissance le premier rassemblement royaliste et en même temps le plus important qui
eut lieu en Vendée entre le 1er janvier et les 11-13 mars
1793, date du soulèvement général de cette immense
contrée qu'on appelle si justement la *Vendée militaire*.

Campagne de 1793. — Le 11 mars, tous les hommes
valides de la paroisse sont de nouveau rassemblés, armés de piques, de fourches, de faux et de quelques
fusils, et cette fois pour longtemps. Ils se dirigent, avec
les *gars* des paroisses voisines, à l'assaut de Montaigu
qui, le 13, tombe au pouvoir des royalistes.

L'armée catholique et royale, si improvisée soit-elle
dans ses débuts, n'en reçoit pas moins, dès les premiers
jours de l'insurrection, une organisation véritable. La
Vendée militaire est divisée en *paroisses*, en *divisions* et
en *armées*.

La paroisse de Saint-Sulpice forme *trois compagnies*
distinctes, dont les chefs sont choisis par les nouveaux
soldats. La première compagnie a pour capitaine *Jacques Grasset*, de la Caillaudière, qui est en même temps
sans doute le capitaine-commandant de toute la paroisse ; la deuxième est placée sous les ordres de *Jean
Amiaud;* le capitaine de la troisième est *Louis Amiaud;*
on trouve encore sur une autre liste *Louis Lardière* avec
le grade de capitaine ; *Pierre Richard* (aïeul des Fradet, de la Chevasse) est le lieutenant porte-drapeau de
la paroisse et reçoit plusieurs blessures en défendant
l'étendard fleurdelisé qui est confié à sa bravoure. Tous
les hommes valides de Saint-Sulpice (à la seule exception des frères Touzeau, qui, d'ailleurs, ne servirent
pas davantage dans les armées républicaines) (1), prennent part à la guerre dans une de ces trois compagnies,

---

(1) Suivant les *Arch. dép. de la Vendée* (L 275), il n'y eut pas
un seul habitant de cette commune à prendre une part quel-
conque dans les guerres de la République.

regagnant leur foyer, de même que les anciennes *milices*, une fois que le danger semble à peu près écarté. Quelques-uns cependant restent d'une façon permanente sous les armes : ce sont les *volontaires*, en général cavaliers, formant un corps de troupes *actives*, placé plus directement sous les ordres du chef de division.

Tandis que toutes les paroisses du canton de Rocheservière font partie de la division de Vieillevigne, celles de Saint-Sulpice et de l'Herbergement (qui dépendent alors du canton des Brouzils) sont rattachées à la *division de Montaigu;* elles ont donc, durant toute la guerre, M. *Rezeau* comme chef de division. Enfin, cette division qui, au début de la guerre, dépend de l'armée du vieux général *de Royrand*, qui sera tué près de Laval, se rattache définitivement, vers la fin de l'année 1793, à *l'armée du Bas-Poitou et du pays de Retz*, qui a pour commandant en chef le célèbre *François-Athanase Charette de la Contrie*, si populaire encore dans nos campagnes. Il devient du reste généralissime en 1795 et sera le dernier grand chef vendéen à lutter contre la République.

Faire l'histoire de Saint-Sulpice pendant ces guerres et celle des compagnies de cette paroisse, serait retracer la grande épopée vendéenne presque tout entière, et notre cadre restreint ne nous le permet pas. Nous signalerons donc seulement les passages des documents ou des auteurs dans lesquels le nom de Saint-Sulpice se trouve positivement cité.

Quelques semaines après la prise de Montaigu est convoqué un conseil de guerre dans le but de former dans chaque paroisse un Comité d'organisation civile et militaire qui sera composé, suivant la population, de trois à neuf membres. Ce Conseil tenu à l'Oie, le 4 avril 1793, comprend les députés des paroisses de Saint-Sulpice-le-Verdon, de l'Herbergement, des Brouzils, etc. (1).

---

(1) Benj. FILLON : *Pièces contre-révolutionnaires du commencement de l'insurrection vendéenne*, p. 61.

François-Athanase Charette de la Contrie
Commandant les Armées Vendéennes
(14 mars 1793 — 23 mars 1796)

Les compagnies de Saint-Sulpice prennent part au siège de Nantes (fin juin), à la bataille de Luçon (14 août), et parmi leurs morts on signale le nom d'Etienne Coutand, etc. ; elles ont de nombreux blessés.

Le 14 septembre, le territoire de Saint-Sulpice, de Mormaison et de Saint-André est occupé par les armées des généraux Kléber, Canclaux et Beysser, qui se concentrent pour attaquer Charette. Celui-ci est battu à Montaigu le lendemain, mais il prend, les jours suivants, d'éclatantes revanches à Torfou, Montaigu, Saint-Fulgent, où, dans les deux premières surtout, les soldats de Saint-Sulpice contribuent largement à la victoire.

Après avoir raconté la bataille de Saint-Fulgent, l'abbé Deniau ajoute : « Le canon avait annoncé la bataille au commandant de Vieillevigne qui avait rassemblé à la hâte trois cents cavaliers et s'était porté sur la route de Montaigu. Il pressa lui aussi, de ce côté, les fuyards et en fit un grand massacre... Si sa division et celle de Saint-Sulpice n'eussent point été trompées par la fausse indication que leur avait donnée Charette de se trouver le lendemain sur le flanc droit de l'ennemi, à une heure plus avancée, elles les anéantissaient jusqu'au dernier ; mais ayant été prévenues que la bataille commencerait beaucoup plus tôt, elles s'étaient rendues à leurs postes avant l'ouverture du feu, et lasses d'attendre elles s'étaient retirées dans leurs quartiers (1). »

Après cette bataille, les soldats de Saint-Sulpice paraissent se diviser en deux bandes distinctes. L'une suit le général de Royrand et la Grande Armée ; elle prend part à son exode victorieux jusqu'à la Manche, à ses souffrances, à sa déroute : François David est tué à la bataille de Pontorson, le 18 novembre ; René Girardin, Jean-Baptiste Tiennay et Louis Petit, tous trois de Saint-Sulpice, sont au nombre des prisonniers massacrés après la défaite de Savenay, le 23 décembre 1793 (2), et incontestablement Saint-Sulpice fournit bien

(1) *Histoire de la Vendée*, II, p. 311.
(2) LALLIÉ : *La justice révolutionnaire à Nantes.*

d'autres victimes. L'autre partie cependant revient dans le pays, continuant à combattre presque journellement sous Charette et ses lieutenants.

Le 13 janvier 1794, Charette attaque les forces du colonel Joba près des Brouzils ; il va vaincre, quand une embuscade habilement placée met le désordre parmi les Vendéens. Charette, en les ralliant du côté de l'Herbergement, est frappé d'une balle au bras près de l'épaule. Malgré la douleur, il garde tout son sang-froid et veut entraîner ses hommes dans un retour offensif qui peut encore assurer le succès ; rien n'y fait et seuls les mauvais chemins arrêtent la cavalerie républicaine dans sa poursuite contre les royalistes qui ne se sentent hors de danger qu'au hameau des Forges, où ils font halte quelques instants. Dans la soirée, ils franchissent l'Izoire grossie par les pluies et le dégel et se réfugient dans les bois de Grammont, paroisse de Saint-Christophe-la-Chartreuse, où les Bleus n'osent les déloger.

Les Colonnes infernales à Saint-Sulpice en 1794. — Cette série de victoires et de défaites n'a pas encore affaibli la Vendée qui reste tout aussi menaçante. C'est alors, au mois de janvier 1794, que, pour en finir avec les royalistes, la Convention organise douze colonnes dont les commandants reçoivent les instructions officielles suivantes :

« *Tous les brigands... seront passés au fil de la baïonnette. On en agira de même avec les filles, femmes et enfants qui seront dans ce cas. Les personnes seulement suspectes ne seront pas plus épargnées. Tous les villages, métairies, bois, genêts et généralement tous ce qui peut être brûlé sera livré aux flammes...* (1). » Le pays de Charette sera occupé par huit de ces colonnes, si justement dénommées les *colonnes infernales*. placées sous les ordres des généraux Haxo, Dutruy, Cordellier, etc.

---

(1) *Arch. hist. du ministère de la guerre,* Armée de l'Ouest — déjà publié.

Ces généraux partent le 22 février, chacun de leurs cantonnements respectifs, à la poursuite de Charette, qui, avec son habileté ordinaire, se retire, le 25, vers Saint-Hilaire-de-Loulay. Cordellier, le premier averti de cette contre-marche, se met aussitôt en route, passe à la Chevasse et à l'Herbergement et arrive à Saint-Hilaire, mais déjà Charette a disparu, se reportant sur Saint-Sulpice et les Lucs en suivant des chemins détournés. Cordellier court derrière lui, l'atteint aux landes de Boisjarry, en Mormaison, où il trouve une défaite complète, le 28 février au matin.

Toutefois Cordellier qui, dès le 27, a déjà rempli une partie de sa barbare mission, se venge de sa défaite sur les habitants de Mormaison et sur ceux de Saint-Sulpice laissés sans défense. Il envoie, le lendemain, son avant-garde brûler le bourg et son église ; les villages de la Caillaudière-aux-Tireaux, de la Boucherie, de la Siffraire et de l'Hôpitaud sont les plus éprouvés : on compte déjà de nombreux morts. Puis cette œuvre de feu et de sang accomplie, les Bleus essaient de rejoindre Charette à la Vivantière, entre les Lucs et Beaufou.

Les colonnes infernales traversent de nouveau Saint-Sulpice les jours suivants. Le 2 mars, elles tuent les gens de la Chevasse et de Villeneuve ; les 3, 5, 10, 15 et 16, les massacres continuent : le sexe et l'âge ne sont jamais un motif de clémence (1).

Charette, lui, est toujours insaisissable. Afin d'éviter Haxo qui, à son tour, s'attache à ses pas, il passe par Saint-André et Saint-Sulpice pour se diriger vers les landes de Boisjarry. Quelques jours après, Charette est du côté de la Roche-sur-Yon. Haxo réussit à couper son armée en deux tronçons ; l'une prend la route de Venansault avec le général, l'autre sous la conduite de Dugua de Montbert, celle de Saint-Denis-la-Chevasse. La première n'éprouve que peu de pertes, tandis que la seconde est exposée aux coups de Haxo qui la harcèle

---

(1) Registre aux Archives communales de Saint-Sulpice.

jusqu'à Saint-Sulpice. Arrivés en ce bourg, le 10 mars, les hussards républicains massacrent les blessés vendéens qui y ont été abandonnés (1).

C'est ici sans doute que doit se placer l'anecdote suivante que nous lisons sur l'héroïne de la Gaubretière, Marie Lourdais, dans *Vendéennes* de M. le comte de Chabot (p. 187-188).

« ... Un autre jour, suivant un convoi de blessés près de Saint-Sulpice, les Bleus tombèrent sur eux et massacrèrent tous les blessés. Se voyant perdue, Marie se laisse tomber à terre et fait la morte : plusieurs blessés sont massacrés sur elle ; elle reste immobile jusqu'au lendemain ; elle se relève à grand'peine ; apercevant autour d'elle plus de deux cents morts et n'ayant personne pour lui aider à les enterrer, elle s'en fut après avoir prié pour eux. *J'étais alors exténuée de besoins,* disait-elle, *je trouvai du pain tombé d'une charrette, j'en mangeai un morceau.* »

Cet épisode se rapporte peut-être à ce qu'on appelle, sur certains titres, « le combat de Saint-Sulpice contre l'armée du Nord ».

Quant aux troupes commandées par Charette en personne, elles ont gagné Maché et de là reviennent à Saint-Sulpice, où leur général compte y trouver Dugua de Montbert ; mais celui-ci vient de licencier par méprise le rassemblement qui attendait Charette. Fort à propos, au même endroit, les forces de Joly viennent le rejoindre, et il les entraîne des Lucs aux Brouzils, des Brouzils à Bouaine. Haxo veut lui couper la retraite et fait occuper en conséquence par une de ses colonnes le bourg de Saint-André, et par une autre ceux de Saint-Sulpice et de l'Herbergement. Charette se sauve encore, et, le 18, les Bleus n'ont que la satisfaction de ruiner quelques villages et de tuer neuf habitants de Saint Sulpice : le village de la Villatière est plus particulièrement atteint. Le 21, Haxo, que l'on considère comme l'un des meilleurs généraux de la République, est aux Clou-

___

(1) CRÉTINEAU-JOLY (Drochon), II, 197-198.

zeaux, où il trouve la mort en même temps que la défaite. Du côté des royalistes, Louis Gallot, de Saint-Sulpice, est au nombre des morts.

Le 11 avril, dans la soirée, Charette passe encore à Mormaison et à Saint-Sulpice, et se heurte, dans les landes de la Copechagnière, à un escadron républicain qu'il met en complète déroute (1).

Le 17, toute l'armée de Charette, qui revient de la forêt de Touvois, traverse de nouveau Saint-Sulpice pour se rendre à Saint-André-Goule-d'Oie.

Le 6 juillet, le lieutenant de Vimeux, le général Durisat, quitte Montaigu pour poursuivre Charette dans la direction de Beaufou, et passe également par Saint-Sulpice ; mais les mille hommes qu'il commande sont harcelés par la cavalerie royaliste, et il rentre en vaincu à Montaigu, le 9 au soir (2).

Le 16 juillet, les colonnes infernales sont confiées au général Huché, homme altéré de sang et capable de tous les crimes, au dire des républicains eux-mêmes. Saint-Sulpice est de nouveau la proie de ce monstre. « Partout où passe cette colonne du général Huché, di-« sent les renseignements du Comité du Salut public, « depuis Montaigu jusqu'à Palluau, tout a été pillé « d'une manière horrible, et le bétail a été totalement « enlevé (3) » ; on parle ensuite de viols et autres méfaits qu'une plume honnête ne peut raconter. Du 16 au 20 juillet, la région est mise à feu et à sang (4)

A combien de récits émouvants pourrait donner lieu le passage des colonnes infernales !

Du bourg de Saint-Sulpice il ne reste plus guère que des cendres. Une pièce du 24 prairial an III — 12 juin 1795, précise que « ce petit bourg a été entièrement « rasé ; les bestiaux, meubles et effets, appartenant

---

(1) *Mémoires* de Lucas-Championnière.
(2) SAVARY, IV.
(3) *Arch. nat.*, AF II, 269.
(4) SAVARY, IV, p. 10, 26-42.

« aux habitants, ont été enlevés tant par les trou-
« pes de la République que par les Vendéens (1). » « Il
« ne reste plus que les fondements de la cure », l'église
est totalement incendiée et seuls les murs subsistent à
cinq mètres de hauteur (2).

Ce 28 février 1794, jour néfaste entre tous, est pourtant celui d'un merveilleux prodige.

La colonne de Cordellier une fois passée, les gens de
la paroisse qui ont pu échapper au massacre s'empressent d'aller enterrer leurs morts et de contempler, une
fois encore, les ruines toutes fumantes de leur vieille
église. Mais qu'elle n'est pas leur surprise, quand ils
trouvent intacte, sous les décombres de l'église incendiée, la statue de la Madone, près de laquelle ils venaient prier si souvent, et qui était le but d'un pèlerinage fréquenté par les paroisses voisines, chaque année
au 8 septembre. Tandis que les autels, toutes les boiseries, tous les ornements, toutes les autres statues sans
exception aucune ont été la proie des flammes, seule, ô
prodige ! la « bonne Vierge » *en bois* a bravé l'incendie
et repose doucement, un peu noircie sans doute, mais
indemne cependant, sur un lit de cendres toutes brû-
lantes.

Recueillie par le sacristain, Pierre Favreau, du village de la Caillaudière-aux-Hillarets, et dès lors dite
miraculeuse, cette statue fut cachée, jusqu'à la fin de la
tourmente révolutionnaire, chez ce brave paysan, derrière un coffre. Lorsque le culte put reprendre librement,
on comprend avec quel respect, avec quel joie enthou-
siaste les paroissiens de Saint-Sulpice réintégrèrent la

---

(1) *Arch. dép. de la Loire-Inf[re]*, L 1035. — Il s'agit d'une demande de secours adressée par Jean-François Renaudin, né à
Saint-Sulpice en 1767, « originaire de la Guadeloupe » (*sic*),
qui a été fait prisonnier par les Anglais, et dont la mère, âgée
de soixante-dix ans, habite au bourg de Saint-Sulpice ; il obtint 2.000 francs. Renaudin devint, aussitôt après la Pacification, maître d'école à Montaigu (1796).

(2) *Arch. départ. de la Vendée*, Q 14.

précieuse relique dans leur église restaurée (1). Nous y reviendrons au chapitre de l'histoire religieuse.

La rage des soldats s'est exercée jusque sur les innofensives croix de bois que les pieux habitants de la paroisse avaient édifiées « à la croisée » de leurs creux chemins. Près du village de la Bernerie, il existe deux croix placées côte à côte, formant la limite de Saint-Sulpice et des Brouzils. Un détachement de bleus s'acharne contre elles ; l'une est déjà brisée et réduite en morceaux, l'autre est sans doute plus solide. Des coups de hache viennent enfin de la jeter à terre, quand plusieurs royalistes, armés de leurs fusils, arrivent surprendre les républicains dans leur sacrilège besogne. La horde impie s'enfuit laissant deux morts, et aujourd'hui encore on ne voit plus qu'un simple morceau de bois vermoulu, dont il manque les bras de la croix, mais qui, tel qu'il existe, n'en reste que plus précieux et plus sacré.

Les métairies, les granges, les étables sont la proie des flammes. Le logis du bourg est saccagé, le château de la Bégaudière, déjà fort délabré, n'est plus qu'une ruine ; celui de la Chabotterie a beaucoup à souffrir et ne doit qu'à une circonstance fortuite de n'être pas entièrement brûlé.

Un état des lieux, daté du 2 germinal an IX — 23 mars 1801, relate que les servitudes principalement et la partie sud du château « ont été tottalement incendiées », que « le vitrage en plomb n'existe presque plus nulle « part », que pour faire des balles « les rebelles (roya-« listes) ont enlevé une dalle en plomb, dont la perte a « achevé de ruiner la couverture », que nombre « *dé-« gradations ont été commises par les troupes qui y ont* « *séjournées* (2). » Si la Chabotterie n'a pas le sort de la plupart des châteaux de la Vendée, c'est qu'elle est

____

(1) Ce fait a été déjà publié par un certain nombre de journaux et de revues, et plus récemment par la *Vendée Historique* (1907).

(2) *Arch. de la Chabotterie.*

considérée par les généraux républicains comme un point stratégique ou tout au moins comme un poste important dans ce pays dévasté. La tradition rapporte même que le jour où les bleus mettent le feu au château, l'officier du poste (lequel ne serait autre que l'adjudant-général Travot, ce qui n'est point du tout prouvé) serait arrivé fort à propos, et, entrant dans une violente colère, il aurait ordonné aussitôt d'arrêter l'incendie et aidé lui-même à l'éteindre.

Partout les animaux sont égorgés ou enlevés. Une colonne, guidée par un habitant de l'Herbergement, nommé Pierre Echasseriau, qui s'intitule « guide des armées républicaines », procède à un pillage en règle, le 22 avril 1794. Elle enlève à Michel Brochard, métayer de Badreau, quatre bœufs, sept taureaux, cinq vaches, cinq noges, quinze moutons, une charrette, des lits, cinq armoires pleines de linge, ses grains, son vin, etc., le tout estimé alors 5.1co francs. Elle opère le même jour chez le métayer de la Bégaudière, Pierre Douillard : deux bœufs, six taureaux, quatre noges, deux vaches, deux veaux, deux juments, cinq lits et cinq armoires de linge, du blé, du vin, tel sera le butin estimé 4.300 francs. Louis Grasset, métayer de la Caillaudière, se voit enlever vers le même temps ses bestiaux et ses meubles évalués 3.114 francs. Et la liste serait longue s'il fallait faire connaître les états des pertes de ces braves laboureurs que l'on conserve pour la plupart aux *Archives de la Chabotterie.*

Tous ces désastres ne sont rien en face des massacres dont Saint-Sulpice devient le théâtre sanglant à la fin de février et au mois de mars 1794.

Voici quelques traits, entre bien d'autres, que nous ne pouvons nous empêcher de citer.

Le premier est extrait de la *Généalogie de la Maison de Goué.*

« La métairie de la Boucherie, qui dépendait de la Chabotterie et qui venait d'être donnée en partage aux de Chevigné, proches parents des de Goué, était cultivée par deux ménages Amiaud, dont les filles avaient l'âge de Mlles de Goué. Aussi ces dernières y allaient-elles fréquemment et, en ces temps troublés, il s'était établi une affectueuse camaraderie entre les jeunes paysannes et les jeunes châtelaines qui, vêtues comme leurs compagnes, s'éloignaient de la Chabotterie dès que l'on pressentait une colonne républicaine.

« Mlles de Goué se trouvaient donc cachées à la Boucherie, le 28 février 1794, quand on annonce qu'une troupe de bleus se dirige sur le bourg par ce village en incendiant les fermes. Il faut fuir ! On fait passer les plus jeunes en avant, c'est-à-dire la cadette des filles Amiaud, puis Louise de Goué. Elles réussissent à escalader l'échalier voisin de la maison et s'enfuient. Mais les soldats se sont rapprochés et pendant qu'Henriette de Goué saute l'échalier du champ nommé le Grand-Chaume, elle est atteinte d'un coup de feu et tombe ; tous ceux qui suivent, Charlotte de Goué, Jeanne et Anne Amiaud, Mathurin Amiaud, Françoise Douillard, son épouse, Catherine Beauvineau, veuve de Jean Amiaud, et enfin Pierre Amiaud, périssent massacrés par les soldats de la République. Henriette de Goué ne doit la vie qu'à une circonstance fortuite. Grièvement blessée et sans connaissance, un bleu la prend par son tablier qui cède sous le poids du corps tombant à terre comme une masse inerte ; il la laisse pour morte et va plus loin continuer le carnage. Quant à Louise de Goué et à sa compagne, elles courent éperdues vers les landes de Boisjarry, et ne peuvent que dans la soirée, après maints détours, trouver un gîte à la métairie des Mitonnières, presque mortes de terreur, de fatigue et de faim. — Après la paix, Mlles de Goué choisirent un des membres de cette famille dévouée, Louis Amiaud, de la Boucherie, pour cultiver la métairie de la Chabotterie, où ses descendants existent encore. »

Ce même jour, Pierre Cartaud, âgé de quarante-sept ans, et Julien Gourraud, de la Caillaudière, vieillard de soixante-quinze ans, sont enfermés chacun dans leur maison et périssent brûlés par le feu que les soldats de Cordellier prennent soin d'attiser avec un sauvage plaisir.

Le 2 mars, les gens de Villeneuve sont encore à table quand la colonne débouche par le sentier et vient les surprendre. Tous ceux qui se trouvent là, sans exception aucune, même Jean et Pierre Douillard, âgés de deux et quatre ans, sont passés à la pointe de la baïonnette.

Le 18 mars, Mlle Rose Gourraud de la Bonnelière est surprise sous un déguisement par les républicains. Ceux-ci s'aperçoivent à ses mains blanches et à ses doigts effilés tremblants de fièvre qu'elle n'est pas une paysanne. *C'est une ci-devant peut-être !* et stimulés par cette pensée, ils la font mourir avec des raffinements de cruauté.

Marie Mériau, âgée de vingt ans, est une forte et jolie fille ; les bleus s'en emparent et après avoir été violée par plusieurs de ces énergumènes, c'est avec plus de résignation et comme une délivrance qu'elle reçoit la mort. Elle fut enterrée dans le pré de « la Prée » entre l'Hôpitaud et la Renaulière, suivant le témoignage du bonhomme Sorin (1).

Que d'anecdotes à raconter ! Bornons-nous à citer celle-ci encore.

Un soir d'hiver, à l'époque où les chemins du Bocage

---

(1) Il ne faut pas s'étonner s'il y a parfois des représailles terribles.

Le jour de la victoire de Montaigu, le 21 septembre 1793, tandis que les Vendéens courent après les fuyards, le sergent René Geay, de la Vieille-Cour, intrépide entre tous et d'une force herculéenne, atteint près des halles de la ville deux bleus qui s'enfuient et, les saisissant de ses bras musclés par le collet, il leur brise la tête l'une contre l'autre. — Un soir, dans une maison de la Caillaudière-aux-Pirons, deux femmes filent leur quenouille; elles s'entretiennent tristement de leurs parents massacrés par les bleus et des absents qui combattent auprès de Charette, quand tout à coup un soldat républicain, ne voyant que des femmes, se présente exténué et demande un peu de nourri-

sont à peu près impraticables, une colonne républicaine
vient à passer par le bourg de Saint-Sulpice avec plusieurs charrettes à bœufs chargées de dépouilles. Arri-
vées devant l'école actuelle des garçons, les charrettes ne
peuvent plus avancer ; une petite mare, qui s'y trouvait
alors tout en face, a débordé et amolli davantage encore
le sol du sentier. Les bleus s'acharnent à faire avancer les bœufs, mais plus on les excite plus ils s'enlisent
dans la boue ; un des attelages tombe bientôt avec la
charrette dans la mare et tous les efforts sont vains pour
en retirer et les bœufs et la charrette. Si nous rappor-
tons ici cette tradition, c'est qu'elle est en quelque sorte
confirmée par les faits, car lorsque fut construite la
route actuelle de Saint-Sulpice à l'Herbergement, on
trouva face à l'endroit que devait plus tard occuper
l'école, près de l'ancienne mare, des ferrures entières de
charrette qui provenaient évidemment de la charrette
embourbée.

Parfois, en effet, la Providence vient protéger les
habitants de Saint-Sulpice. C'est ce que relate une ordonnance de Mgr Paillou, évêque de la Rochelle et de
Luçon, adressée au curé de Saint-Sulpice, le 10 décembre 1810 :

*« Vu la demande que vous nous avez faite relativement
à l'établissement de la confrérie du Sacré-Cœur de Jésus
dans votre église, nous disant que le vœu en avait été
fait par vos habitants pendant la guerre civile de la
Vendée et qu'un danger éminent les menaçait de toutes*

---

ture. Les vendéennes le reçoivent avec politesse ; mais tandis
que le militaire se débarrasse de son équipement, elles sortent
sous le prétexte de puiser de l'eau et décident de se venger.
En effet, tandis que l'une offre à boire, l'autre, Marie Pineau,
passe lestement son tablier autour du cou du bleu et, tirant
de toutes leurs forces, elles parviennent aisément à l'étrangler.

Ces exemples de cruauté sont assez rares cependant de la
part des Vendéens. Ceux que nous citons sont les seuls que
nous ayons pu recueillir, et, en toute impartialité, nous avons
tenu à les signaler.

parts et qu'ils désiraient ardemment pouvoir dans ce moment accomplir ce vœu... nous vous l'accordons... (1) »

Devant un fait si précis, qui montre une fois encore combien était grande la dévotion de nos Vendéens au Cœur Sacré de Jésus dont tous portaient l'insigne sur la poitrine, nous ne pouvons exprimer qu'un regret, celui de ne pas connaître le jour exact dans lequel fut fait ce vœu solennel. Nous croyons néanmoins qu'il eut lieu au mois de mars 1794, puisqu'il est accordé des indulgences spéciales pour chacun des vendredis du mois de mars.

Campagne de la fin de 1794 et de 1795. — Revenons aux soldats de Saint-Sulpice.

Nous les voyons, le 4 septembre 1794, avec leur chef de division Rézeau, approcher jusqu'auprès de Nantes, à l'entrée du camp républicain de la Roullière, et rapporter des renseignements précieux à Charette qui, à la tête de ses divisions, en fait l'attaque le surlendemain. Dans cette brillante victoire de la Roullière et dans celles qui suivent à Fréligné ou Frérigné (2) et aux Moutiers (14 et 24 septembre), les compagnies de Saint-Sulpice font preuve du plus grand courage.

Dès le début de l'année 1795, le gouvernement de la République, qui craint de ne pouvoir jamais venir à bout de celui qu'on appelle le *roi de Vendée*, se décide à négocier avec Charette. Les négociations se terminent par le fameux traité de la Jaunaye, au cours duquel les représentants républicains s'engagent verbalement à rétablir la royauté (3).

Charette qui, durant trois ans, rayonne dans toute la contrée, allant et venant de la forêt de Grâla au pays de Retz, passant et repassant sans cesse par Saint-Sulpice, s'arrête maintes fois à la Chabotterie où nous

---

(1) Arch. du presbytère.

(2) La division de Vieillevigne-Rocheservière y était commandée par son major, le comte de Chevigné, propriétaire de la métairie de la Boucherie ; il y trouva une mort glorieuse.

(3) Voir *Prise de Charette,* étude : p. 53-54.

avons vu ses soldats enlever la belle dalle de plomb qui surmontait la toiture pour en faire des balles. Durant cette paix momentanée, et pour mieux dire, pendant toute l'année 1795, Charette, qui a établi son camp à Belleville, s'en absente souvent allant aux châteaux du Recrédit et de l'Eraudière ou à son ancien cantonnement de la Bézilière, près des landes de Boisjarry. De temps en temps même il se rend dans une chevauchée rapide aux châteaux de la Roche-Boulogne et de la Chabotterie, où il vient saluer les jeunes châtelaines, Mlle Louise de Goué et sa sœur Henriette qui, profitant de cette trève, se marie, le 19 mai, à son parent M. de Tinguy, lesquelles vont plus d'une fois « en sa cour » de Belleville, où l'on prépare les glorieux combats au milieu des danses et des bruyants festins.

Quand, à la fin de juin, les hostilités sont reprises, le territoire de Saint-Sulpice se voit de nouveau envahi par les troupes armées, tant royalistes que républicaines. Les compagnies de la paroisse, si décimées soient-elles, restent toujours fidèles à Charette. On les trouve, le 26 août, attaquant près de Montaigu une colonne et la mettre en déroute ; le 2 septembre, les divisions de Guérin et de Rézeau enlèvent, près de Montaigu également, un important convoi qui est dirigé aussitôt sur Belleville.

Le 27, la division Cailleau, que suit à la piste le général Bonneau, lequel s'avance de Montaigu sur Belleville où il espère rencontrer Charette, engage l'action, quoique inférieure en nombre, près des landes de Saint-Sulpice, c'est-à-dire immédiatement après le village de la Chevasse, du côté du moulin de la Chabotterie. Quelques heures après, les royalistes reviennent à la charge et tombent encore à moins d'une lieue de là sur l'arrière-garde ennemie qui vient seulement de s'ébranler : on compte de nombreux morts et blessés de chaque côté, mais principalement du côté des républicains qui ont été par deux fois surpris.

M. Chassin, l'historien officiel de la Révolution en

Vendée, ne fait pas même mention de cette chaude affaire, et Crétineau-Joly, l'abbé Deniau et les autres historiens qui en parlent, assignent à ce combat la date du 27 ou 28 novembre, tandis qu'il eut lieu dans la nuit du 28 au 29 septembre 1795 et le 29 sur les neuf et dix heures du matin, ainsi qu'il ressort du rapport officiel de ce combat encore *inédit*. Il nous est connu par une lettre de l'adjudant général Duthil au rédacteur de la *Feuille Nantaise*, datée de Nantes le 10 vendémiaire — 2 octobre (1).

« *Une colonne forte de 4 à 5.000 hommes d'infanterie et 200 dragons, commandés par le général de division Bonnaud, est partie le 5 de ce mois (27 sept.) de cette ville (Nantes) escortant un convoi de vivres pour Montaigu, d'où elle s'est mise en marche le lendemain (28) pour se porter sur Belleville où était le quartier général de Charette : le jour de son départ de Montaigu, elle alla bivouaquer dans la lande de Saint-Sulpice et y passa la nuit pendant laquelle, à différentes reprises, les avant-postes furent attaqués par les brigands qui, n'ayant pu entamer le gros de l'armée, remirent la partie au lendemain ; le 7 (29), à la pointe du jour, la colonne continua sa route sur Belleville, mais, vers dix heures du matin, son arrière-garde se trouva vivement attaquée ; mais le général divisionnaire Bonnaud s'en étant aperçu s'y porta sur le champ avec le 2ᵉ bataillon du 62ᵉ régiment. En un instant les brigands furent vivement repoussés et disparurent ; notre perte a été de 27 tués et 50 blessés* (chiffres évidemment atténués). — *Après cette action qui, comme on le voit, a été chaude, nous avons continué notre route et nous sommes arrivés à Belleville que Charette avait abandonné. y trouvant trois hommes dont l'un était porteur d'un drapeau...* »

---

(1) La *Feuille Nantaise*, nᵒ 12, 12 vend.-4 oct. 1795. Le nᵒ 10 de ce journal du 2 octobre annonçait que 55.000 hommes étaient déjà lancés à la poursuite de Charette, et que les troupes des Pyrénées Occidentales (qui prirent une large part à sa capture) allaient arriver.

La retraite de Charette a été habile et le lendemain une nouvelle colonne républicaine est mise en déroute.

Il est encore fait mention d'un combat livré en Saint-Sulpice-le-Verdon, au cours de l'année 1795. La division de Guérin semble en faire tous les frais, et nous lisons dans l'état des soldats de Vieillevigne, dressé par M. Thomas de Préneuf, en 1816, que Pierre Graton fut blessé à Saint-Sulpice, en 1795, au témoignage de Jean Froger, sergent, et de Vincent Clénet et Louis Guillet, soldats, présents à ce combat.

A partir du début de l'hiver et pendant les premiers mois de 1796, le passage de Charette à Saint-Supice devient de plus en plus fréquent, mais aussi celui des colonnes républicaines qui le harcèlent tous les jours davantage. Cette fois, elles ont ordre de ne plus inquiéter les habitants des paroisses qui ne seront pas surpris les armes à la main. D'ailleurs, si les populations conservent toujours le même dévouement pour Charette, elles n'en ont pas moins fait leur soumission et rendu une partie de leurs armes. C'est ce que rapporte une lettre datée de Nantes, le 20 frimaire, — 11 décembre 1795, d'après laquelle on annonce que les communes de Saint-Sulpice, l'Herbergement, les Brouzils, Chavagnes, la Rabastelière, Chauché et la Copechagnière viennent, les deux ou trois jours précédents, de se soumettre, et que, ce jour même, les Essarts et Saint-Fulgent doivent les imiter (1).

Charette, outre ses gentilshommes et ses déserteurs, n'a plus donc pour combattre avec lui que quelques paysans des paroisses avoisinantes. Toutes les forces républicaines sont lancées à sa poursuite. Travot, en particulier, se montre d'une activité surprenante et choisit souvent pour étape et pour poste d'observation le château de la Chabotterie.

C'est par suite de la présence dans ces lieux de ce général de la République que les champs voisins furent

---

(1) *La Feuille Nantaise*, n° 90, 30 frimaire — 21 décembre.

le triste théâtre de l'un des derniers combats et enfin du suprême effort de cette armée vendéenne qui vint s'y briser, après avoir vaincu les troupes les plus réputées du monde.

Combat de la Chabotterie ou de la Bégaudière-Trion (21 février 1796). — Le 20 février, Charette a rassemblé les officiers qui lui restent au village de la Bégaudière, paroisse de Saint-Denis-la-Chevasse, à huit cents mètres de la limite de Saint-Sulpice, pour délibérer sur les propositions de paix que lui fait une fois encore la République. Il les repousse, et brandissant son épée : *On peut la briser jusqu'à la garde*, s'écrie-t-il, *mais je ne la rendrai jamais aux ennemis de mon roi ! Tant qu'une roue restera, la* charrette *roulera.*

Le lendemain matin, sachant que Travot ne doit pas être loin, il réunit les cent cinquante cavaliers et les cinquante à soixante fantassins qu'il a près de lui, et, quittant le village de la Bégaudière, sur les neuf heures du matin, il se porte dans la direction de Saint-Sulpice. La colonne suit la rive gauche de l'Izoire et a déjà dépassé la Chevasse, lorsque Hyacinthe de la Robrie, détaché en reconnaissance, aperçoit l'avant-garde de Travot. Il vient en rendre compte à son chef qui lui confie le commandement de son avant-garde et lui ordonne d'attaquer les républicains.

Ceux-ci, en effet, qui se trouvaient au quartier général de Pont-de-Vie, avaient été prévenus la veille au soir par le général Gratien de la présence de l'ennemi du côté des Brouzils, et ils s'étaient dirigés, le matin de bonne heure, dans cette direction, au nombre de huit cents environ, ayant à leur tête le général Travot.

La Robrie charge avec ses cavaliers à la hauteur du moulin de la Chabotterie, dit aussi de la Chevasse, situé sur la lande (1) ; les bleus les repoussent. Toute la

---

(1) Le moulin de la Chabotterie, ainsi dénommé dans les anciens titres et par la carte de Cassini, est désigné générale-

troupe de Charette, y compris les femmes qui ne l'ont pas quitté, font un dernier effort et cherchent à se faire jour sur le corps des hussards de Travot. Malgré une opiniâtre résistance, cette fois l'ennemi fléchit, et la victoire semble assurée, quand, au même instant, quatre cents grenadiers sortent à l'improviste d'une embuscade et se précipitent sur cette faible troupe Criblés de balles, les royalistes lâchent pied, les uns se rejetant du côté de la Chevasse et de la Bégaudière-Triou, où les républicains les massacrent presque tous; les autres courent éperdus jusqu'à la Bernerie et dans les bois de la Pilorgère, où ils trouvent un abri ; d'autres enfin, avec leur général, gagnent Saint-Christophe-la-Chartreuse et les bois de Grammont.

« La noblesse, les émigrés, les chefs ont fait les frais « de cette journée ; trente au moins ont été tués », écrit Travot avec orgueil dans son rapport au général Hoche, daté de la Chabotterie, ce même jour, 2 ventose an IV.

Et en effet, parmi ceux-ci on compte Louis-Marie de Charette qui dans la poursuite est tombé de cheval entre le moulin de la Chabotterie et le village de la Chevasse (1) ; son cousin, le jeune Charette de la Colinière, récemment arrivé de l'armée autrichienne où il servait comme officier ; M. de la Porte, émigré ; Beaumelle (2), etc. ; l'abbé Remaud, commissaire et aumô-

---

ment, depuis la Révolution, sous le nom de moulin de la Chevasse. Du reste, il a été entièrement rasé vers 1868, et de son emplacement, coté 74 sur la carte d'état-major, il ne reste que le souvenir.

(1) Il était le frère du grand Charette qui devait être fait prisonnier, un mois plus tard, à quelques cents mètres de là ; ce fut le père du général A. de Charette, tué à Aizenay, en 1815, et l'aïeul du baron de Charette, le célèbre général des Zouaves († 1911), et de toute la famille de Charette actuelle.

(2) Voici en quels termes M. de la Robrie, dans sa *Justification* (1815), rapporte la mort de Beaumelle et de Charette de la Colinière au combat de la Chabotterie : « ...Dans une

nier de Charette, est blessé, ainsi que M. de Bérié, qui survécut des dix-neuf coups de sabre reçus dans ce combat. On apporte à Travot le guidon de Charette à fleurs de lys d'or, échappé de la main défaillante d'un de ses cavaliers frappé de mort, et le porte-manteau qui a glissé de la selle du général vendéen dans l'ardeur du combat, et où se trouvent plusieurs papiers de la plus haute importance (correspondance avec le roi et le comte d'Artois, etc.).

Dans cette triste journée où Charette a vu tomber tant de parents et d'amis dévoués, il a été séparé de sa pupille, Mlle Poictevin de la Rochette, âgée de seize à dix-sept ans, propre nièce de la dernière dame de la Chabotterie, et des filles du vieux général de Couëtus, qui s'étaient trouvées aux premiers rangs durant tout le combat. Mlle de la Rochette (plus tard Mme de Chantreau), ainsi qu'elle l'a depuis maintes fois raconté (1), malgré une grave blessure à la tête (2), a pu glisser à bas de son cheval et s'enfuir dans les bois. Après avoir erré quelques heures, épuisée de fatigue, elle revient sur ses pas, craignant de mourir de faim et de froid, et se

---

« charge de cavalerie que j'ordonnai, le cheval du comman-
« dant de cette arme, M. Beaumelle, s'abattit et mit en dan-
« ger les jours de ce brave officier, sur lequel plusieurs enne-
« mis se précipitèrent. Je volai à son secours ; mes efforts pour
« le sauver furent inutiles ; un coup mortel l'atteignit, et
« engagé moi-même, je n'assurai ma retraite que par deux
« coups de pistolets et la vitesse de mon cheval. Ma colonne,
« intimidée par la perte de M. Beaumelle, avait lâché prise.
« Tout était en désordre. Plusieurs chefs provoquaient inutile-
« ment à la défense. M. Charette de la Colinière se trouvait
« enveloppé ; je l'aperçus, mais il succombait au moment où
« j'atteignais l'ennemi le plus acharné contre lui. »

(1) A. DE BREM, *Hist. populaire des guerres de la Vendée*, 292-294.

(2) « Le grand coup de sabre qu'elle avait reçu en combat-
« tant les bleus avait imprimé sur l'une de ses joues une lon-
« gue et honorable cicatrice. » *Mémoires* publiés par la *Revue du Bas-Poitou*, 1899, p. 257.

rend à des soldats qui fouillent les cadavres vendéens.
Les bleus espèrent que Charette est resté parmi les
morts, aussi accueillent-ils leur prisonnière avec une
joie secrète. Ils la conduisent toute sanglante sur le
champ de bataille, puis, la plaçant en face des cadavres
encore chauds qui sont étendus à terre, ils lui disent :
Regarde bien, citoyenne, reconnais-tu ces brigands-là ?
La noble jeune fille, domptant son émotion et ne voulant pas les détromper dans l'espoir de ralentir ainsi la
poursuite de Charette, répond avec le plus d'indiffé-
rence possible : *Non, je ne les connais pas.*

Conduite au château de la Chabotterie, elle y retrouve
l'aînée des demoiselles de Couëtus, qui avait été également blessée à la tête en même temps qu'elle. Après
leur avoir pansé leurs blessures et s'être reposées, Travot — comme il le fera un mois plus tard pour Charette
— donne l'ordre du départ, et toutes deux sont conduites
à cheval au château de Pont-de-Vie, d'où on les transfè-
re, en charrette le lendemain, aux Sables-d'Olonne.

Telle est cette triste journée à qui l'on a donné le nom
de combat de la Chabotterie (1) et de la Bégaudière;

---

(1) Travot ayant écrit la Chabaudière (et non pas la Chambaudière, comme l'ont publié Chassin et Bittard des Portes),
de même qu'il écrira, un mois plus tard, Chabautière et Valentin, Chabottière, orthographe parfois usitée de la Chabotterie,
l'auteur de *Charette* a cru devoir signaler qu'il ne fallait pas
confondre cette Chambaudière en Saint-Étienne-du-Bois avec
la Chabotterie, comme tous les écrivains l'avaient fait jusqu'à
lui. Ceux-là seuls pourtant étaient dans le vrai. Quelques-uns
d'entre eux rapportaient les détails de cette bataille au témoignage des combattants eux-mêmes; d'ailleurs il n'existe aucune
ferme, aucun château portant le nom de la Chambaudière
dans la région comprise entre les Lucs et les Brouzils ; enfin,
preuve définitive, le général Duthil écrit de Nantes, le 4 ventôse : « L'adjudant-général Travaux écrit au général en chef
« Hoche, du château de la Chabotterie-Saint-Sulpice *(sic)*, en
« date du 2 ventôse, et lui annonce que la noblesse, la cheva-
« lerie, les émigrés et les brigands ont fait les frais de cette

M. Bittard des Portes lui donne, avec ceux-ci, un troisième nom, celui de combat des Brouzils, mais c'est une erreur, — déjà plusieurs fois reproduite, — puisque toute l'action se passa entre la Bégaudière-Triou, le moulin et le château de la Chabotterie. Cette affaire, qui est le dernier combat important que livre Charette, a pour lui les plus graves conséquences, car elle détermine, le lendemain, cinq chefs royalistes, dont Guérin (Vieille-vigne) et Hyacinthe de La Robrie (Saint-Philbert-de-Grand-Lieu), à faire leur soumission aux généraux de la République.

La prise de Charette à la Chabotterie, le mercredi-saint 23 mars 1796-3 germinal an IV (1). — Depuis le combat du 21 février, la situation du général vendéen devient de plus en plus critique. Traqué de toutes parts par les forces républicaines réunies, pourchassé par les *colonnes mobiles* que le général Hoche vient d'organiser, avec la mission de ne jamais s'arrêter, la nuit comme le jour, et de rétrécir méthodiquement le cercle de troupes dans lequel il finira par succomber, en butte, sinon aux trahisons, du moins aux guets-apens sans nombre qu'ourdissent les officiers de l'état-major ennemi, « *Cha-rette,* comme l'écrit dans son rapport inédit le général Grigny, *ne s'appliquait plus à former des rassemblements, mais seulement à nous éviter avec une adresse et une agilité surprenantes, secondé par le silence absolu*

« journée... » *(Feuille Nantaise,* nº 156, 26 févr) M. Bittard des Portes a reconnu son erreur, dont M. Chassin est seul responsable.

(1) Nous avons publié, en 1910-1911, dans la *Revue du Bas-Poitou,* et en tirage à part (imp. Lafolye, Vannes, 116 p.), une longue étude historique et critique sur la prise de Charette, d'après un grand nombre de documents *inédits.* Nous n'en donnons ici qu'un récit très résumé en priant le lecteur de se eporter, pour les indications des sources, les questions de critique et de détails, à notre ouvrage, que les *Revues* scientifiques de Paris ont daigné gratifier de quelques éloges.

de tous les habitants de la campagne, qui demeuraient muets vis-à-vis de nos différentes colonnes. Tantôt il couchait dans une métairie rapprochée de nos cantonnements, tantôt il préférait coucher dans les bois ; sans cesse nous allions droit où nous avions l'assurance de le trouver, et sans cesse il nous donnait le change. . Nos troupes, fatiguées, rentraient dans leurs cantonnements, chagrines de l'avoir manqué ».

Telle est, depuis un mois, l'existence de Charette et de ses derniers compagnons dans le pays de Saint-Sulpice et des environs, quand, le soir du 22 mars, après avoir pu échapper encore aux soldats du poste de Saint-Philbert-de-Bouaine, il s'arrête, trempé jusqu'aux os et écrasé de fatigue, dans une maison amie, celle de Jean Delhommeau, métayer de la Pellerinière ou Prélinière, village situé à l'extrémité est de la commune des Lucs.

Après une nuit tranquille, et presque confiant dans la proposition de suspension d'armes qu'il a reçue l'avant-veille du général Grigny et son aide-de-camp Guinel, par l'intermédiaire du curé de Mormaison (1), Charette, assis sur un banc de bois, fait un frugal repas avec des œufs durs, quand tout à coup, peu après sept heures du matin, la sentinelle placée dans la cour de ferme signale qu'une colonne de bleus, venant de la Grollière (Roche-servière), s'avance en ligne droite vers la Pellerinière.

— *Laissons-les passer*, répond Charette, *nous sommes en propositions d'accommodement.*

Pourtant la colonne s'avance dans un but nettement hostile. Il faut fuir, et, avec les quarante-cinq hommes qui forment sa dernière troupe, il s'écrie, en prenant sa carabine et ses deux pistolets :

---

(1) Les pourparlers de Mormaison, dont nous avons ailleurs expliqué la nature (un guet-apens), et où la bonne foi de Charette était entière, furent, ainsi qu'il le déclara maintes fois durant sa captivité, la raison de sa présence dans ces parages et, par suite, celle de sa capture.

— Allons, mes braves enfants, c'est ici qu'il faut se battre jusqu'à la mort et vendre chèrement sa vie ! Et tous acceptent de mourir avec lui.

Mais Charette est habile, et après une heure et demie de poursuite et de détours sans fin dans la direction de Saint-Sulpice, le *4e bataillon de l'Hérault*, que commande *J. Gauthier*, le chef du bataillon, pas plus heureux que la veille, perd la trace des royalistes et prend une fausse direction.

Il se croit sauvé quand, à neuf heures, il rencontre auprès du village de la Guyonnière (les Lucs), l'adjudant-général *Valentin* qui commande cent à cent cinquante grenadiers de la *demi-brigade des Vosges et Paris*. Un combat s'engage sur les versants des rives de la Rue, entre la Guyonnière et le Sableau. Là, sur une longueur de deux kilomètres, soit du côté des Lucs, soit du côté de Saint-Sulpice jusqu'auprès du bourg, par les échaliers, les buissons, les chemins creux, tantôt sautant le ravin, tantôt détalant le long des fossés, parmi les haies et les petits taillis, enfonçant dans la boue et dans les ornières, royalistes et républicains font trois à quatre lieues toujours courant.

Après une vive fusillade, la troupe de Charette, qui a déjà perdu deux soldats, est protégée un instant par le bois de la Tremblaye ; mais Valentin, ayant disposé ses hommes en tirailleurs, en déloge la petite bande. Des coups de feu l'atteignent et font de nouveaux vides. La retraite est impossible. Il faut foncer sur l'ennemi et le panache blanc que Charette porte à son chapeau attire les balles sur lui.

— Mon général, s'écrie Pieffer dit Cassel, ancien déserteur du 72e de ligne en 1793, qui a pour Charette un espèce de culte, *donnez-moi votre chapeau et sauvez-vous !*

Et avant que celui-ci y consente, il saisit le feutre à plumes et s'en couvre. Le généreux soldat apparaît bientôt du côté opposé au tournant d'une haie, une balle le renverse, dix grenadiers s'acharnent sur lui : *C'est*

Charette ! s'écrient-ils, et ils le percent de coups. Les bleus ont déjà acclamé leur victoire, quand ils découvrent le stratagème. Ils reprennent leur course un moment interrompue mais, grâce à ce dévouement sublime, Charette et les trente-cinq hommes qui lui restent ont gagné du terrain et ils ont disparu.

Cependant Valentin a pu saisir la direction des fuyards et, vers dix heures et demie, il rejoint avec cinq grenadiers, près d'une ferme (soit le Sableau, soit la Petite-Roche ou la Rogerie), le général royaliste qui, avec deux des siens, s'y repose depuis quelques instants. Nouvelle surprise de Charette. Dans sa précipitation il laisse sur la table ses deux pistolets et se sauve non sans avoir, derrière le plus proche buisson, déchargé une fois encore sa carabine sur Valentin lui-même.

La poursuite recommence ; mais Charette, à l'abri des buissons et des halliers qu'il connaît si bien, a déjà rejoint le gros de sa troupe, et les soldats de Valentin, la rage au cœur, d'abandonner leur proie qu'ils ont failli atteindre, vaincus par la course et exténués de fatigue, rentrent à la ferme la plus voisine (le Sableau ?) faire une halte bien gagnée.

Charette et ses soldats se sont dirigés vers le bois de l'Essart, vaste taillis qui paraît un asile sûr et où il cache encore quelques munitions. Mais depuis que Gauthier « a levé le lièvre », c'est la chasse en hallali courant ! « Tous les postes et les cantonnements sont en « course », écrit le général Grigny, et la vaillante petite troupe n'a pas fait le quart du chemin, qu'au moment d'atteindre le village de la Boulaye, elle rencontre, sur les onze heures et demie, un détachement de quatre-vingts hommes du *bataillon le Vengeur*, commandés par *Dupuis*, chef du poste de Saint-Fulgent, qui, dans la matinée a battu le bois de l'Essart. Les républicains n'aperçoivent que des paysans isolés, à peine échange-t on quelques coups de fusils sans résultat, et l'insaisissable Charette a encore disparu.

Rejetés du côté de la Chabotterie, les Vendéens passent en courant les fermes de la Morinière et du Fossé, ils s'engagent dans le petit sentier qui coupe alors un taillis très épais, mais peu étendu, appelé le *bois de la Chabotterie* ou *bois Commun* (1), et atteignent sans encombre le village de la Chevasse. Ils y prennent une croûte de pain tandis qu'une femme est placée en sentinelle (*Mémoires de A. Tortat* 1911, p. 34), et vont prendre le chemin de l'Etaudière, se croyant déjà sauvés, car le grand bois de l'Essart est tout proche, quand, au même instant, — par un fatal hasard plutôt que grâce

---

(1) Ce bois, d'une contenance de trois hectares quarante ares, situé dans sa partie la plus proche à trois cent cinquante mètres du château dont il dépend, est toujours appelé, dans les actes antérieurs à la Révolution, *le bois de la Chabotterie;* toutefois au XVe siècle (car depuis nous lui trouvons seulement le nom de la Chabotterie), une partie seule porte ce nom et la partie sud, limitée par le petit sentier, prend celui de *bois de la Basse-Musse*, comme étant bordée par le pré de la Musse. C'est ce nom de pré, prononcé devant M. Bittard des Portes par quelques paysans, dans un patois difficile à comprendre pour l'étranger, qui a fait dire à l'historien que Charette avait été pris, suivant la tradition, dans le bois de la Musse et non dans celui de la Chabotterie, comme l'indiquaient les rapports officiels. — Nous lui avons signalé cette erreur toute matérielle, puisqu'il n'existe pas de bois de la Musse, erreur qu'il a reconnue très volontiers. Vulgairement appelé, dès avant la Révolution, par les métayers, le *bois Commun*, en raison du pillage qu'y faisaient les gens du village de la Chevasse, ce bois est porté sous ce nom au cadastre de 1838. Il est souvent dénommé par les étrangers *le bois de Charette*, mais nous devons lui conserver ici son ancien et véritable nom, celui de *bois de la Chabotterie*.

Le chemin qui coupait ce bois et qui joua un certain rôle dans la prise du Vendéen, joignait l'Hôpitaud à la Chevasse en passant par la Morinière et le Fossé. Comme il facilitait le vol du bois, M. Achille de Goué le fit fermer vers 1845 : c'est à peine si l'on en voit la trace. Seul, le tronçon allant du pré de la Musse à la Chevasse, qui n'appartenait pas au même propriétaire, existe encore; mais n'ayant plus sa raison d'être, depuis la fermeture du bois, il est abandonné et réduit à l'état de fondrière.

à une trahison (1) — *Travot*, qui est parti dès six heures du matin de la Pitière (2), et qui a battu toute la matinée la campagne, l'Essart en particulier, débouche par ce même chemin avec une forte colonne *(Chasseurs à cheval de la Vendée et premier bataillon des Chasseurs des Montagnes)* se rendant au château de la Chabotterie pour y déjeuner et y faire reposer ses troupes ; il oblige les royalistes à rentrer dans le taillis qu'ils viennent de traverser.

Travot a suivi des yeux la direction des fuyards, mais en chef prudent, il interroge à la hâte un paysan du village, dont il n'obtient d'ailleurs que de vagues renseignements, pendant que ses chasseurs à cheval piquent de l'avant pour leur couper la retraite et que son infanterie se lance à leur poursuite.

Un nouveau combat, le dernier, s'engage dans les fourrés et les prairies marécageuses qui entourent le bois de la Chabotterie.

Aux premiers coups de feu tirés près de la Chevasse,

---

(1) On a désigné, comme auteur de cette infamie, tantôt Hyacinthe Hervouet de la Robrie, tantôt Nicolas Buet, médecin aux Brouzils, tantôt le frère de la servante du curé de la Rabatelière que les soldats de Charette avaient assassiné sans son ordre, après qu'il eut donné des preuves de sa trahison, soit encore un déserteur des Chasseurs de Cassel afin d'obtenir sa grâce, soit enfin quelque paysan haineux attiré par l'appât d'une belle récompense. — Nous avons publié ailleurs ce qu'il faut penser de ces accusations. Ajoutons seulement qu'il a été matériellement impossible d'aller informer Travot que Charette se trouvait dans le bois de la Chabotterie, puisqu'il ne fit que le traverser en courant sur une largeur de cent mètres. S'il y a eu trahison — et nous le croyons — c'est dans le sens qu'un individu est venu renseigner les chefs républicains de la présence de Charette dans une région nettement délimitée, facilitant ainsi la marche des colonnes ennemies, mais sans procurer de résultat immédiat.

(2) Ferme située à l'est de Chauché qui n'avait pas été incendiée, mais que la République avait mise sous séquestre comme appartenant à MM. de Goué.

les quatre-vingts grenadiers du détachement le Vengeur accourent se réunir à Travot, qui, afin de mieux cerner le bois, fait mettre pied à terre à une partie de sa cavalerie. Il poste dans le pré de la Musse, à l'entrée du tronçon du sentier qui subsiste seul aujourd'hui, son aide de camp Messager et le capitaine Vergèz, commandant les Chasseurs des Montagnes : ils pourront de cet endroit surveiller la sortie du chemin et les prés encadrant le taillis. Travot ordonne également à quelques hommes de se jeter dans le fourré, et descendant lui-même de cheval, il accourt rejoindre le gros de sa troupe, à l'autre extrémité du bois, du côté de la Chabotterie, où il espère cueillir Charette au passage.

En effet, les royalistes, ayant opéré une prompte retraite à la vue de la colonne ennemie, sortent déjà du taillis, la plupart débouchant du sentier. Plusieurs sont tués, d'autres se sauvent à grande peine ; mais point de Charette. Alors Travot se rappelle la ruse employée un mois auparavant à Froidfond par le Vendéen, qui, surpris dans un bois, était revenu sur ses pas et avait pu ainsi lui échapper ; ses soldats, d'ailleurs, s'accordent tous à dire que le chef de la bande est resté dans le bosquet. Le général républicain, suivi des Chasseurs de la Vendée, Jannet-Bauduère et Mercier-Colombière, et de trois Chasseurs des Montagnes, s'élance donc du côté opposé rejoindre les officiers qu'il y a laissés, et dans sa course il perd son chapeau au panache tricolore.

Pendant ce temps Charette lutte avec l'énergie du désespoir.

Devant la troupe ennemie, le général vendéen est rentré avec les siens dans le taillis; mais dans sa précipitation et déjà exténué par la course et le combat de la matinée, il n'a pu sauter l'échalier qui commande le passage, échalier aux barreaux enchevêtrés de ronces et d'épines, comme il s'en voit tant encore dans ce coin de bocage.

Ses plus proches compagnons accourent et l'aident à se relever. L'un d'eux est l'abbé Remaud, son aumônier,

auquel il a déjà confié la mission de se rendre en Angleterre, près des Princes. Il connaît son dévouement et lui
ordonne de l'abandonner pour qu'il puisse leur remettre
le portefeuille de l'armée avec la dernière expression de
sa fidélité :

— *Vous direz à Monsieur* (le comte d'Artois), ajoute-
t-il, *que je saurai mourir en chevalier français.*

Il dit vrai.

Charette rassemble tout son courage et veut se diriger vers le Fossé et la Chabotterie, mais l'issue est fortement gardée, et revenant sur ses pas, il espère trouver
le passage libre du côté de la Chevasse.

A peine a-t-il pénétré avec deux ou trois royalistes
dans le pré de la Musse qu'il est aperçu par le poste
laissé par Travot. Aussitôt Vergèz, armé de quatre
pistolets et de son sabre, quitte son cheval (qu'il perdra
dans la bataille) et, nu-pieds, car, par l'effort vigoureux
du jarret ses souliers restent dans la boue, il fonce sur
celui qui paraît le chef de la petite bande en s'écriant :
Voici Charette !... C'est Charette !... sans trop savoir si
c'est bien lui. Il le blesse d'un coup de feu à la tête, d'un
autre il lui laboure l'épaule droite. Charette, qui se voit
perdu s'il s'engage de nouveau plus avant dans le défilé,
veut s'enfoncer dans l'épais fourré, mais il ne peut
même plus écarter les branches qui lui barrent le passage;
il est aveuglé par le sang qui inonde son visage, ses forces l'abandonnent et il tombe sans connaissance entre
les deux seuls Vendéens qui sont encore avec lui.

L'un d'eux, son fidèle domestique Bossard, le charge
sur ses épaules et s'efforce de le sauver. Il est frappé
d'une balle et tombe mort. L'autre, le chevalier Samuel
de Lespinay de la Roche-d'Avau, prend le précieux
fardeau ; il tâche de l'entraîner, de le cacher tout au
moins derrière une grosse cosse de frêne qui se trouve
au revers du sentier (1). Il vient de l'y poser et tue le

---

(1) Lorsque M. de Goué fit combler le sentier et abattre les tê-
tards qui l'encadraient, il tint à conserver en son entier la *cosse de*

premier soldat qui approche ; mais en même temps lui-même n'est plus qu'un cadavre qui roule sur le corps de son général.

La faiblesse de Charette n'est que passagère, mais le chef, perdant son sang, couché à terre, n'essaie plus de fuir. D'ailleurs, Vergèz est déjà près du gîte ; d'un coup de sabre il vient de lui faire une large entaille au poignet, d'un autre encore il lui coupe trois doigts de la main gauche, et aisément le désarme de son espingole. Le prisonnier lui semble d'importance, et s'il n'est pas Charette, du moins peut-il procurer des renseignements précieux ; aussi hésite-t-il à lui donner le coup de grâce, quand au même instant arrive son adjudant-général, attiré à cet endroit par les cris et la fusillade.

Travot aborde le royaliste, et en le maintenant sur le sol de tout le poids de son corps, le somme de déclarer son nom, à quoi Charette, à demi-étourdi, essayant pourtant de lutter encore, ne répond rien.

Le chasseur Jannet-Bauduère, des Sables, qui n'a pas quitté son chef, dit à Travot :

— *Soulevez-vous un peu, mon général, que je voie sa figure.*

Et ayant reconnu le blessé, il ajoute :

— *Tenez ferme, c'est notre homme.*

Le vendéen est relevé haletant, le front ouvert, ne cherchant même plus à se défendre. Travot lui demande à nouveau :

— *Où est Charette ?*

— *Le voilà*, répond le blessé.

Travot doute encore, tant la prise serait belle.

---

frêne, ce souvenir vivant de la capture de Charette. A chaque coupe du taillis elle avait été respectée, mais, au mois de décembre 1870, les propriétaires de la Chabotterie, qui avaient alors bien d'autres soucis, ne prirent pas soin de prévenir le bûcheron, qui la fit tomber par mégarde. Depuis lors, la vieille souche n'a pas été retouchée et il est facile de la désigner aux nombreux touristes et aux amis de la Vendée qui viennent en pèlerinage à la *cosse de Charette*.

— *Est-ce bien lui ?*

— *Oui, foi de Charette !*

Et sur ce mot si grand dans sa brièveté, il est porté hors du bois, à cinq mètres du vieux frêne.

— *Où est le commandant ?*

— *C'est moi*, répond Travot, car celui-ci ayant perdu dans l'action son chapeau, le prisonnier ignore le nom et le grade de son vainqueur. A cet instant, ses chasseurs, se groupant autour de lui, s'écrient :

— *Vive la République ! Vive Travot !*

— *Serais-tu donc Travot ?* dit Charette en entendant ces acclamations.

— *Oui.*

— *A la bonne heure, c'est à toi seul que je voulais me rendre.*

Et, maintenant, très maître de lui, il adresse noblement ses félicitations, auxquelles Travot répond avec non moins de courtoisie.

Il est exactement midi et demi, le suprême combat a duré un quart d'heure (1).

---

(1) Pendant le combat de la Guyonnière-le Sableau, Charette perdit dix des siens ; dans celui du bois de la Chabotterie, les pertes des royalistes furent de dix-sept morts et de trois prisonniers (Charette compris), qui furent fusillés peu après. Donc, des quarante-six vendéens, seize seulement parvinrent à s'échapper.

Dans cette matinée du 23 mars, Charette eut à faire face à des forces au moins *dix sept fois supérieures :* colonne de Gauthier, environ deux cents hommes ; colonne de Valentin, environ cent cinquante hommes ; détachement du Vengeur, quatre-vingts hommes ; 1er bataillon des chasseurs des montagnes, commandé par Vergèz, environ deux cents hommes ; chasseurs à cheval de la Vendée, environ cent cinquante hommes, soit contre quarante-six royalistes plus de sept cent cinquante républicains, chiffre que nous avons préféré *très atténuer*, afin de n'être pas taxé d'exagération. Les trois derniers corps de troupes prirent seuls part au combat de la Chabotterie. La prise effective de Charette fut opérée par *Travot*, *Vergès* et *Jannet-Bauduère ;* on y ajoute parfois *Meroter-Colombière.*

Charette est trop faible pour marcher ; ses trois ou quatre blessures ne sont pas mortelles, mais le font horriblement souffrir ; les mains et les jambes sont aussi toutes déchirées par les ajoncs et par les épines. Promptement les chasseurs républicains font, à l'aide de deux fusils et de quelques branches prises dans le bois, une civière fort rudimentaire. Ce moyen est bientôt abandonné, et deux grenadiers l'emportent sur leurs épaules, au milieu d'un cortège triomphant, en suivant la lisière du bois par les prairies jusqu'au château de la Chabotterie.

Les bleus déposent leur fardeau dans la pièce qui sert, aujourd'hui comme alors, de cuisine. C'est une longue et vaste salle en contre bas, avec un plafond à poutrelles, une énorme cheminée de granit, des grilles robustes aux fenêtres ornées de meneaux et de croisillons, une table et des bancs de chêne qui y étaient déjà il y a cent dix-sept ans. Telle est la première prison de Charette.

Le général royaliste, gardé à vue par ses vainqueurs, est placé près de l'âtre, afin d'y faire sécher ses vêtements (1), trempés de la boue des chemins et des

Les rapports des officiers républicains ne font aucune mention de leurs pertes, qui durent, pour le moins, être aussi nombreuses que celles des royalistes, ceux-ci s'étant battus en désespérés, du propre aveu de leurs ennemis.

(1) Charette, chaussé de brodequins, est vêtu d'un pantalon de laine blanche tricotée, d'un gilet gris, d'un habit-veste à la hussarde de drap vert passé à l'air, avec un collet rabattu en velours rouge brodé d'un petit galon d'or dentelé provenant d'une chasuble, les revers du col et les parements des manches en velours du même que l'habit, passepoils rouges, retroussis rouges avec fleurs de lys d'argent ; une ceinture de coton rayée blanche et rouge ; au cou une grosse cravate blanche ; autour de la tête un mouchoir blanc marqué à son nom, négligemment noué à la créole ; par devant une cocarde rouge brodée d'une colombe blanche, et en dedans de la veste une croix de Saint-Louis et un petit crucifix pendu à sa boutonnière ; le tout fort sale, déchiré et taché du sang de ses

LA CUISINE

DU CHATEAU DE LA CHABOTTERIE

dans laquelle Charette passa les quatre premières heures
de sa captivité
(23 mars 1796)

champs. On lave ses blessures, que l'on panse sommairement de compresses d'eau salée ; on lui apporte quelque nourriture, un verre d'eau-de-vie peut-être, qui lui redonne tout son entrain.

De l'avis unanime, Travot, ses officiers et ses soldats montrent une profonde et respectueuse admiration au noble courage du héros blessé. Charette, de son côté, « tout à fait galant homme », est on ne peut plus courtois vis-à-vis des troupes qui l'entourent, les félicitant de leur attitude militaire, et marquant sa gratitude des égards qu'elles ont pour lui. Il comble d'éloges le général Travot, exprimant sa satisfaction d'être tombé entre les mains d'un adversaire ayant autant de courage et de mérite que de générosité et de délicatesse.

C'est alors, dans la cuisine du château, que Charette, voulant donner un témoignage de sa satisfaction à la manière des chevaliers de cette ancienne France dont il est un des derniers champions, offre à Travot son sabre d'honneur qui porte sur la lame ces mots gravés d'un côté : *Je ne cède jamais*, de l'autre : *Donné à Charette par l'Angleterre. — Vous êtes*, dit-il à Travot, *un brave homme. Je n'ai rien à vous offrir, cependant j'ai reçu d'Angleterre un superbe sabre à poignée de nacre et montée en or ; je l'ai envoyé à Paris pour y faire mettre un fourreau d'argent. Si je ne craignais pas de compromettre la personne à qui je l'ai envoyé, je vous en ferais présent. Comme mon vainqueur, vous êtes digne de le porter.*

Travot accepte avec empressement et, quelques jours plus tard, très flatté de l'offre de son prisonnier, il fait rechercher ce sabre à Paris par l'intermédiaire du bureau militaire du Directoire.

Charette se montre toujours affable, très causant, presque bavard.

---

blessures.— C'est un homme âgé de trente-trois ans, assez grand, fort bien fait, à la figure sinon jolie du moins agréable, aux yeux très vifs, à l'air très distingué.

A l'un des soldats qui le gardent et qui paraît succomber de fatigue, il dit :

— *Asseyez-vous, citoyen, vous devez être très las !*

Si Travot lui demande quelques détails sur les combats de la matinée, il répond, fier d'avoir rempli son devoir jusqu'au bout :

— *Moi, je n'ai été pris qu'après la défaite de ma troupe, encore ai-je été surpris.*

— *Je ne puis comprendre,* ajoute un de ses vainqueurs, *qu'après une vie de combat comme la vôtre, vous vous soyez laissé faire prisonnier et que vous n'ayez préféré vous donner la mort.*

— *Mais le suicide est un acte de lâcheté,* réplique Charette. *Je me suis battu pour ma religion, et j'aurais commis un crime contre les lois divines, si je me fusse détruit moi-même. Au surplus, je prouverai que je ne crains pas la mort.*

Un officier exprime son regret qu'un homme tel que lui n'ait pas pris les armes pour la République, et qu'il ait violé la foi des traités.

— *J'ai combattu pour ma Religion, ma Patrie et mon Roi. D'ailleurs, au traité de la Jaunaye on m'avait promis le rétablissement de la monarchie, et c'est parce qu'on n'a pas tenu cette promesse et qu'en outre le représentant Gaudin voulait me faire enlever, que j'ai repris les hostilités.*

— *Mais vous nous avez fait périr bien du monde.*

— *Ah ! on ne peut faire d'omelette sans casser d'œufs,* réplique-t-il en plaisantant (1).

Il proteste toutefois, mais sans aigreur, d'avoir été capturé alors qu'il était en pourparlers de suspension d'armes, dont le curé de Saint-Sulpice et de Mormaison conserve la preuve.

Bref, il ne paraît jamais interdit, discourant comme

---

(1) Nous avons tenu à conserver, dans ces différents dialogues, *les expressions mêmes* qui nous sont données par les documents républicains contemporains à la capture ; leur authenticité est donc absolue.

s'il n'a rien à craindre. Il adresse des compliments à tous, présents et absents ; seul l'Anglais, qui est toujours pour lui, ancien officier de marine, l'ennemi national, n'a pas grâce à ses yeux.

— *Ce sont des gueux*, dit-il. *Je les attendais ces jours-ci à Saint-Gilles, et ils ne sont pas venus. Pourtant ils m'avaient promis de venger Quiberon.*

Pendant que Charette reprend quelques forces et qu'il devise ainsi avec les officiers républicains, les soldats qui encombrent le jardin et les cours du château lancent aux échos le cri de leur victoire Ils ne pensent plus à leurs fatigues, tant leur joie est grande ; Travot, d'ailleurs, voulant que ses hommes puissent fêter son succès, les autorise d'aller chercher des vivres et de faire bombance.

La cave de la Chabotterie, déjà peu garnie, est bientôt vide, et comme les étables n'ont plus de bestiaux, ils se rendent à la Morinière, ferme dépendante du château, et y enlèvent une vache de trois ans et quatre moutons.

Charette, ainsi réconforté par ces quelques heures de repos qui lui étaient nécessaires, aussi bien qu'aux soldats de Travot, peut, sur les quatre heures et demie, monter à cheval et quitter la Chabotterie. La colonne s'engage par le chemin de la Morinière et des Landes, traverse le bourg des Lucs et arrive au château de Pont-de-Vie un peu avant sept heures du soir. Là, Charette demande une soupe à l'oignon et s'endort tranquillement, tandis que Travot rédige ses rapports.

Le lendemain, le prisonnier est dirigé sur Angers par Montaigu, puis à Nantes, où il est fusillé, place Viarme, le 29 mars, un peu avant cinq heures du soir.

Il commande lui-même le feu, et plaçant la main sur son cœur, il crie au peloton d'exécution : *Frappez-là. C'est là qu'on doit frapper un brave !*

La prise de Charette est accueillie par un long cri de triomphe dans toute l'étendue de la République et fêtée comme une de ces victoires qui sauvent les nations. Avec lui, en effet, cette fameuse Vendée, qui a mis la République à deux doigts de sa perte, n'est plus que l'ombre d'elle-même.

Afin de perpétuer à jamais le souvenir de ee lieu désormais historique, on a élevé sur le fossé du taillis, à trois mètres de la cosse de frêne, une belle croix de granit dont les trois pointes se terminent en fleurs de lys, au centre est un grand cœur vendéen (fac-simile de celui conservé par la famille de Charette); la croix est soutenue à sa base d'un bloc de pierre orné d'un faisceau d'armes. Sur le socle se lit l'inscription sui. vante, encadrée d'une palme et d'une branche de laurier, symboles de la gloire et du martyre du chef royaliste :

ICI
FUT PRIS
PAR LE GÉNÉRAL
TRAVOT
LE GÉNÉRAL VENDÉEN
FRANÇOIS-ATHANASE
CHARETTE
DE LA CONTRIE
LE 23 MARS 1796

« POUR MA RELIGION, MA PATRIE ET MON ROI »
(Interrogatoire de Charette à Nantes, le 29 mars, jour de sa mort)

Ce monument, érigé solennellement, le 6 août 1911, devant plus de cinq mille personnes, a pris la place d'une autre croix faite d'un arbre mort dont on avait coupé une branche pour en faire les bras (1892) et qui d'ailleurs était située à dix mètres de la *cosse de Charette* (1).

Pacification et campagne de 1799. — Les années qui suivent la prise de Charette ne donnent lieu à aucun fait marquant. Les habitants de Saint-Sulpice sont « imprégnés de fanatisme et de royalisme », suivant les

-----

(1) Nous donnerons le récit de cette fête à la fin de cette chronique.

LA CROIX DE CHARETTE

érigée en 1911 à la lisière du bois de la Chabotterie

rapports des autorités républicaines ; parfois ils prennent une attitude hostile. Néanmoins, la pacification, encouragée par le curé lui-même, paraît à peu près complète.

M. l'abbé Louis Amiaud, né en 1765, à la métairie de la Boucherie, est pendant la grand'guerre le pasteur des paroisses réunies de Saint-Sulpice et de Mormaison, résidant ordinairement à Mormaison : il rédige les actes de décès de ses paroissiens « tués par les mains de l'ennemi ». Profondément royaliste et l'ami de Charette, il s'efforce, après la mort du héros vendéen, d'empêcher la reprise des hostilités. Le 2 novembre 1797, il consent à faire sa soumission complète et à prêter le serment exigé par le gouvernement, sauf celui de haine à la royauté, qui lui enlèverait, dit-il, la confiance de ses paroissiens. Toutefois, le 8 février 1798, il s'y résigne, et afin que la chose fasse moins d'éclat, il préfère le prêter devant la municipalité de sa naissance, plutôt que dans celle de son domicile. L'effet est désastreux ; sa soumission lui enlève toute l'estime, la plupart des gens ne veulent plus entendre sa messe, et M. l'abbé Gratton, qui se cache à l'Epiardière, est considéré dès lors comme le vrai pasteur (1).

Saint-Sulpice, en effet, demeure profondément attaché au roi, et quand, au mois de juillet 1799, se prépare un nouveau soulèvement sous les ordres de Suzannet, tous les vieux soldats promettent de reprendre les armes (2). Les opérations ne durent que quelques mois et ne se réduisent qu'à des combats sans grande importance, il convient cependant de signaler l'affaire de Montaigu, au mois de novembre suivant. D'ailleurs, les chefs républicains ont l'ordre du gouvernement d'é-

----

(1) *Arch. dép de la Vendée* : L. 247 et 276.

(2) Le chef de la division de Montaigu, dont faisait partie Saint-Sulpice, était alors M. Charles-Henri de la Roche-Saint-André. Le chef de la division de Vieillevigne-Rocheservière était M. Greller du Fougeroux.

viter tout ce qui peut susciter une nouvelle « grand'guerre », et l'adroite politique de Bonaparte vient mettre fin à cette insurrection, qu'on a coutume d'appeler la *chouannerie vendéenne.*

La première Restauration. — Le roi est remonté sur le trône de ses pères.

Le mercredi 6 juillet 1814, Saint-Sulpice et les communes du voisinage sont en fête : S. A. R. Monseigneur le duc d'Angoulême, le neveu et gendre de Louis XVI, doit passer, vers les trois heures de l'après-midi, au village de la Chevasse, se rendant de Nantes à Bourbon-Vendée. M. de Goué, maire de Saint-Sulpice, convoque de la part du Prince les maires des environs et les anciens soldats vendéens. Personne n'a voulu manquer au royal rendez-vous ; ils sont là avec leurs chefs, ceux qu'une mort glorieuse n'a pas décimés ; les femmes et les enfants, parés des toilettes du dimanche, se pressent sur la route. Enfin, le duc d'Angoulême s'arrête avec sa suite, et M. de Goué lui souhaite la bienvenue en ces termes :

Monseigneur,

Il est bien satisfaisant pour un ancien membre de vos armées dans l'étranger, et surtout pour un Vendéen, d'avoir l'honneur d'adresser la parole à Votre Altesse Royale et de lui offrir, à la tête de sa commune et de son pasteur, l'expression d'amour dont ils sont tous pénétrés. Les Vendéens, au comble de la joie de vivre sous le règne paternel d'un roi pour lequel ils ont si vigoureusement combattu, seront encore prêts à répandre leur sang pour l'auguste dynastie des Bourbons... Vive le Roi ! Vive le duc d'Angoulême ! Et vivent à jamais les Bourbons !

Campagne de 1815. — Si le souhait est éphémère, la promesse est bien remplie.

Pendant les *Cent-Jours*, en 1815, les hommes de Saint-Sulpice se montrent toujours fidèles. Exactement soixante-dix d'entre eux reprennent les armes, formant une compagnie de la division de Montaigu (comte Auguste de Chabot), armée de Suzannet, sous le commandement de *M. Gabriel de Goué*, capitaine ; *Pierre Renaudin*, lieutenant ; *Pierre Grasset*, sous-lieutenant. L'un des sergents ce cette compagnie, *Pierre Le Roux*, de la Chevasse, reçoit une très grave blessure ; plusieurs soldats également sont blessés.

Nous voyons M. de Goué à la tête de sa compagnie à l'affaire du Pas-Opton, ramenant les munitions déposées sur la côte de Saint-Gilles (18 mai) ; ses hommes sont sans doute à la bataille d'Aizenay, et fort probablement à Rocheservière (1). Le 18 juin, veille de cette bataille, le 2ᵉ corps d'armée, commandé par M. de Saint-Hubert, bivouaque à Saint-Sulpice et est l'objet des plus grandes sollicitudes de la part de la population.

Malgré la défaite de l'armée catholique et royale à Rocheservière, la compagnie de Saint-Sulpice reste sous les armes et se rallie au comte de Mornac (2), nommé général en chef du 3ᵉ corps d'armée, après la mort de Suzannet. D'ailleurs elle peut bientôt tirer une salve d'honneur pour fêter le retour de Louis XVIII à Paris.

En 1832, la Vendée se soulève une fois encore à la voix de la duchesse de Berry, mais la grande Vendée est déjà lointaine, il n'y a plus d'enthousiasme, et le

---

(1) Pendant son absence, les paysans des environs rassemblèrent tout leur blé dans les chambres de la Chabotterie, prétendant qu'il serait plus facile de protéger une maison que d'en garder plusieurs ; ils chargèrent tellement la chambre au-dessus de la salle à manger actuelle, que les soliveaux fléchirent sur toute leur longueur. La Chabotterie reçut pourtant à diverses reprises la visite des impériaux conduits par M. Joussebert, de Montaigu. Il y fut fait de nouvelles perquisitions en 1832, par les agents de Louis-Philippe, lors de l'équipée de la duchesse de Berry.

(2) C'est l'arrière-grand-père de l'auteur de cette monographie. Il a laissé des *Mémoires* très intéressants sur cette campagne.

combat du Chêne, en Vieillevigne, met fin à l'insurrection. (Voir notre *Chronique de Saint - Philbert - de - Bouaine*, pp. 32-37.)

Depuis, Saint-Sulpice n'a plus d'histoire. Il convient pourtant de signaler la résistance des *inventaires* en 1906, où la population retrouve toute l'ardeur des ancêtres. Il faut la présence d'une compagnie d'infanterie, envoyée de la Roche-sur-Yon, et la crainte du vigilant curé qu'on n'en arrive à l'effusion du sang, pour permettre aux autorités républicaines de procéder à un dérisoire inventaire. Nous en parlerons plus longuement au chapitre de l'*Histoire ecclésiastique*.

MARTYROLOGE DE SAINT-SULPICE-LE-VERDON

Jetons maintenant un regard en arrière et donnons la longue et funèbre nomenclature des victimes de la Révolution dans cette intéressante paroisse.

Hélas ! les noms de ces martyrs, dont le souvenir mérite de passer à la postérité, sont loin d'être tous connus. La liste que nous publions, extraite du registre tenu par l'abbé Amiaud, est évidemment très incomplète pour l'année 1793, puisqu'elle ne mentionne comme « tué au combat » qu'un seul de ses paroissiens, alors qu'il y en eut certainement plus d'une *trentaine* ; les actes très peu nombreux de 1795 et 1796 n'apportent aucun renseignement. L'année 1794 comporte une liste de quarante-neuf morts violentes ; en outre, vingt-cinq noms sont suivis de la simple mention « décédé » ou « inhumé ». Nous croyons devoir cependant citer ces derniers dans notre martyrologe, car la moyenne annuelle des décès de cette paroisse étant de huit environ avant la Révolution, il faut nécessairement admettre que les deux tiers de ces personnes moururent des suites de leurs blessures (1).

----

(1) *Arch. communales de Saint-Sulpice* : registre coté et paraphé par Pineau, inspecteur de la division de Montaigu, ar-

29 décembre 1793. — *Jean Graizeau*, vingt ans, a péri au combat.

6 janvier 1794. — *Jacques Renaudin,* des Forges, vingt-deux ans, a été inhumé.

9 janvier. — *Jean Douillard*, de la Chevasse, quarante-cinq ans, marié, a été inhumé.

9 janvier. — *François David,* trente-sept ans, marié à Jeanne Lardière, a péri au combat. (A cette date se place la défaite de Saint-Fulgent.)

24 février. — *Marie Renaudin,* des Forges, dix-neuf ans, a péri par les mains de l'ennemi.

27 février. — *Marie-Anne Bon,* femme de Jean *Sorin*, du bourg, cinquante-et-un ans, est décédée.

27 février. — *Jeanne Boisseleau*, de la Chironnière, trente-six ans, a péri par les mains de l'ennemi. (Rég. de Mormaison.)

28 février. — *Jacques Grasset,* veuf, soixante-quatre ans, a péri par les mains de l'ennemi.

28 février. — *René Sauvaget,* marié, soixante ans, a péri par les mains de l'ennemi.

28 février. — *Pierre Degambe*, soixante ans, a péri par les mains de l'ennemi.

28 février. — *Jacques Bossard*, du bourg, soixante-deux ans, a péri par les mains de l'ennemi.

28 février. — *Charlotte-Henriette de Goué*, de la Chabotterie, vingt-quatre ans, a péri par les mains de l'ennemi et a été inhumée au cimetière.

28 février. — *Jeanne Amiaud*, de la Boucherie, seize ans, a péri par les mains de l'ennemi et a été inhumée au cimetière.

28 février. — *Anne Amiaud*, de la Boucherie, vingt-deux ans, a péri par les mains de l'ennemi et a été inhumée au cimetière.

28 février. — *Pierre Amiaud*, de la Boucherie, marié, soixante-deux ans, a péri par les mains de l'ennemi.

---

mée de Charette, le 24 octobre 1794. — Nous avons placé ces noms dans l'ordre chronologique.

28 février. — *Mathurin Amiaud*, de la Boucherie, marié, soixante-cinq ans, a péri par les mains de l'ennemi.

28 février. — *Françoise Douillard*, épouse de Mathurin *Amiaud*, soixante-trois ans, a péri par les mains de l'ennemi.

28 février. — *Catherine Bauvineau*, veuve de Jean *Amiaud*, de la Boucherie, cinquante-deux ans, a péri par les mains de l'ennemi.

28 février. — *Jacques Richard*, de la Siffraire, cinquante-quatre ans, a péri par les mains de l'ennemi.

28 février. — *Etienne Gallot*, de la Siffraire, marié, trente-six ans, a péri par les mains de l'ennemi.

28 février. — *Alexandre Texier*, du bourg, dix-sept ans, a péri par les mains de l'ennemi.

28 février. — *Pierre Cartaud*, marié, quarante-sept ans, a péri par les mains de l'ennemi.

28 février. — *Mathurin Chancelier*, du bourg, marié, quarante-six ans, a péri par les mains de l'ennemi.

28 février. — *Julien Gourraud*, de la Caillaudière, soixante quinze ans, a brûlé dans sa maison.

28 février. — *Jean Vincent*, de la Caillaudière, marié, quarante-et-un ans, a péri par les mains de l'ennemi (1).

2 mars. — *Mathurin Grasset*, veuf, de la Bégaudière, trente-et-un ans, a péri par les mains de l'ennemi.

2 mars. — *Louis Chaigneau*, de la Villatière, soixante-six ans, a péri par les mains de l'ennemi.

2 mars. — *Louis Douillard*, de Villeneuve, marié, trente-cinq ans, a péri par les mains de l'ennemi.

2 mars. — *Anne Rambaud*, femme de Louis *Douillard*, trente-deux ans, a péri par les mains de l'ennemi.

2 mars. — *Jeanne Douillard*, de Villeneuve, cinq ans, a péri par les mains de l'ennemi.

2 mars. — *Pierre Douillard*, de Villeneuve, quatre ans, a péri par les mains de l'ennemi.

---

(1) Jean Vincent, tué aux landes de Boisjarry, laisse veuve Marie Perroteau, métayère, pauvre, ayant deux enfants, qui obtient une pension de 40 francs en 1820.

2 mars. — *Jean Douillard*, de Villeneuve, deux ans, a péri par les mains de l'ennemi.

2 mars. — *Pierre Mignet*, de la Chevasse, veuf, quarante ans, a péri par les mains de l'ennemi.

2 mars. — *Joseph Gallot*, marié, soixante ans, a péri par les mains de l'ennemi.

3 mars. — *Pierre Badreau*, marié, trente-cinq ans, a péri par les mains de l'ennemi.

3 mars. — *Marie Guerri*, de la Villatière, soixante-six ans, a péri par les mains de l'ennemi.

5 mars. — *Marie Marceteau*, veuve d'Antoine *Chaillou*, de la Séguinière, quatre-vingt-huit ans, a péri par les mains de l'ennemi.

5 mars. — *Marie Bourasseau*, du Retail-Bodinière, quarante ans, a péri par les mains de l'ennemi.

10 mars. — *Pierre Geay*, cinquante ans, a péri par les mains de l'ennemi.

15 mars. — *Renée Berriau*, veuve de Jean *Pavageau*, du Cossillon, soixante-dix-huit ans, est morte.

16 mars. — *René Beauvineau*, de la Chironnière, soixante-deux ans, a péri par les mains de l'ennemi.

16 mars. — *Pierre Beauvineau*, de la Chironnière, trente-et-un ans, a péri par les mains de l'ennemi.

16 mars. — *Marie Caillaud*, vingt-quatre ans, a péri par les mains de l'ennemi.

18 mars. — *Rose-Marguerite Gourraud de la Bonnelière*, du bourg, quarante-trois ans, a péri par les mains de l'ennemi et a été inhumée au cimetière.

18 mars. — *Marguerite Hubert*, veuve de Pierre *Minguet*, du bourg, quarante-huit ans, a péri par les mains de l'ennemi.

18 mars. — *Magdeleine Vincent*, de la Renaulière, quarante ans, a péri par les mains de l'ennemi.

18 mars. — *Pierre Giraud*, marié, de la Villatière, soixante-quatre ans, a péri par les mains de l'ennemi.

18 mars. — *Pierre Lardière*, marié, de la Villatière, soixante-cinq ans, a péri par les mains de l'ennemi.

18 mars. — *Louise Genaudeau*, épouse de Pierre

Lardière, cinquante-neuf ans, a péri par les mains de l'ennemi.

18 mars. — *Gabriel Grasset*, marié, de la Villatière, soixante ans, a péri par les mains de l'ennemi.

18 mars. — *Jeanne Vinet*, épouse de Gabriel *Grasset*, soixante ans, a péri par les mains de l'ennemi.

18 mars. — *Jean Texier*, de l'Hôpitaud, vingt-quatre ans, a été inhumé.

20 mars. — *Jeanne Berriau*, du Cossillon, quarante-huit ans, a été inhumée.

20 mars. — *Michel Brochard*, de Badreau, soixante-quatre ans, a été inhumé.

15 avril. — *Jean Grasset*, du Cossillon, cinquante-trois ans, a péri au combat.

22 avril. — *Jeanne Texier*, de la Villatière, quarante-deux ans, a été inhumée.

1er mai. — *Jean Brochard*, de Badreau, quinze ans, est décédé.

10 mai. — *Jean Bourasseau*, quatre ans, est décédé.

27 mai. — *Gabrielle Amiaud*, de la Renaulière, vingt ans, a été inhumée.

12 août. — *Jeanne Brenon*, de la Nauletière, soixante-deux ans, est décédée.

16 août. — *Sulpice Mignet*, de la Chevasse, soixante-seize ans, a été inhumé.

21 août. — *Jeanne Vincent*, des Magnis, quinze mois, a été inhumée.

22 août. — *Pierre Drouet*, de la Gendelière, vingt-et-ans, a péri par les mains de l'ennemi.

22 août. — *Pierre Renaud*, de la Gendelière, trente-deux ans, a péri par les mains de l'ennemi.

26 août. — *Louise Renaudin*, des Ahaies, huit ans, a été inhumée.

12 septembre. — *Marie-Anne Douillard*, trois ans, a été inhumée.

13 septembre. — *Gabrielle Chauvin*, de la Lissonnière, un an et demi, a été inhumée.

28 septembre. — *Jeanne Daviau*, soixante-et-un ans, a été inhumée.

29 septembre. — *Jacques Drouet,* quatre ans, a été inhumé.

12 octobre. — *Marguerite Finon,* de la Boulaye, soixante-quinze ans, a été inhumée.

15 octobre. — *Louise Roy,* de Villeneuve, quatre-vingt-cinq ans, a été inhumée.

27 octobre. — *Jeanne Chauvin,* veuve de Pierre *Musset,* cinquante-quatre ans, a été inhumée.

29 octobre. — *Françoise Chaillou,* de la Bernerie, vingt-sept ans, a été inhumée.

13 novembre. — *Augustin Bordron,* des Forges, dix-sept ans, a été inhumé.

1er décembre. — *Marie Mignet,* de la Chevasse, deux jours, a été inhumée.

Il convient d'ajouter à cette liste les noms suivants rencontrés au cours de nos recherches.

Etienne Coutand, tué à la bataille de Luçon, le 15 août 1793 (note de M. Albert de Goué).

Julien Lardière, né à Saint-Sulpice en 1767, prêtre (ou diacre ?), précepteur chez M. de la Roche-Saint-André, refuse le serment et peut échapper pendant quelque temps aux révolutionnaires. Mais arrêté à Nantes, à l'auberge de la Petite-Ecurie, rue du Pont-Maillard, le 13 mars 1793, il est conduit en prison au château, puis aux Saintes-Claires, et enfin aux Carmélites, le 2 avril suivant. Il se noye dans la Loire en voulant s'échapper du navire la *Thérèse,* dans la nuit du 6 au 7 août, ainsi que le constate son acte de décès, du 20 août 1793, dressé en la section Sanitat-Hermitage ou Voltaire et Brutus. (LALLIÉ, *Les Noyades de Nantes,* p. 170.)

François Davy, tué au combat de Pontorson, c'est-à-dire le 18 novembre 1793, laisse veuve Marie Anne Bouteau avec deux enfants, journalière ; elle obtient une pension de 40 francs en 1818. *(Arch. dép. de la Vendée.)*

René Girardin, de Saint-Sulpice-le-Verdon, vingt-trois ans,

Jean-Baptiste Tiennay, de Saint-Sulpice, vingt-cinq ans et

Louis Petit, de Saint-Sulpice, vingt-cinq ans, sont faits tous trois prisonniers à la bataille de Savenay, et sont condamnés à mort, le 23 décembre 1793. (LALLIÉ, *La justice révolutionnaire à Nantes et dans la Loire-Inférieure.)*

Jacques Croissard, tué au combat de la Vivantière, c'est-à-dire le 7 mars 1794, laisse veuve Marie-Magdeleine Clergeau, avec deux enfants, ayant un peu de fortune ; elle obtient une pension de 35 francs en 1818. *(Arch. de la Vendée.)*

Louis Gallot, tué au combat des Clouzeaux, le 20 mars 794, laisse veuve Jeanne Caillaud, indigente, qui obtient une pension de 40 francs en 1819. *(Ibid.)*

Marie Mérieau, massacrée après avoir subi les derniers outrages est enterrée près de la Renaulière. (Voir p. 244.)

Nous devons encore citer :

Jacques Vinet, curé de Saint-Sulpice-le-Verdon, « saigné » par les soldats Républicains. (Voir ch. IV, § IX.)

Claude-René Paris de Soulanges, chevalier, chef d'escadre, frère aîné du seigneur de la Bégaudière, revient d'Angleterre et prend part à la bataille de Quiberon, le 21 juillet 1795 ; il y est blessé, puis fait prisonnier ; il est — malgré la parole du général Hoche — condamné à mort, avec ses frères d'armes, à Auray, le 27 ; transporté à Vannes, il est fusillé le lendemain.

Charles de Goué, chevalier, seigneur de la Chabotterie, le Marchais, Saint-Christophe-la-Chartreuse, la Copechagnière, etc., ancien officier, officier à l'armée de Condé, où il fait toutes les campagnes, meurt en Souabe, le ᵉʳ novembre 795.

Joseph-Alexandre Gourraud, né à Saint-Sulpice en 1754, médecin à Clisson, mort dans une des prisons de Nantes pendant la Terreur, en 1794 ; ancêtre de MM. Gourraud, de Saint-Sulpice.

Jeanne Gourraud de la Bonnelière, sa sœur, née en 1757, demeure à Saint-Sulpice durant toute sa jeunesse, se fait religieuse bénédictine à Saint-Sauveur de Montaigu, et périt victime de la Révolution. *(Mémoires de La Révellière-Lépeaux*, I, p. 42-44.)

Louis de Chevigné, propriétaire de la Boucherie, major de la division de Vieillevigne-Rocheservière, tué à la bataille de Fréligné, le 14 septembre 1794. Sa femme, *Henriette du Chaffault*, qui avait suivi la Grande Armée, mourut dans les prisons du Mans, en 1793.

On pourrait ajouter encore les autres membres de la famille *du Chaffault*, propriétaires dans cette commune, qui périrent pendant les guerres de Vendée. (Voir chapitre III, § IV.)

ÉTATS DE SERVICES

DES SOLDATS VENDÉENS SURVIVANTS

A la suite de ce trop long martyrologe, on ne saurait mieux faire que de donner le nom des anciens combattants de Saint-Sulpice, qui ont survécu à la guerre. Nous ferons ainsi sortir de l'oubli la plupart de ces obscurs héros, dont le monde entier admire aujourd'hui encore les sublimes transports. Ils peuvent donner un légitime sentiment de fierté et d'orgueil aux habitants de la paroisse, qui, *tous sans exception*, descendent, en effet, de quelques-uns de ces preux en veste de bure, — *peuple de géants*, comme aimait à les appeler Napoléon, — lesquels, à l'heure des suprêmes périls, surent affirmer, au prix de leur sang, la fermeté de leurs croyances religieuses et la sincérité de leurs convictions politiques.

Une première liste nous est fournie par les *témoins*, attestant les décès portant la mention « a péri au combat » ou « a péri par les mains de l'ennemi », transcrits par M. l'abbé Amiaud. Ces témoins sont tous, au reste, d'anciens soldats de la paroisse, et s'ils ne figurent pas pour la plupart dans le rôle que nous publierons ensuite, c'est qu'ils étaient décédés avant la Restauration ou bien qu'ils avaient déjà quitté la paroisse en 1816. Ce sont :

Jacques Amiaud.

Pierre Bourasseau.

Jean Baudrid, lequel est témoin de la mort de François David, tué au combat, le 9 janvier 1794.

Mathurin Brochard, lequel est témoin de la mort de Jean Graizeau, tué au combat, le 29 décembre 1793.

Nicolas Boisseleau.

Julien Caillaud.

Antoine Chaillou.

Jacques Couillaud.

Charles Favraud, de la Caillaudière.

Pierre Favreau, de la Caillaudière. C'est lui qui recueille la statue miraculeuse de Notre-Dame de Saint-Sulpice, préservée du feu lors de l'incendie de l'église paroissiale, le 28 février 1794.

Jean Lardière.

Mathurin Mandin, de la Chabotterie, lequel est témoin de la mort de Jean Graizeau, tué au combat, le 29 décembre 1793 ; il voit à plusieurs reprises Charette le jour de sa capture, et va relever les morts dans le bois de la Chabotterie, le 23 mars 1796.

Julien Moreau.

René Musset.

Jean Rabreaud.

Etienne Rousseau, de la Mouillonnière ; il relève les morts du combat de la Chabotterie, le 23 mars 1796.

François Rousseau.

Gabriel Renaudin.

Mathurin Richard.

Jacques Lardière, de la Grande-Chevasse.

Louis Chauvin, de la Chevasse.

Jean Mériau, du Fossé.

Joseph Mandin, de la Chabotterie.

Pierre Gris, de la Lissonnière. Ces cinq derniers vont relever les morts du dernier combat de Charette.

Les autres témoins, au nombre de 21, sont cités dans la liste qui va suivre ; il est donc inutile de les mentionner.

Ajoutons encore *Jean Mandin,* métayer de la Morinière, mort en 1811, ancien soldat de Charette, qui fit plusieurs fois preuve d'un grand courage, et qui eut tout son bétail enlevé pendant les guerres, en particulier le jour de la prise du chef royaliste ; le total de ses pertes est estimé 1.636 francs.

Un rôle très complet (1) des soldats *survivants* de la commune de Saint-Sulpice-le-Verdon fut dressé, avec leurs années de campagnes, le 25 avril 1816, par M. Gabriel de Goué, maire de cette commune et commandant de la paroisse pendant les Cent-Jours, pour être transmis à son chef hiérarchique, le comte Auguste de Chabot, du Parc-Soubise, commandant de la division de Montaigu.

Nous y avons ajouté les notes que nous avons pu recueillir sur plusieurs d'entre eux (blessures, pertes, récompenses, etc), notes extraites, soit des *Archives de la Chabotterie,* soit des *Archives départementales de la Vendée* (registres de la Commission départementale de 1814-1815, de celle de 1824, et de la Commission cantonale arrêtée à Rocheservière, le 24 septembre 1825).

Cette liste, complétant les précédentes, permettra donc de connaître, à peu d'exceptions près, tous les braves combattants de Saint-Sulpice, pendant les guerres de Vendée (2).

(1) Il en existe trois listes à peu près semblables. *(Arch. de la Chabotterie.)*

(2) Bien peu de paroisses de la Vendée militaire ont le même privilège. On peut évaluer à 150 environ le nombre des victimes de la paroisse, 92 d'entre elles sont relevées sur cette liste ; sur 175 soldats environ qui survécurent à ces guerres, nous sommes parvenus à en faire sortir 150 de l'oubli. En général, nos recherches ont été fructueuses, car nous avons pu relever un millier de noms pour le seul petit canton de Rocheservière.

LE BOURG

Louis Bouanchaud, 1793, 1794, 1795 (cavalier), 1815. Maçon, blessé à la jambe droite d'un coup de feu à l'affaire de Villeneuve, près du camp des Sorinières, le 5 septembre 1793 ; sa conduite lui fait recevoir, dès la première liste de gratification (1814-1815), une pension de 50 francs.

Louis Bulteau père, 1793, 1794, 1795, 1799. Sacristain ; suivant l'attestation de Coutan, capitaine de Saligny, d'où il est originaire, il « fut blessé à Saint-Gilles « d'un coup de feu à la tête, devant M. Savin, qui lui « porta aussitôt les premiers secours en lui disant que « sa bravoure méritait récompense. » Bon et brave soldat, père de sept enfants et indigent.

Pierre Chaillou, 1793, 1794, 1795. Journalier, six enfants ; grièvement blessé à la poitrine gauche aux landes de Boisjarry, et depuis infirme. Il reçoit, en 1814-1815, une pension de 50 francs.

Jean Coutant, 1793, 1794, 1795.

Pierre Coutant, 1815.

Louis Douillard, 1799, 1815.

François Grelaud, 1793, 1794, 1795 (caporal), 1799, 1815.

Jean Hervouet, 1815.

Pierre Lardière, 1793, 1794, 1795 (cavalier), 1799, 1815.

Louis Le-Gris, domestique de Mlle Gourraud de la Bonnelière, sergent en 1815.

Jacques Mignet, 1793, trop âgé pour les autres campagnes.

Louis Musset, 1793, 1794, 1795, 1815. Au mois de mars 1794, les républicains lui enlèvent tout son bétail, et son ménage est incendié en entier ; le total de ses pertes monte à 9.750 francs. Il habitait alors avec sa famille à Saint-André-Treize Voix, où souvent il avait logé des prêtres, notamment MM. Bertin et Bizeul, de Vieillevigne, auxquels il rendit de très grands services.

Armand Prou, 1793, 1794, 1795, 1799.

Pierre Renaudin, 1799, lieutenant en 1815.

François Renaudin, 1815.

Louis Sorin, 1815.

Jacques Texier, 1815, caporal-fourrier.

Julien Thiraud, 1793, 1794, 1795; blessé d'une balle à la tête.

Etienne Verdeau, 1793, 1794, 1795, 1799, sergent en 1815.

LA CAILLAUDIÈRE-AUX-TIREAUX

Jean Amiaud, capitaine de la 2ᵉ compagnie, appelé sur une liste, commandant de cavalerie, 1793, 1794, 1795, 1799, malade en 1815. Il est témoin de la mort de Jean Grasset, tué au combat du 15 avril 1794; il prend avec sa compagnie un convoi républicain à la Boissière; blessé; proposé en 1822, 1824, 1825.

Louis Dorin, farinier, 1793, 1794, 1795, 1799, blessé à la cuisse et à la tête, a perdu son cheval aux landes de Boisjarry.

Jean Drouet, 1793, 1794, 1795, 1799, blessé à la main gauche et au nez, proposé en 1824.

Jacques Grasset, capitaine, commandant la 1ʳᵉ compagnie et vraisemblablement commandant de la paroisse, 1793, 1794, 1795, 1799, douteux qu'il ait marché en 1815. Santé perdue et plaies aux jambes provenant des fatigues, peu fortuné et sept enfants, proposé en 1822 et 1824.

Louis Grasset, 1793, 1794, 1795, 1799, 1815. En 1794, tout son bétail lui a été enlevé par les Bleus, et son mobilier incendié, soit une perte de 3.114 francs. Il demeure à Mormaison dès avant 1816.

Pierre Vincent, 1815.

LE RETAIL-BODINIÈRE

François Bourasseau, père, 1793, 1795, 1799, âgé en 1815.

Louis-Joseph Bulteau, fils, 1815.

BADREAU

François Baudrit, 1815.

Michel Brochard, 1793, 1794, 1795. Alors qu'il est métayer à Badreau, les républicains lui font éprouver pour 6.080 francs de pertes, dont 5.100 francs, le 22 avril, suivant l'état dressé par ses enfants. Il habitait Saint-André-Treize-Voix dès avant 1816 et était mort avant 1825.

François Douillard, 1793, 1794, 1795, 1799, âgé en 1815.

LA GENDELIÈRE

Jean Barré, 1815.

Jacques Drouet, 1793, 1794, 1795, 1799.

Jean-François Guery, 1815.

Jean Laidet, sergent-major en 1815.

LA BÉGAUDIÈRE

Pierre Douillard, 1793, 1794, 1795. Au mois d'avril 1794, les bleus lui font subir, à la Bégaudière, des pertes s'élevant à 4.300 francs. Il demeure à la Petite-Roche, en Saint-André, dès avant 1815.

Etienne Drouet, 1793, 1794, 1795.

Jacques Drouet jeune, 1793, 1794, 1795, 1799, sergent (1re liste) en 1815.

Jean Graizeau, 1793, 1794, 1795, 1799, 1815. Il a reçu un coup de feu à la jambe droite au combat des Lucs ; deux bœufs lui ont été enlevés par les républicains aux landes de Boisjarry, et le total de ses pertes monte à 1.598 francs. Il demeurait alors en Mormaison et ne vint habiter Saint-Sulpice qu'après 1815. Il obtient un secours de 60 francs et est proposé à la pension en 1824.

L'AUDRENIÈRE

Febvre, 1815.

LES FORGES

Jean Avrilleau, caporal en 1815.

Pierre Baré, 1815.

Charles Malidin, 1815.

Julien Peneau, 1815.

Jacques Sauvaget, 1793, 1794, 1795, 1799, très âgé en 1815.

LA CAILLAUDIÈRE (près du bourg)

André Bon, 1815.

Mathurin Chagneau, caporal en 1815.

Georges Chauvin, 1793, 1794, 1795, 1799.

Pierre Degambe, 1773, 1794, 1795, 1815.

Jacques Gallot, 1793, 1794, 1795, 1799.

Jacques Grasset, 1793, 1794, 1795, 1799, 1815.

Pierre Grasset, 1793, 1794, 1795, 1799, âgé en 1815.

Pierre Grasset, fils, 1815.

Jean Grasset, 1815.

André Renaud, 1793, 1794, 1795, âgé en 1815.

LA VILLATIÈRE

Pierre Grasset, père, 1793, 1794, 1795, âgé en 1815. Il est présent à la mort de Jean Grasset, son frère, tué au combat, le 15 avril 1794.

Pierre Grasset, fils, 1815, sous-lieutenant de la paroisse.

Charles Grasset, 1793, 1794, 1795, 1799.

Jacques Mériau, 1793, 1794, 1795, 1779, 1815. Alors qu'il était métayer au Fossé, il a conduit un bœuf gras à Charette, au camp de Legé, en avril 1793 ; d'autres bestiaux lui ont été pris par les républicains, soit au total une perte de 3.194 francs. Proposé en 1825.

LA MOULIONNIÈRE

Pierre Rousseau, 1793, 1794, 1795, 1799.

LA LISSONNIÈRE

Jean Chauvin, 1793, 1794, 1795, 1799.

Pierre Coutant, 1793, 1794, 1795, 1799.

Jacques Bossard, 1815.

LA VIEILLECOUR

René Geay, caporal, puis sergent de la 1re compagnie en 1793, 1794, 1795, 1799 ; sergent en 1815. Sa force, son endurance et son intrépidité sont proverbiales parmi ses compagnons d'armes ; il en fait preuve dans un grand nombre d'actions, à la tête de ses soldats. A diverses reprises, il se rend seul maître de batteries de canons, après avoir sabré ou assommé de la crosse de son fusil les canonniers sur leurs pièces ; il agit ainsi à

Torfou, Machecoul, Montaigu, Cholet, etc. Ses camarades le surnomment le *général Canclaux*, en raison de l'intrépidité souvent funeste pour les Vendéens de ce général républicain. Blessé, très zélé, indigent, père de sept enfants, il est proposé, en 1822 et 1825, pour une pension et une lettre d'honneur ; il reçoit, en 1825, une pension de 100 francs.

VILLENEUVE

Jean Mériau, 1815.

Jean Nicoleau, 1793, 1794, 1795, 1799, âgé en 1815.

Pierre Rousseau, 1815.

LE COSSILLON

Pierre Thibaud, 1793, 1794, 1795, 1799, âgé en 1815. Il a perdu tout son bien pendant la grand'guerre.

LA DAVELLIÈRE

Jean Chaillou, 1793, 1794, 1795, 1799, âgé en 1815.

François Chaillou, 1815.

Pierre Le Roux, 1815.

LA BERNERIE

Michel Douillard, 1793, 1794, 1795, 1799, âgé en 1815.

Jean Douillard, 1815.

LA GRANDE-CHEVASSE

Jean Brochard, 1793, 1794, 1795, 1799, âgé et infirme en 1815.

Pierre Chauvin, caporal et cavalier en 1793, 1794, 1795, 1799, caporal en 1815. Blessé à la jambe droite à la bataille de Luçon, le 14 août 1793, par une balle qui lui occasionne plus tard une carie des os ; il est également blessé à Machecoul et aux landes de Boisjarry, où il reçoit un coup de sabre à la main droite. En 1815, rentré chez lui après le combat de Rocheservière, Travot le contraint à faire un charroi pour Cholet où il perd ses bœufs ; sa blessure à la jambe est rouverte et la plaie, désormais inguérissable, le rend complètement estropié. Dès la Commission de 1814-1815 il obtient une pension de 50 francs, que l'on propose, en 1825, d'élever à 100 francs.

François Perroteau, 1799.

François Poiron, 1793, 1794, 1795, 1799, femme en couches en 1815.

Guillaume Renaud, père, 1793, 1794, 1795, 1799, âgé en 1815.

Guillaume Renaud, fils, 1815.

Jean Renaud, 1793, 1794, 1795, 1799, 1815.

Jacques Rousseau, 1793, 1794, 1795, 1799, en 1815, il est caporal-fourrier.

Jacques Rousseau, neveu, 1815.

Jean Rousseau, 1815.

Charles Verdeau, 1793, 1794, 1795, 1799.

LA PETITE-CHEVASSE

Pierre Gallot, fils, 1815.

Jacques Payraudeau, 1793, 1794, 1795, 1799, femme en couches en 1815. Blessé, s'est distingué par son courage et son intrépidité, indigent.

Pierre Reveleau, capitaine-commandant à Saint-Denis-la-Chevasse en 1793, 1794, 1795, 1799, âgé en 1815. Très indigent, proposé en 1822, il dut obtenir une pension.

Pierre Le Roux, sergent (sergent-major sur une liste) en 1815. Blessé d'une balle au bras droit ; sa conduite élogieuse lui fait recevoir une pension dès les premières listes de gratifications. Il est mort à la Chevasse, en 1824, âgé de quarante-huit ans.

LA CHABOTTERIE

Louis Amiaud, capitaine de la 3ᵉ compagnie en 1793, 1794, 1795, 1799 ; femme en couches en 1815. Méritant, sans fortune et ayant cinq enfants, proposé en 1822 et 1825.

Gabriel de Goué, officier à l'armée des Princes, puis à l'armée de Condé de 1791 à 1801 ; capitaine commandant la paroisse en 1815. Il fait toutes les campagnes de l'émigration tant en Allemagne qu'en Russie et en Autriche ; il conduit au feu les soldats de Saint-Sulpice, en 1815. Chevalier de Saint-Louis en 1816 ; il reçoit également une gratification de 200 francs à l'occasion de l'érection de la statue de Charette à Legé en 1826.

Pierre Météreau, jardinier, 1815.

LE FOSSÉ

François Patron, 1793, 1794, 1795, âgé en 1815.
François Patron, 1799, 1815.
Jean Patron, 1799, caporal en 1815.
Pierre Patron, 1815.

LA MORINIÈRE

Jean Mandin, caporal en 1815. Il a rapporté un fidèle récit de la prise de Charette, en 1796.

Pierre-Dominique Mandin, 1815. Les deux frères font établir l'état des pertes éprouvées par leur père pendant la guerre et montant à 1.636 francs.

LA RENAULIÈRE

Louis Lardière, 1793, 1794, 1795, qualifié capitaine sur une liste. Il reçoit, dans un combat livré sur les limites des paroisses des Brouziis et de Saint-Sulpice, un coup de sabre très grave qui le gêne dans la mastication et un autre coup de sabre à la main droite qui lui a divisé les extenseurs. Dès 1814-1815 il obtient une pension de 50 francs.

André Lardière, 1793, 1794, 1795, infirme en 1815. Il reçoit au même combat quatre coups de sabre sur la tête et un coup de feu à la main droite. Il obtient, en 1814, une pension de 50 francs, élevée à 80 francs ; on demande encore d'élever sa pension en 1822.

Pierre Lardière, 1815.
Jean Mériau, 1815.

LA SÉGUINIÈRE

Louis Rorthais, 1793, 1794, 1795, 1799.

L'HOPITAUD

Jacques Texier, 1793, 1794, 1795, 1799.
Charles Texier, 1793, 1794, 1795, 1799, sergent en 1815. Il s'est fait jour parmi une compagnie républicaine nombreuse au combat de Saint-Sulpice. Proposé en

1822 et 1825, n'a point fait de demande, très recommandable, père de six enfants.

LE SABLEAU

Pierre Greleau, père, 1793, 1794, 1795, 1799, âgé en 1815.

Pierre Greleau, fils, 1815.

François Le Geay, caporal en 1815.

LA SIFFRAIRE

Pierre Deniau, père, 1793, 1794, 1795, 1799.

Pierre Deniau, fils, 1815.

Louis Deniau, 1815.

Jean Gallot, 1815.

Jean Giraud, 1793, 1794, 1795, 1799.

Sulpice Renaud, 1793, 1794, 1795, 1799, 1815. Il a reçu une balle au genou droit à l'affaire de Villeneuve, près des Sorinières, contre l'armée de Mayence, le 5 septembre 1793. Quoique né à Saint-Sulpice, il a fait toutes les campagnes dans la division de Vieillevigne, paroisse de Saint-Christophe-la-Chartreuse.

Jean Renaud, 1815.

Pierre Richard, 1793, 1794, 1795, lieutenant porte-drapeau. Blessé à la mâchoire inférieure droite d'un coup de feu aux landes de Boisjarry, il a également deux hernies inguinales. Il reçoit, dès 1814-1815, une pension de 60 francs.

LA CHIRONNIÈRE

Jean Hervé.

Joseph Rocheteau, 1793, 1794, 1795, 1799.

LA BOUCHERIE

Pierre Amiaud, 1793, 1794, 1795, 1799.

Pierre Bouron, 1793, 1794, 1795, capitaine d'une compagnie à Mormaison. Blessé à l'épaule, son grade et sa bravoure lui font obtenir, dès les premières listes de gratifications, une pension de 50 francs que l'on propose d'augmenter en 1825.

Jean Bouron, fils, 1815.

Jacques Malidin, 1793, 1794, 1795, cavalier, 1799. Il

a reçu un coup de feu au pied gauche, et est proposé aux récompenses en 1824 et 1825.

Pierre Malidin, 1815.

GLOIRE A EUX ! Et puissent ces dévouements sublimes se transmettre aussi purs et aussi nobles à leurs arrière-petits-enfants !

CHAPITRE III

FÉODALITÉ

FIEFS ET CHATEAUX, MAISONS NOBLES ET BOURGEOISES

§ I. — *La Bégaudière*

Le principal fief de la paroisse, celui auquel était rattachée la seigneurie de *Saint-Sulpice-le-Verdon*, se trouvait à mi-chemin de l'Herbergement à Saint-Sulpice, à dix-huit cents mètres environ de ce bourg.

I. — LE CHATEAU. — La Bégaudière (1), qui tire son nom de celui de ses plus anciens possesseurs, était, suivant les témoignages et les documents les plus certains, un château important. Si l'on en croit les traditions populaires, c'était une demeure vraiment grandiose avec ses multiples tourelles, son fier donjon dont au sommet on apercevait, disait-on, les tours de Saint-Pierre, la cathédrale de Nantes, à plus de dix lieues de là.

Continuellement habité pendant le Moyen-Age, il dut sa ruine à cette triste période des guerres civiles du XVIe siècle, durant lesquelles les seigneurs de ce lieu prirent une part très active dans le parti protestant.

---

(1) Sources principales : *Arch. dép. de la Vendée* : E. Gastinaire ; (cette source importante pour l'histoire des Bégaud nous a été très obligeamment indiquée par M. le Dr Mignen, de Montaigu) ; — Bib. de Nantes, *Coll. Dugast-Matifeux*, Mss. 176, 177, 204 ; — *Arch. de la Chabotterie ;* — Bib. Nat. *Doss. bleus*, 663 (Verrines) ; — *Dict. Beauchet-Filleau*, I 407-408, III 308, 309 et 754.

Tout porte à croire que ce fut pendant la captivité de René Bégaud, le chef d'une bande calviniste, fait prisonnier à Fontenay-le-Comte, le 16 septembre 1574, que son beau château fort, passé aux mains des catholiques, fut incendié et en partie rasé par les nouveaux occupants. La Bégaudière ne se releva jamais complètement de ses ruines.

Cependant, Gilles Bégaud « voulut faire bâtir en for-
« teresse à rez-de-chaussées sa maison de la Bégau-
« dière » ; il en reçut opposition du baron de Montaigu,
Mgr de la Trémouille, « après quoy le sieur de la Bégau-
« dière fust trouver led. seigneur et luy fist une décla-
« ration reçue à l'audiance de Thouars il y a bien trente-
« cinq ans (c'est-à-dire vers 1610), par laquelle il dé-
« clara que moyennant qu'il pleust à mondit seigneur de
« parachever son bastiment que dorenavant il vouloit
« et consentoit que sa maison à son décès tomboit en
« rachat (1). »

Nous ne savons ce qu'il en résulta, mais il est rapporté ailleurs que le château avait quatre petites tourelles aux angles, et qu'il présentait encore un assemblage imposant suivant la description qui nous en a été conservée par une pièce du commencement du XVIIIe siècle.

Construit plus bas que l'habitation actuelle, à côté de la boulangerie, la façade tournée à l'ouest, l'autre baignée par les fossés, la cour d'honneur entourée de vastes et nombreuses servitudes, l'entrée placée de côté, au sud, le tout protégé par un étang et des douves profondes, la Bégaudière avait vraiment encore un bel aspect seigneurial. Mais déjà, quel délabrement dans cette antique demeure, au rapport du procès-verbal de l'état des lieux du château, daté du 7 mai 1729 !

Les experts-jurés nous font successivement visiter la première défense avec son pont-levis « en bois, uzé et et gasté », « la muraille dudit pont à droite tombée »,

______

(1) *Arch. de Thouars* : Mém. de M. de la Ronchère, le 27 avril 1645. (Note prise au cabinet de M. le Dr Mignen.)

les servitudes, les écuries, la boulangerie, celle-ci « donnant sur les fossés », les terrasses et le jardin. Puis après avoir constaté l'état de la grande porte d'entrée, ils nous donnent une description détaillée de l'intérieur du château : cuisines, cellier, chambres et salles du rez-de-chaussée, chambres du premier étage, chambres du deuxième étage, chambres du troisième étage, le grand escalier et le petit degré. Plusieurs manteaux de cheminée sont brisés, les fenêtres ne tiennent plus, la couverture est en mauvais état. Ils signalent encore un ouvrage d'architecture qui, avant sa ruine, devait être d'un bel effet ; c'est « un pont qui prenoit au premier « plafond (premier étage du logis) pour conduire en la « terrasse ou jardin et où il y avoit une basculle dont il « ne reste à présent de vestige que trois pilliers de « pierre dans le fossé » ; ils parlent enfin de « la grosse « tour... donnant sur les fossés remplis d'eau », et de « la bonde de l'estang des fossés qui est hors d'estat de « servir. » L'état des lieux étant enfin dressé, ils évaluent les réparations absolument urgentes à la somme de 8670 livres, soit environ 25.000 francs de notre monnaie.

A dire vrai, la Bégaudière, depuis le milieu du XVIIe siècle jusqu'à la fin du siècle suivant, ne fut habitée que par intervalles. Ses seigneurs y avaient installé un intendant-régisseur qui, à la veille de la Révolution, était René Touzeau, des Forges. Ils projetaient cependant la restauration ou même la reconstruction du château, quand l'émigration et les guerres de Vendée le firent abandonner une fois encore. Au commencement du XIXe siècle il n'y avait plus guère qu'à niveler le terrain, et les métayers de l'aménage vinrent chercher les pierres du vieux château pour la reconstruction de leurs granges et de leurs étables. Une aile des servitudes, restaurée alors et exhaussée, forme ce qu'on appelle depuis le château de la Bégaudière : ce n'est plus qu'une longue construction sans caractère, simple pied à terre pour les propriétaires actuels, qui y viennent de plus en plus rarement.

On ne remarque plus guère de l'ancienne demeure seigneuriale que l'emplacement de l'étang desséché et d'une petite partie des douves, les hautes terrasses du jardin et, du côté de l'arrivée, une sorte de balcon circulaire en pierre sculptée qui servait, suivant une tradition absurde, de chaire à prêcher au ministre protestant, et qui n'est autre que la trompe d'une des échauguettes ou tourelles défendant l'entrée. Cette entrée se reconnaît encore par les pierres de taille cintrées, qui se détachent isolées des bâtiments de la ferme.

II. — LA TERRE SEIGNEURIALE. — Le domaine attenant au château fut de tout temps considérable. Il comprenait les métairies de la *Bégaudière*, l'*Audrenière*, la *Gendelière*, la *Chaussée*, le *Flochais*, *Badreau*, le *Retail-Bodinière*, les bois, le moulin, etc. Cette belle propriété qui, jusqu'à la fin du XIXᵉ siècle, était toujours restée sur la même tête, se trouve aujourd'hui, à la suite de partages successifs, divisée entre plusieurs propriétaires, tous cependant héritiers des derniers seigneurs de la Bégaudière.

Au point de vue féodal, la Bégaudière, s'étendait sur de nombreux terrages et villages situés dans les paroisses de Saint-Sulpice, l'Herbergement, les Brouzils, Saint-André, Vieillevigne et les Lucs. La tenue des assises, passée devant Jacques Jollain, procureur fiscal, le 25 mai 1673, mentionne parmi les nobles ayant des devoirs envers cette seigneurie les de Chevigné du Bois-Chollet, Chitton de la Davière, Bertrand du Chastenay, de la Roche-Saint-André, de Ramberge du Bignon, de Ramberge du Retail-Louer, Darrot de la Chabotterie, du Tréhan du Hallay, Baudry d'Asson, Arnaud de l'Epinay, etc. Ses seigneurs exerçaient sur leurs divers tenanciers les droits de *moyenne et basse justice*, ainsi que le prouvent certains aveux des villages de la Caillaudière, la Séguinière, la Cailletière, etc.

De son côté, le seigneur de la Bégaudière se reconnaissait comme vassal du puissant seigneur de Montaigu, et devait foi et hommage lige, quarante jours de garde chaque année et 13 deniers de droit de morte-main payables à l'Aumônerie de Montaigu, pour ses deux ligences. L'une, aussi ancienne que le fief lui-même, était la *ligence de la Bégaudière* proprement dite, sise à l'Herbergement ; elle fut cédée, le 31 mars 1647, au seigneur du Bois-Chollet. L'autre portait le nom de *ligence de la Rousselière* ou *fief Voyraud* ou même de *Saint-Sulpice*, parce qu'elle était due au bourg de Saint-Sulpice, « en la maison Jolain », dit encore un titre du XVIIe siècle (1). Chacune d'elles était évaluée, en 1700, à 5 livres de devoir (2) et elles faisaient l'objet d'un procès entre le propriétaire de la Bégaudière et M. de Crux, marquis de Montaigu, en l'année 1736.

A la seigneurie de la Bégaudière se trouvait ratta-chée la seigneurie paroissiale de *Saint-Sulpice-le-Ver-don*.

Nous ne voyons cependant les Bégaud prendre ce titre qu'à la fin du XVIe siècle. Aussi ne serions-nous pas éloigné d'admettre que le véritable seigneur de Saint-Sulpice ait été primitivement celui de Montaigu — tous les fiefs de la paroisse faisant partie de la baronnie de Montaigu — bien que n'en portant pas la qualité, (de même que celui de Mormaison était le sire de Roche-servière et celui de Saint-André-Treize-Voix, le sei-gneur de Vieillevigne). Peut-être les seigneurs de la

---

(1) Les terres de la Rousselière-Joslain se trouvaient entre le Siffraire et la Séguinière et s'étendaient du côté des landes Mandin vers le Sableau. Ce fief portait encore le nom de Voy-raud ou Vuyreau en raison de celui de son premier possesseur. Un titre de 1450 nous parle de feu Guillaume Voyreau dont la fille Thiphaine Voyrelle, mariée à Jamet Guilbaut, vendait à Sylvestre Bégaud des rentes fonciers situés au bourg de Saint-Sulpice.

(2) D'après le compte du 3 juillet 1499, le seigneur de la Bé-gaudière payait pour sa ligence 1 livre 15 sols, et la même som-me était due par Mathurin Joslain pour sa ligence de la Rous-selière.

Bégaudière passèrent-ils sur ce point une transaction avec ceux de Montaigu, peut-être même l'origine de ce titre dans la maison de la Bégaudière ne serait autre que l'achat fait en 1511 de la ligence de la Rousselière ou fief Voyraud, *aliàs* de Saint-Sulpice. Nous ne saurions néanmoins l'affirmer.

Ce qui est certain, c'est que si aux XVIIe et XVIIIe siècles les seigneurs de la Bégaudière prennent toujours la qualité de seigneurs de Saint-Sulpice, de seigneurs patrons et fondateurs de l'église, ils exercent les privilèges qui en découlent dès le début du XVIe siècle. Ils ont droit de banc, d'armoiries et de sépulture dans le chœur et droit de prééminence dans l'église sur les autres nobles de la paroisse. Ils défendent leurs dits privilèges de « fondateurs de l'église parochial, en raison de leur « seigneurie de la Bégaudière et du fief Voyraud » (*sic*) contre les prétentions du seigneur de la Chabotterie dès 1523.

III. — LES SEIGNEURS ET PROPRIÉTAIRES. — Donnons maintenant la suite des propriétaires de cette intéressante seigneurie. On en connaît la filiation depuis la fin du XIIIe siècle.

I. — *Pierre Bégaud* (1), dit le Viel, varlet, vivait en son hôtel de la Bégaudière dans la seconde moitié du XIIIe siècle et testait le mercredi avant la Nativité de Notre-Dame 1301. Il laissait d'*Andrée*, sa femme :

1° *Jean*, qui suit ; — 2° *Philippe*, qui partageait avec son frère la succession de leur père et mère, le mercredi après la Chandeleur 1316.

II. — *Jean Bégaud*, varlet, seigneur de la Bégaudière, épousa, le jeudi après la Saint-Denis 1310, *Colette de la Chapelle* (Chauché). Il testa le mercredi après la Sainte-Agathe 1327, et laissa de son mariage :

______

(1) *Bégaud* porte : de gueules à 6 fleurs de lys d'or posées en pal, 3 et 3, et au franc-quartier de sable cachant une fleur de lys et chargé d'un lion d'or, armé, lampassé et couronné de gueules.

1º *Geoffroy*, qui suit ; — 2º *Nicolas* ; — 3º *Jean* : les trois frères faisaient leurs partages le samedi après le dimanche *Oculi* 1349 ; — 4º *Gilette* qui a son tour recevait partage de son frère aîné, en 1355.

III. — *Geoffroy Bégaud*, varlet, seigneur de la Bégaudière, donnait partages en 1349 et 1355 et eut pour enfants : 1º *Nicolas*, qui suit ; — 2º *Sauvestre*, qui suivra son frère. Ils avaient peut être un frère aîné mort peu après l'entrée de Nicolas dans les ordres.

IV. — *Nicolas Bégaud,* écuyer, fut prêtre et seigneur de la Bégaudière qu'il habita constamment et où il célébrait la messe. Nous le trouvons avec le seul titre de « seigneur de la Bégaudière » dans un acte du 14 mars 1365, et, à partir de 1379, avec les qualités de « prêtre et de seigneur de la Bégaudière ». C'est ainsi qu'il est désigné dans de nombreux contrats d'acquisition entre 1379 et 1399. Il était décédé le 10 juillet 1400, date à laquelle son frère Sauvestre paie à son suzerain les droits qui lui sont dus en raison de la succession de « feu Messire Nicolas Bégaud, prestre frere du dit Sauvestre ».

V. — *Sauvestre (Silvestre) Bégaud*, écuyer, seigneur de la Bégaudière à la mort de son frère Nicolas, dut mourir en 1409. Il transigeait, le 13 février 1374, avec Colette Morelle (Moreau). Il était déjà marié à cette époque avec demoiselle *Isabeau Buor*, fille de Maurice, écuyer, seigneur de la Lande et la Roussière-Buor, dont sont issus :

1º *Jean,* qui suit ; — 2º *Sauvestre,* qui suivra son frère ; — 3º *Colette,* femme de *Jean Aymon,* écuyer, seigneur de la Petitière.

VI. — *Jean Bégaud,* écuyer, seigneur de la Bégaudière (1410) et de la Chapelle-Bégouin, *aliàs* Chauché, fait un aveu, le 12 novembre 1400, à la seigneurie du Plessis-Valin, d'après lequel on voit que les héritiers d'un *Pierre* et d'un *André Bégaud* tenaient de lui une partie de leurs terres en gariment. Le 25 décembre 1429, devant Moreau, notaire de la chatellenie de Montaigu, il vend, pour la somme de 12 livres, à Aimery Louer, fils de Jean Louer du Retail, seigneur de la Grelière, 15 sols de rente que le dit Aimery lui doit sur le tènement de la Grelière paroisse de Saint-André (1). Le 30 novembre 1440, il obtient comme noble une sentence des élus du Poitou pourtant défense aux collecteurs des tailles d'imposer les métayers dudit Bégaud. Il était mort peu avant le 14 septembre 1458, date à laquelle son frère et sa sœur se partageaient sa succession.

VII. — *Sauvestre Bégaud*, écuyer, seigneur de la Bégaudière, la Chapelle-Chauché, etc., eut de *Marie Nicolleau*, fille de Tristan, seigneur du fief du Poiré, et de Jeanne Pasquaut :

1° *Jean*, qui suit ; — 2° *Pierre*, qui obtient de sa sœur Marie la cession des droits qu'elle avait sur la Séguinière, le 11 mars 1485 ; — 3° *Dauphine*, mariée le 28 février 1472 à *François Marin*, écuyer, seigneur de la Caduère ; — 4° *Marie*, mariée le 25 mai 1482 à *Louis de la Bauduère*.

VIII. — *Jean Bégaud*, écuyer, seigneur de la Bégaudière, la Chapelle Chauché, etc., donne partage à ses cadets, le 13 mars 1485. Il figure au ban des gentilshommes du Poitou en 1488. Il eut de *Marie Aymon*, fille de Jean, écuyer, et de Jeanne Gourdeau, seigneur et dame de la Pesse et de la Loucherie :

1° *Christophe*, qui suit ; — 2° *Marie*, qui partageait avec son frère la succession de leurs père et mère, le 11 juillet 1507.

IX. — *Christophe Bégaud*, écuyer, seigneur de la Bégaudière, la Chapelle-Chauché, la Poictevinière, etc., acquit, le 17 mai 1511, de Mathurin Joslain et de Jeanne Chabot (de la Chabotterie), son épouse, le fief et la ligence de la Rousselière ou fief Voyraud, au bourg de Saint-Sulpice ; il laissait au vendeur la maison de la ligence sise dans le bourg, à la réserve d'une chambre et d'une écurie pour y mettre son cheval quand on lui ordonnerait de faire sa ligence.

____

(1) *Arch. de la Ménolière à la Viollière.*

Il eut un long procès en 1523 avec le seigneur de la Chabotterie, Artus Chabot, qui avait empiété sur ses droits dans le chœur de l'église de Saint-Sulpice. Il dut également soutenir un procès contre la famille Le Maignan de l'Ecorce, pour avoir tué son voisin, le seigneur de l'Ecorce, Jean Le Maignan, vers 1525 (1).

Il épousa *Renée des Ramée*, dame de la Mauguittonnière (Maisdon) fille de Jean, écuyer, seigneur du Breuil et de la Poictevinière et de Jouyne Poictevin, laquelle mourut le 30 mars 1547, laissant :

1⁰ *Jean*, qui suit ; — 2⁰ *Jacques*, qui mourut le 3 juin 1555, suivant l'aveu de la moitié de la Mauguittonnière rendu par son frère et principal héritier, à l'hôtel de la Poitevinière, le 6 octobre 1556 (2) ; — 3⁰ *Pierre* ; — 4⁰ *Anne*, mariée, le 22 octobre 1537, à *Amaury de Salla*, qui était décédée avant le 13 mai 1566, suivant un acte passé à la Bégaudière par Jean Bégaud, d'une part, et Mathurin Aymon, écuyer, seigneur de la Gareylière, au nom de Magdeleine de Salla, fille de Anne Bégaud (3) ; — 5⁰ *Guyonne* ; — 6⁰ *Louise* ; — 7⁰ *Jacquette*, dont les précités se partageaient la succession avec celle de Louise et de leurs père et mère, le 28 octobre 1548.

X. — *Jean Bégaud*, écuyer, seigneur de la Bégaudière, la Rousselière-Voyraud, la Chapelle-Chauché, la Poitevinière et partie de la Mauguittonnière, fut le premier de sa famille à embrasser la religion protestante ; il prit rang presque aussitôt parmi les chefs du parti huguenot en Bas-Poitou, et mourut le 13 septembre 1577 (4). Il avait épousé, le 28 novembre 1531, *Magdeleine Mauclerc*, fille de Guy, écuyer, seigneur de la Muzanchère, et de Catherine Chabot, qui décéda le 15 juillet 1569, ayant sans doute persévéré dans la religion de

---

(1) *Arch. de l'Ecorce* (Vieillevigne) : d'après l'acte de contrat de mariage de Jeanne Le Maignan avec François Louer, écuyer, le 25 janvier 1532

(2) *Arch. dép. de la Loire-Inf.*, B, 1843.

(3) *Ibid.* et *Arch. de Puitesson*.

(4) *Ibid.*

ses ancêtres, puisqu'elle fut ensépulturée dans l'église paroissiale.

Sa pierre tumulaire ornait jadis l'ancienne église de Saint-Sulpice, et fut ensuite cachée en partie par une stalle de chœur. Cette superbe pierre, retrouvée en 1886, serait peut-être un des plus beaux monuments de notre épigraphie vendéenne, si une main barbare n'avait pas craint de la briser au moment de la démolition de l'église. Les morceaux en ont disparu, à l'exception de la partie inférieure qui sert de seuil à l'une des portes de la façade nord du presbytère. Heureusement, M. Albert de Goué, maire de Saint-Sulpice, bien que ne se doutant pas de l'acte de vandalisme qui allait se produire, fit dessiner cette pierre, que nous sommes heureux de reproduire dans cette chronique.

On lit : ICI REPOSE LE CORPS DE DEMOISELLE MADELLENE MAUCLERC EN SON VIVANT FEM DE NOBLE BEGAUD DECEDEE LE 15 DE IULLET 1569. La pierre est ornée en tête des armes de la défunte, *Mauclerc* (d'argent à la croix ancrée de gueules) ; au centre, de son blason d'alliance, *Bégaud* (du moins le lion du franc-quartier) et *Mauclerc ;* enfin plus bas apparaissent les armoiries de son fils aîné et de sa belle-fille, qui élevèrent ce monument de piété filiale : à droite *Bégaud*, à gauche *de la Lande de Machecoul* (d'azur à la quintefeuille d'argent).

De Jean Begaud et de Magdeleine Mauclerc naquirent :

1º *René,* qui suit ; — 2º *Claude*, écuyer, seigneur de la Tour de Traversay, du Bois-Saint-Martin, etc., chevalier de l'Ordre du Roi, gentilhomme de sa Chambre, marié à *Lucie Alliday*, dame de Cherves, dont descendent les branches de Cherves, de la Jarrie et de la Baussais. C'est en la personne de M. Alexis Begaud de la Baussais, décédé en 1856, que s'est éteinte cette très ancienne maison originaire de Saint-Sulpice.

XI. — *René Bégaud*, écuyer, seigneur de la Bégaudière, Saint Sulpice, la Chapelle, la Poitevinière, etc., donne partage à son frère Claude, le 13 octobre 1577.

PIERRE TOMBALE

de Magdeleine Mauclerc, dame de la Bégaudière

(ancienne église de Saint-Sulpice)

(Neau et Bedour, not. à Montaigu). Il eut ses terres saisies par ordonnance des commissaires généraux des francs-fiefs comme non noble ; mais ayant fait la preuve de sa noblesse par la production des titres susdits, il obtint main-levée de cette saisie, le 29 avril 1582.

Il fut, ainsi que son père, un des principaux chefs des armées protestantes dans cette partie du Bas-Poitou, contrebalançant ainsi l'influence de son voisin, le seigneur du Bois-Chollet et de l'Herbergement, gentilhomme catholique. Voici ce qu'en dit Denis Généroux dans son *Journal* : « Les seigneurs de Saint-Etienne, « Touvaye, son frère puisné, Bessay et Bégaudière, « tous fils et gendre du seigneur de Vieillevigne, furent « faits prisonniers, le 16 septembre 1574, lors de la re- « prise de Fontenay par les catholiques, et la plupart « d'iceux menés au château de Loches, dont ils furent « délivrés après la pacification faite. » C'est pendant cette captivité que l'on doit placer la prise et l'incendie du château de la Bégaudière.

René Bégaud avait épousé, le 10 janvier 1566, *Marguerite de la Lande de Machecoul*, fille de Jean, chevalier, seigneur de Vieillevigne, etc., et de Bonaventure de Bellouan dite d'Avaugour de Kergrois. En 1596, étant veuf, il assiste, comme oncle du futur, au mariage de René de Machecoul avec Louise de Tallensac ; en 1600, il fait saisir pour défaut d'hommage le tènement de la Bousle. Il était qualifié dans ces actes de gentilhomme ordinaire de la Chambre du Roi. Il était décédé avant 1610. Ses enfants furent :

1° *René*, mort en bas âge ; — 2° *Gilles* qui suit ; — 3° *Suzanne*, femme de *Honoré de Verrines*, dont la descendance suivra ; — 4° *Adrienne* ; — 5° *Bonnaventure*, femme de *Charles Viaud*, écuyer, seigneur de Lestouère, qui vivait encore en 1634.

XII. — *Gilles Bégaud*, chevalier, seigneur de la Bégaudière, Saint-Sulpice, la Chapelle, etc., gentilhomme de la Chambre du Roi, demeurait en son château de la

Bégaudière, où il professait ouvertement la religion protestante. Le 29 septembre 1623, il fait l'acquisition, « au nom des anciens et chefz de famille de l'église « prétendue réformée dudit Montagu », d'un logis en cette ville, qui lui est vendu par Louise de Plouer, veuve d'Hélie de Saint-Hilaire, écuyer, seigneur du Retail, le 29 septembre 1623. Il se montre alors l'un des plus ardents promoteurs de l'érection d'un temple dans cette ville, et figure du reste comme député des églises, en 1621, 1622, 1623 et en 1625, aux synodes nationaux protestants, où il est dit ancien de Montaigu.

Nous le trouvons encore, le 24 août 1632, s'agrandissant de plusieurs pièces de terre, près des Forges et de la Mitonnière. Il mourut peu après, célibataire probablement, puisqu'il eut pour héritier et successeur son neveu, André de Verrines, issu d'une famille également calviniste.

XIII. — *André de Verrines* (1), chevalier, seigneur de la Bégaudière, Saint-Sulpice, etc., à la mort de son oncle, était fils aîné de Suzanne Bégaud et de Honoré de Verrines, écuyer, son cousin, puisque ce dernier était fils d'un autre Honoré de Verrines et d'Anne de la Lande de Machecoul.

Il reçoit l'aveu de la Cailletière (les Brouzils) de David, Charles et Françoise de Goué, enfants mineurs de Charles de Goué, écuyer, et de Marie Morel, seigneur et dame du Marchais, etc., ainsi que des autres propriétaires de ce village, le... (date déchirée, vers 1635). Il était décédé avant le 19 mai 1638, date à laquelle d^lle *Gabrielle de Rezay (Razais)*, son épouse, comme tutrice de ses enfants mineurs, fait à Montaigu l'hommage de la ligence de la Bégaudière, sise à l'Herberge-

---

(1) *De Verrines* porte : d'azur au chevron d'argent accompagné de 2 perdrix d'or en chef et d'un mouton d'argent en pointe. — Toutefois la généalogie du *Dossier bleu* à la Bib. Nat. leur donne : d'argent à 3 bandes de gueules, celle du milieu chargée de 3 coquilles d'argent.

ment, et de celle de la Rousselière ou fief Voyraud, sise à Saint Sulpice (1).

Son fils aîné suit :

XIV. — *Pierre de Verrines*, chevalier, seigneur de la Bégaudière, Saint-Sulpice et autres lieux, à partir de 1645, vend, de concert avec sa femme, une pièce de terre à l'ancienne maîtresse du seigneur du Bois-Chollet, dame Sapience Pouhet, demeurant à l'Herbergement, le 31 mars 1647 (2). Le même jour, il cède sa maison dite la ligence de la Bégaudière, au bourg de l'Herbergement, à Christophe de Chevigné, chevalier, seigneur du Bois-Chollet. Il avait épousé *Florence Chalmot*, fille de Jacques, écuyer, seigneur de la Barbinière, et de Perrette Gorré de la Potrie, qui, devenue veuve, paraît s'être remariée à Pierre de Neufville. Elle était tutrice des enfants de son premier mari, M. de Verrines.

XV.   *Léonard de Verrines*, chevalier, seigneur de la Bégaudière, Saint-Sulpice, la Rousselière, le fief Voyraud, les Tribaudières, la Gaudinière, etc., était neveu de Suzanne Bégaud et fils de Jacques, chevalier, seigneur de la Tribaudière, du Peux et de Soullignac, et de Marie de Villelume de Barmontet, et, par conséquent, oncle à la mode de Bretagne du précédent seigneur de la Bégaudière, qui lui céda cette seigneurie à la suite d'un arrangement de famille.

Cette cession dut avoir lieu vers 1657, car le 21 mai 1658, Léonard de Verrines fait aveu au seigneur de Montaigu de ses fiefs de la Bégaudière et de la Rousselière.

Léonard de Verrines épousa *Marguerite Remont*, fille de François, chevalier, seigneur de Ribérolle et de la Gaudinière, dont le fils aîné, *Antoine de Verrines*, chevalier, seigneur de la Gaudinière et de Soullignac, épousa, en 1686, Diane-Marie de Coral. Toutefois ce dernier ne posséda jamais la Bégaudière, car cette sei-

---

(1) Bib. de Nantes, *Coll. Dugast-Matifeux*, 171.
(2) Bib. de Nantes, *Coll. Dugast-Matifeux*, 172.

gneurie, qui était saisie depuis de nombreuses années, fut enfin acquise, à la suite d'un décret judiciaire du 15 juillet 1669, par la famille de Gastinaire.

XVI. — *Claude de Gastinaire* (1), chevalier, seigneur de la Preuille (Saint-Hilaire-de-Loulay), puis par achat de la Bégaudière, Saint-Sulpice, etc., était fils de Claude, chevalier, seigneur de la Preuille, Meslay, etc., et de Judith Thévenin de la Roche.

Il fait tenir, le 25 mai 1673, par Me Jacques Jollain, son procureur fiscal, les assises « des maisons nobles, « fiefs et juridictions de la Bégaudière, Saint-Sulpice, « fief Voireau, la Rousselière, la Cailletière, etc., » qui donnent un aperçu très exact de ce qu'était la seigneurie de la Bégaudière au XVIIe siècle. Il en rend l'hommage à Louise de Machecoul, veuve de Jacques-Antoine de Crux, à cause de son marquisat de Montaigu, le 17 mai 1674, et en fait encore l'hommage en 1675. Il demeure à la Bégaudière quand, le 27 avril 1689, il reçoit décharge de servir au ban et arrière-ban du Poitou, à cause de son âge et de ses infirmités. Le 1er février 1691, il fait son testament dans lequel il assigne une rente à chacun de ses enfants en laissant tous ses biens à son fils aîné ; il veut que les propriétés de sa seconde femme, *Marie-Anne Mauras,* lui soient entièrement rendues ; il demande encore à être enterré dans l'église des Cordeliers de Clisson, auprès de son père et dans la fosse de *Jeanne de Kermeur,* sa première femme, qu'il avait épousée le 31 janvier 1655. Il mourut cependant à Nantes, le 2 janvier 1696, et fut enterré le lendemain, paroisse de Saint-Denis. Il avait de son premier lit :

1° *Claude* qui suit ; — 2° *Jean* qui était infirme ; — 3° *Jean,* écuyer, seigneur de la Preuille, qui ne recevait qu'une rente de son père, « à cause de sa mauvaise « conduite » ; — 4° *Suzanne,* religieuse au couvent des Couëts, près de Nantes ; — 5° *Jeanne-Antoinette,* mariée

---

(1) *De Gastinaire* porte : d'azur à 2 os de mort d'argent mis en sautoir et cantonnés de 4 fleurs de lys d'or.

en 1696 à *Christophe Mesnard*, chevalier, seigneur de la Barotière.

XVII. — *Claude de Gastinaire*, chevalier, seigneur de la Preuille, la Bégaudière, Saint-Sulpice, etc., naquit le 8 décembre 1655, et épousa, le 10 février 1683, *Françoise Chenu*, fille de Hardy, chevalier, seigneur de Clermont, et de Anne Toublanc. Nous le voyons, en raison de ses fiefs relevant de Montaigu, à l'assemblée des vassaux convoqués pour l'élection des administrateurs de l'hôpital de Montaigu, le 27 octobre 1696 ; le 16 décembre 1702, il reçoit l'aveu des tenanciers de la Gestière en Saint-Sulpice, et le 13 janvier 1715, il est maintenu dans sa noblesse par M. Quentin de Richebourg, intendant du Poitou.

De son vivant il procéda, par acte sous-seing privé passé à la Preuille, le 15 mai 1728, au partage de ses biens entre Françoise de Gastinaire, sa petite-fille, et Françoise, femme de M. Paris de Soulanges, sa fille et son gendre. Il mourut peu après, ayant eu :

1° *Claude*, chevalier, seigneur de la Preuille, né en 1683, mort avant son père, laissant de *Marguerite Morisson*, qu'il avait épousée en 1707, une fille unique Françoise, qui épousa en 1728 Claude-René Paris de Soulanges ; — 2° *François*, mort avant son père, non marié ; — 3° *Françoise* qui suit ; — 4° *Marie-Jeanne*, mariée à *Claude-Auguste du Tréhan*, chevalier, seigneur du Hallay ; — 5° *Louise-Elisabeth*, religieuse fontevriste à Montaigu.

XVIII. — *Françoise de Gastinaire*, née en 1696, mariée au Cellier, le 1er avril 1710, à *Augustin Paris de Soulanges* (1), chevalier, seigneur de Soulanges, devint, en vertu des partages de 1728, dame de la Bégaudière (et par suite de Saint-Sulpice), dont le domaine était estimé à 55.000 livres en biens nobles et 5.000 livres en biens roturiers. Le 7 mai 1729, son mari faisait procéder à

____

(1) *Paris de Soulanges* porte : d'argent à la croix de gueules, cantonée de 4 lionceaux de même, affrontés deux à deux.

un état de visite du château et des métairies de la Bégaudière, qui est pour l'histoire de cette seigneurie du plus haut intérêt. En 1736, ils avaient procès avec le marquis de Montaigu au sujet de la mouvance des ligences de la Bégaudière ; les deux parties, à cette occasion, rédigèrent des mémoires fort curieux.

Françoise de Gastinaire mourut en son château de la Bégaudière, le 16 juillet 1737, et fut inhumée le lendemain en l'église de Saint-Sulpice. Elle laissait des enfants majeurs et mineurs, tous demeurant à la Bégaudière, suivant les pièces relatives à sa succession, 1737 :

1° *Claude* qui suit ; — 2° *François*, reçu chevalier de Malte en 1728 ; — 3° *Auguste-Hilarion*, aumônier de Madame ; — 4° autre *François*, officier au régiment de Navarre ; — 5° *Guy-Hilarion*, demeurant à la Preuille en 1797 ; — 6° *N* .., abbesse de Royal-Lieu ; — 7° *Magdeleine-Françoise*, qui épousa à Saint-Sulpice, le 24 juillet 1736, *René-Henri de Chevigné*, chevalier, seigneur du Bois-Chollet, l'Herbergement, etc. Ils vivaient tous deux au début de la Révolution dont ils furent les victimes. Parmi les neuf enfants issus de cette union, il convient de citer : *Auguste*, qui mérite une mention spéciale (1) ; — *Hilarion-François*, qui devint évêque de Séez ; — et *Henriette*, mariée à M. Espivent de la Villeboisnet

---

(1) *Auguste-Christophe-René* comte *de Chevigné* appartient à Saint-Sulpice, non seulement par sa mère, mais encore par droit de naissance. Il joua un certain rôle à son époque, et, malgré ses faiblesses, Saint-Sulpice doit le considérer, en raison de son grade de lieutenant-général, comme le plus illustre de ses enfants.

Il naquit au château de la Bégaudière, le 11 juillet 1737, et fut baptisé le lendemain en l'église de Saint-Sulpice. Page du roi en 1753, lieutenant de dragons au régiment de Beauffremont en 1756, capitaine en 1759, il fit en 1760-61 la campagne d'Allemagne. Colonel de grenadiers de France, puis du régiment de Senlis en 1770, il fut alors décoré de la croix de Saint-Louis. Après avoir passé comme colonel au 2e cuiras-

(voir *Chr. de l'Herbergement*, 276-290) ; – 8° *Louise-Marie*, née en 1720, morte en 1807 ; — 9° *Artémise-Françoise*, religieuse (1).

XIX. — *Claude-René Paris* dit *comte de Soulanges*, chevalier, fut seigneur de la Bégaudière, Saint-Sulpice, etc., de son chef, puis de la Preuille, etc., par son mariage avec sa cousine-germaine *Françoise de Gastinaire*, le 18 mai 1728. Capitaine des vaisseaux du roi, son service l'obligeait à de fréquentes absences, et pendant ce temps, quelques paysans voisins ne se gênaient guère pour saccager ses bois et pêcher son poisson. Afin de faire cesser ces abus, il donna une commission pour la garde de ses bois, étang et réserve de la seigneurie de la Bégaudière à Claude-François Hervouet, le 22 août 1744. Il était décédé avant le 5 septembre 1782, date de la mort de sa veuve à Montaigu.

Ils eurent pour enfants :

1° *Françoise*, religieuse ; — 2° *François-Augustin*, né à Montaigu en 1734 ; -- 3° *Jeanne-Marguerite*, née en

---

siers et au régiment d'artillerie de Strasbourg en 1788, il reçut en 1788 son brevet de maréchal de camp et de lieutenant du roi pour les places de Lorient et de Port-Louis. Dès le début de la Révolution, il devint partisan des idées nouvelles qui devaient pourtant amener tant de désolation et de victimes parmi les siens. Il fut promu lieutenant-général, c'est-à-dire général de division, le 20 mars 1792, et commanda la 14ᵉ, puis la 13ᵉ division militaire. A Rennes, il fut soutenu par les républicains et s'occupa activement de la conspiration de la Rouërie. Néanmoirs, il fut suspendu comme noble, le 15 mai 1793, mais le Comité de Salut Public le réintégra dans ses fonctions, le 24 brumaire an III. Il fut mis à la retraite, à l'âge de soixante ans, le 16 prairial an V, et mourut à Nantes, le 10 novembre 1805. Il avait épousé Mˡˡᵉ Titon de Villegenon, veuve du marquis de Bragelonne, dont il n'eut pas de postérité.

(1) Bib. Nat. *Chérin*, Ms. 152. — M. le Dʳ Mignen, de Montaigu, a été assez aimable de nous communiquer pour les deux degrés suivants des notes très importantes et très complètes que nous résumons ici.

1735, religieuse ; — 4° *Claude-René*, comte de Soulanges, seigneur de la Preuille, né en ce lieu le 18 août 1736. Il devint chef d'escadre, chevalier de Saint-Louis, et après avoir émigré il commanda à Quiberon, en 1795, le régiment d'Hector ou Marine ; blessé et fait prisonnier, il fut condamné à Auray le 13 juillet et fusillé à Vannes le 28, malgré la parole des généraux républicains : son nom est inscrit sur le monument des Martyrs à la Chartreuse d'Auray. Il avait épousé : 1° en 1755, *Hyacinthe-Gabrielle de Cosnoral de Saint-Georges* ; 2° *Françoise-Émilie de Kérouartz*, dont il eut trois enfants, entre autres Claude - Françoise - Félicité, morte à la Preuille en 1834, veuve 1° du marquis Le Forestier de Boiséon ; 2° du comte Fournier de Macquart. Elle fut la dernière du nom. — 5° *Esprit-François*, né à la Preuille, en 1742 ; — 6° *Augustin-Hilarion* qui suit.

XX. — *Augustin-Hilarion Paris de Soulangès*, chevalier, seigneur de la Bégaudière, Saint-Sulpice, etc., reçut ces seigneuries suivant l'acte de partage donné par son frère aîné, Claude-René, en 1782 ; il obtenait également la terre de Bourg-Chaussé (Saint-Hilaire-la-Forest). Né au château de la Preuille le 26 août 1744, lieutenant des vaisseaux du roi, chevalier de Saint-Louis, il mourut le 14 septembre 1783 et fut inhumé à Saint-Jean de Montaigu. Marié peu de temps avant sa mort à *Angélique-Louise de Béaussière de Lisle*, il en eut une fille qui suit.

XXI. — *Louise-Renée-Hortense Paris de Soulanges*, dame de la Bégaudière, naquit à la Preuille le 2 septembre 1783, et mourut à Nantes le 28 juillet 1803. Elle obtient la main-levée du séquestre pour son important domaine de la Bégaudière, par arrêté de l'administrateur de Montaigu du 30 pluviôse an V (18 février 1797), et l'apporte à son mari *Jacques-Gabriel* comte *du Chaffaut* (1), chevalier, fils du seigneur de la Sénardière, la

---

(1) *Du Chaffaut* porte : de sinople au lion d'or armé, lampassé et couronné de gueules.

Maulionnière, etc., qu'elle épousa le 10 janvier 1802.
Celui-ci naquit en 1769 et mourut en 1849, après avoir
été chevalier de Saint-Louis et de la Légion d'honneur,
commandant une armée royaliste en 1815 et député
libéral de la Vendée. Il fut le dernier du nom de cette
illustre maison, n'ayant eut de ses trois mariages qu'une
fille née de M^llo Paris de Soulanges, qui suit :

XXII. — *Hortense-Aimée Félicité du Chaffaut*, dame
propriétaire de la Bégaudière du chef de sa mère, naquit le 8 mars 1803 et mourut à la Sénardière des suites
de ses couches, le 17 octobre 1822. Elle avait épousé
son cousin, *Antoine-Henri Espivent de la Villeboisnet*, fils d'Antoine, chevalier, et de Magdeleine-Françoise de Chevigné, dont naquit *un fils*, mort au berceau M. Espivent de la Villeboisnet, ayant hérité en
partie de son enfant, devint ainsi propriétaire de la Bégaudière.

XXIII. — *Antoine-Henri Espivent de la Villeboisnet* (1), conseiller à la Cour de Paris, officier de la Légion d'honneur, né en 1791, décédé au château de l'Her-
mitière (Loire-Inférieure) en 1875, fut propriétaire de la
Bégaudière et des métairies avoisinantes après la mort
de son enfant, lequel en était héritier du chef de sa
mère (2). Remarié en secondes noces, en 1830, à *Marie-
Aimée du Merdy de Catuelan*, il eut :

1° *Charles* (1831-1902), marié en 1858 à *M^llo de Salvaing de Boissieux*, dont : a) *Edouard* (1871-1873), — b)
Aimée, mariée en 1881 au vicomte René Piet de Beaurepaire, — c) *Yvonne*, mariée en 1885 à Sévère de la
Monneraye, comte de la Bourdonnaye Montluc, laquelle
a été partagée d'une partie du domaine de la Bégaudière, — d) *Thérèse* (1863-1879); — 2° *Louis*, marquis de

---

(1) *Espivent de la Villeboisnet* porte : d'azur à 3 croissants
d'or, à la molette de même en cœur.

(2) M. Espivent de la Villeboisnet n'habita que par intervalles le château de la Bégaudière, qu'il loua en partie, dès
1839, à son cousin, *M. Stanislas de Goué*, lequel fut maire de
Saint-Sulpice et mourut à la Bégaudière, en 1875.

Catuelan (1839-1906), marié en 1881 à Mlle *Thibaud de la Rochethulon*, dont postérité ; — 3° *Edmond* qui suit ; — 4° *Georges*, né en 1848, marié en 1875 à Mlle *Lefébure d'Hedencourt*, dont *Gabrielle*, mariée en 1896 au baron Pichon de Longueville, et *Charles*, marié en 1908 à Mlle d'Escherny ; — 5° *Marie-Mathilde* (1833-1900), mariée en 1854 au comte *de Méhérenc de Saint-Pierre* ; — 6° *Félicité-Berthe* (1835-1889), mariée en 1855 au vicomte *Paultre de Lamotte* ; — 7° *Hortense-Alice* (1838-1903), mariée en 1857 au baron *de Gargan*.

XXIV. — *Edmond Espivent de la Villeboisnet*, né en 1843, mort en 1906, ancien capitaine d'état major, officier de la Légion d'honneur, fut le propriétaire du château de la Bégaudière après la mort de son père, par acte de partages du mois de janvier 1877. Il épousa : 1° en 1871, *Victoire-Caroline-Jeanne-Paultre de Lamotte*, décédée en 1872 ; 2° en 1879, *Jeanne-Denise-Valentine du Puget*, qui ne cesse de montrer la plus grande sollicitude pour les œuvres de Saint Sulpice.

Du premier lit est issu : 1° *Jean*, né en 1872, officier de cavalerie, décédé à Senlis en 1837, sans enfants de son mariage avec Mlle *Sabine de Bogatska* ; — du deuxième lit sont nés : 2° *Henri* (1850-1890) ; — 3° *Marguerite* qui suit ; — 4° *Marie-Josèphe*, née en 1891, mariée en 1910 à *Robert de Saint-Trivier*.

XXV. — *Marguerite-Marie-Josèphe Espivent de la Villeboisnet*, née en 1885, a épousé en 1906 le comte *Gaspard de Bourbon-Chalus* (1), demeurant au château d'Hargicourt (Somme), dont : 1° *Valentine*, née en 1908, 2° *Louis*, né 1911.

Ce sont les propriétaires actuels du château de la Bégaudière.

---

(1) *De Bourbon-Chalus* porte : d'azur à 3 fleurs de lys d'or, à la cotice de gueules posée en bande, au chef de Jérusalem.

§ II. — *La Chabotterie* (1)

I. — ORIGINE — Ecrit le plus souvent sur les vieux titres *Chabotterie, Chaboterie, Chabotrie* ou même *Chabautrie*, parfois mais rarement, *Chabaudière, Chabotière* et *Chabottière* — ce qui est plus conforme aux consonnances locales — voire *Chabossière*, ce lieu, comme le nom l'indique, tire son origine de l'ancienne et illustre famille *Chabot*.

Dès le XIIᵉ siècle, en effet, les Chabot qui s'intitulent « seigneurs de la Roche-Cervière », ajoutent le titre particulier de « seigneurs de la Chabossière ». En 1192, Thibaud III Chabot passe un acte en sa maison de la Chabossière ; en 1244, Thibaud IV assigne pour douaire à sa femme, Aliénor de Brosse, plusieurs terres, dont le moulin de la Chabossière. Deux générations encore et Sebrand III Chabot se dit aussi « seigneur de Saint-Denis-la-Chevasse », or nous verrons dans la suite les seigneurs de la Chabotterie porter la qualité de « seigneurs de l'enclave de Saint-Denis-la-Chevasse » ; son fils Thibaud VI, qui mourut en 1325, est le dernier de la branche aînée des Chabot à s'intituler seigneur de la Chabossière, et cinquante ans après nous commençons la liste non interrompue des seigneurs de la Chabotterie.

Sans doute, il se trouve en Bas-Poitou plusieurs « lieux-dits » de ce nom. A la Loge-Fougereuse, par exemple, il y a un village du nom de la Chaboissière, situé non loin de Mervent et Vouvant, fiefs appartenant dès le XIᵉ siècle aux Chabot. Mais il faut également

---

(1) Source principale : *Arch. de la Chabotterie*, à la Chabotterie, à la Violière et au Petit-Thouars (Indre-et-Loire). — Nous résumons ici notre travail manuscrit : *La Chabotterie et ses seigneurs* (200 pages). Il a été déjà publié sur ce château différents articles : *Echos du Bocage Vendéen*, 1884, I, p. 129-136 ; *Revue du Bas-Poitou*, 1907, XX, p. 5-19 ; plusieurs ouvrages et *revues* lui ont également consacré quelques pages à propos de la prise de Charette.

constater que dans les actes des cartulaires de l'Absie et de Retz où il est fait mention de la Chabossière, il est également question de Rocheservière et des paroisses avoisinantes, de Saint-Denis-la-Chevasse entre autres, dont la seigneurie s'avançait jusqu'auprès des douves mêmes du château de la Chabotterie.

Il existe une preuve plus convaincante encore de cette identité de famille. Les Chabot de la Chabotterie, quoique relevant directement de Montaigu à cause de leur terre noble de la Chabotterie, continuent néanmoins, en raison de ce même fief, à être considérés comme les vassaux directs des sires de Rocheservière, des du Pont et des de Volvire, successeurs des Chabot. Ils ne leur feront pas l'aveu et le dénombrement de la seigneurie de la Chabotterie, qui seront réservés à Montaigu, mais ils auront deux ligences de la Chabotterie, l'une à l'Herbergement, pour le service militaire dû au baron de Montaigu, l'autre « en la maison de la Chabotterie sise en la ville de Rocheservière », et relevant directement du puissant châtelain de ce lieu (1).

Nous pourrions donner d'autres raisons encore ; qu'il nous suffise d'ajouter que les Chabot de la Chabotterie portent aussi les mêmes armes. Sur un grand plat d'étain qui paraît dater du XVᵉ siècle et qui a été trouvé en 1878 au fond de l'ancien puits de la cour, se voit parfaitement gravé un écu aux 3 chabots posés 2, 1, en pal ; ces mêmes armoiries sont également sculptées sur l'une des tours. Mᵍʳ de Chasteigner, évêque de Poitiers, dans ses lettres à l'historien A Duchesne, en 1633, et le chevalier du Petit-Thouars, en 1767, apportent une nouvelle confirmation à cette identité de blason.

Si nous trouvons assez fréquemment l'orthographe *Chabote*, *Chabaute* et même parfois *Chabaud*, la pronon-

---

(1) Vendue problablement vers la fin du XV⁰ siècle aux de Goulaine de l'Audonnière, cette maison de ligence fut rattachée alors à la seigneurie de la Pilletière (Rocheservière) ; néanmoins elle conserva toujours son nom de la Chabotterie ou Chabotière jusqu'à la Révolution (*Arch. de l'Ecorce*).

ciation reste la même, et ce n'est sans doute que par erreur de scribe, ou mieux, par usage vulgaire. Le même fait s'est d'ailleurs reproduit en ce qui concerne certains membres des branches historiques des Chabot.

Si c'était l'opinion motivée de Mgr de Chasteigner et de Duchesne, ce fut depuis celle de MM. Marchegay et Dugast-Matileux, historiens et paléographes de valeur. Ce fut encore celle de l'érudit auteur de la *Chasse à travers les âges*, M. le comte de Chabot, du Parc-Soubise, notre vénéré ami décédé en 1911, et récemment nous avons vu MM. Beauchet-Filleau, dans leur remarquable *Dictionnaire des familles du Poitou*, insérer les Chabot de la Chabotterie à la suite des Chabot de Rocheservière et Rohan-Chabot, de la branche de Rocheservière (1).

Il reste donc évident que le manoir actuel de la Chabotterie, situé dans le voisinage de Rocheservière et de Saint-Denis, doit son origine sinon à un aîné, du moins à un cadet de la famille Chabot. Cette terre fut détachée des immenses domaines que les Chabot possédaient dans la contrée et donnée en partage à un des juveigneurs de cette maison, qui devint l'auteur d'une importante branche tombée en quenouille à la fin du XVIe siècle. L'époque très reculée de cette fondation et la perte presque totale des archives de la Chabotterie causée par les guerres — des titres du XVIe siècle en font la mention précise — sont les seuls motifs qui ne nous permettent pas de donner une jonction certaine à la branche des Chabot de la Chabotterie.

II. — LE CHATEAU. — Le château primitif, celui qui fut édifié par les premiers Chabot, au XIIe ou au XIIIe siècle, se trouvait situé à l'emplacement actuel de la « Vieille-Cour » *aliàs* « Vieille-Chabotterie », qui s'appelait alors simplement « la Chabotterie ». Mais sacca-

---

(1) Seul, M. Benjamin Fillon avait émis en 1857 l'opinion contraire.

gé et brûlé pendant la guerre de Cent-Ans, dans la seconde moitié du XIV° siècle, il fut relevé avec la plus stricte économie et habité par ses seigneurs jusqu'au jour où ils édifièrent, vers 1460, au lieu de la « Basse-Chabotterie » *aliàs* de la « Cour-Neuve » et « Neuve-Chabotterie », où déjà se trouvait une petite gentilhommière, le château actuel.

Celui-ci, malgré ses nombreuses vicissitudes, est « un « des plus curieux manoirs du pays par son ancienneté et « sa conservation » (Dugast-Matifeux).

Les bâtiments sont de diverses époques.

Les plus anciennes constructions étaient situées au midi : des portes et des fenêtres toutes petites et presque carrées, que l'on a bouchées peu à peu, devaient remonter tout au moins au XIV° siècle : c'était alors, et encore en 1454, la demeure des cadets de la Chabotterie. Cette partie, considérablement agrandie au XV° siècle, fut ruinée en partie pendant les guerres de Religion et brûlée pendant la Révolution (1). De ce côté se trouvait une grosse tour baignée par les fossés dans laquelle on avait aménagé la chapelle du château ; mais bien avant 1711, tour et chapelle étaient en ruine. A cette date, du reste, cet antique manoir exigeait d'importantes réparations.

Le grand corps de bâtiment, dont les façades donnent à l'est et à l'ouest, appartient donc au XV° siècle. Cette partie fut, avec celle dont nous venons de parler, démantelée en 1588, et quoiqu'elle n'ait plus depuis lors ses lucarnes à meneaux qui venaient couper sa haute toiture, elle garde encore le caractère de son époque. De cette époque datait également la monumentale cheminée de granit (3^m 70 de largeur) aux épaisses moulures, enlevée, il y a trente-cinq ans, lors des restaurations qui devenaient urgentes, mais qui malheureusement ont, sans nécessité aucune, beaucoup trop modernisé l'intérieur de ce vieux château (2).

____

(1) Voir p. 25 et 41.
(2) Les morceaux qui gisaient épars dans un pré voisin vien-

CHATEAU DE LA CHABOTTERIE

Côté nord-est

Quand les bâtiments du premier logis, situés au midi, devinrent trop étroits ou mieux inhabitables, on fit élever au nord le grand pavillon flanqué de deux tours. Ce pavillon à trois étages et la tour ronde ornée d'une belle échauguette, sont de la seconde moitié du XVIe siècle ; les dates 1575, 1580 et 1582 que l'on trouve gravées sur quelques pierres, indiquent l'entreprise de grands travaux à cette époque. C'est donc à Perrette Chabot, à son second mari, Gabriel Darrot, et à son fils Jehan Aubert, qu'il convient d'attribuer cette partie du château qui dénote de leur part un véritable goût artistique.

La tour carrée renferme un large escalier circulaire de soixante-sept marches tout en granit ; elle possède une superbe défense percée de nombreuses meurtrières, dans laquelle on a placé une grosse cloche aux armes des la Fontenelle, fondue à la Chabotterie, le 24 juillet 1784. On lit sur la porte d'entrée la date 1611. Au-dessous de cette date a été encastré un écusson en granit certainement plus ancien. L'écu est écartelé : aux 1 et 4 de trois fleurs de lys brisées d'une cottice ; aux 2 et 3, de trois chabots ; il est timbré d'un casque tourné à sénestre, ce qui semble bien indiquer un signe de bâtardise. On se perd en conjectures. On croit néanmoins généralement que ces armes sont celles de quelque bâtard de Bourbon de la Roche-sur-Yon, marié à une demoiselle Chabot de la Chabotterie, dans les premières années du XVI° siècle. Jean Aubert, qui fit élever cette tour pour réparer les désastres des guerres de religion, aurait vraisemblablement tenu à conserver ce précieux monument et à lui assigner une place d'honneur, lorsque les modifications faites alors eurent nécessité son déplacement. Il avait commencé, tout en face, au sud, à l'autre extrémité du bâtiment, une tour semblable qui a été démolie au commencement du XIX° siècle.

---

nent d'être rassemblés et permettent d'en constater le bel effet.

Une nouvelle chapelle dans le style de cette tour et y attenant a été édifiée en 1883, et dix ans plus tard on était obligé de relever la tour ronde qui venait de s'écrouler.

La Chabotterie avait l'aspect d'un castel bien fortifié, avec sa double rangée de douves larges et profondes. Les premières douves baignaient en grande partie les fondations mêmes du château et furent comblées dès avant la Révolution. Les secondes en étaient éloignées d'une soixantaine de mètres ; elles sont encore signalées en partie sur le plan cadastral de 1838, et dans les endroits où elles n'existent plus, des dépressions de terrain indiquent leur emplacement ; du côté nord, le petit ruisseau de l'Izoire devait remplacer les douves qu'il alimentait.

L'entrée principale, à l'ouest, était commandée par un grand pavillon, entouré de fossés, situé dans le « pré de l'Isle » ; il a été abattu il y a moins d'un siècle. Un étroit passage entre deux piliers, datant de 1580, ainsi qu'une inscription permet de le constater, et supportant un pont-levis, donnait accès à la seconde cour renfermant les servitudes et les bâtiments de la borderie. La cour intérieure était également close et flanquée de deux pavillons. D'après la description de la visite de 1711, une grande arcade voûtée en pierre de taille, mais dont il ne reste que les trois piliers, servait de support aux deux ponts-levis qui ouvraient passage l'un aux piétons, l'autre aux chevaux et voitures. Ajoutons à cela les tours et créneaux disparus, les échauguettes, les nombreuses meurtrières et même l'épaisseur des murs qui atteint à certains endroits un mètre trente-cinq, et nous pourrons nous figurer facilement que cet important castel rural était fortifié de manière à résister, sinon à un siège en règle, comme en 1588, du moins à un coup de main tenté par quelque hardi aventurier.

III. — LA TERRE SEIGNEURIALE. — La Chabotterie relevait de Montaigu (châtellenie, baronnie, puis ram-

CHATEAU DE LA CHABOTTERIE
Côté nord-ouest

quisat), à foi et hommage lige et à ligence de quarante
jours de garde au château par année, et à 13 deniers de
rachat, payables à l'Aumônerie de Montaigu.

La terre seigneuriale, l'une des plus importantes de la
mouvance de Montaigu, s'étendait sur toute la partie
sud-ouest de la paroisse de Saint-Sulpice. Elle comprenait encore, au milieu du XVIIᵉ siècle, les métairies de la
Chabotterie, la *Vieille-Cour*, le *Fossé*, la *Mornière*, la
Séguinière, le *Grand-Hopitaud*, le *Bas-Hopitaud*, le
Sableau, la *Boucherie*, le *Siffraire* et la *Chironnière* (1).
Plusieurs de ces terres furent alors données en partage
aux cadets de la Chabotterie, puis vendues par ces derniers ; mais elles restèrent toujours jusqu'à la Révolution sous l'hommage et le parage des seigneurs de la
Chabotterie.

Outre le domaine proprement dit, cette seigneurie
avait de nombreuses redevances et des droits féodaux
sur les villages suivants : la Renaulière, la Siffraire, la
Rousselière-Mandin, la Rousselière-Joslin, la Caillau
dière-aux-Tireaux, la Bernerie, et sur des maisons et
pièces de terre, tel « le pré Verdon », le tout en Saint-
Sulpice ; les Ayrables, la Rouaudière, la Rousselière-
Ordonneau, la Thibaudière, en Mormaison ; la tenue
Musset où se faisait la ligence, la Riollière, en l'Herbergement ; le Chêne, le Chaillou, le Cerisier, la Bourrie,
la Borgetière, la Dorinière, dans les Brouzils ; les Ahais,
le Sensis, les Arcis, le Retail-Louer, la Seigneurtière,
en Saint-André ; la Bertaudière, en Chavagnes ; les
Boules, en Saint-Philbert-de-Bouaine, etc. Sur tous les
tenanciers de ces villages, formant le fief de la Chabotterie, le seigneur avait droit de *basse justice ;* exception
était faite pour le village de la Boule, sur lequel il avait
droit et exercice de *moyenne et basse juridiction.* Si

---

(1) Les borderies de la Boulaye et de la Rogerie, attenant
à ce domaine comme propriété, ne dépendaient pas pourtant
de la seigneurie de la Chabotterie, mais de celle de la Chasse-
landière (les Lucs).

nous trouvons à tout instant les propriétaires de la Chabotterie qualifiés de seigneurs *hauts justiciers*, ce n'est qu'en raison de leur châtellenie de Choisy et de l'Enclave de Saint-Denis-la-Chevasse, dont les droits étaient beaucoup plus étendus. (Voir ci-après, § III.)

Le seigneur pouvait contraindre ses tenanciers à faire moudre leurs grains au moulin de la Chabotterie, et il avait divers droits sur les nouveaux mariés des villages de la *Renaudière*, de la *Siffraire* et des *Ayrables*.

Bien que ce dernier devoir féodal ait été déjà maintes fois publié, nous croyons pouvoir le reproduire une fois encore. On a voulu y voir à peine voilé le fameux *droit* dit *du seigneur* ou *droit de cuissage*, qui, dans le sens que se complaisent à le montrer nos modernes démagogues, n'a guère existé qu'à l'état de mythe. Sans doute, le droit dont il est ici question est bien quelque peu grotesque; mais cette marque de soumission était suivie de farces et d'amusements de toutes sortes, d'un bon diner au château, et nul n'avait garde de s'en plaindre.

Voici les termes d'un des aveux de la Siffraire, du 24 août 1684, que nous retrouvons textuellement dans ceux de 1698, 1739, 1769, 1770, etc :

«... *Reconnois en outre que se faisant des nopces audit village, celui qui se marie est tenu de vous bailler une paire de gants blqncs et la fleur d'un boisseau de farine de froment cuite en échaudits, redevable le tout à votre hôtel de la Chabotterie. Et encore faisant lesdits maria-ges, si on amène un gendre en l'une des maisons, vous avez droit, le soir des noces, de venir ou envoyer vos gens ou vos serviteurs, tuer et éteindre le feu en la maison où fera sa demeure, et, par après de le faire rallumer, et pour cela vous est dû et sommes tenus vous payer ou à celui qui viendra pour ce faire de votre part, cinq sols.* »

Les assises de la Chabotterie et celles de Choisy se tenaient, au XVIIe siècle, à la Chevasse (§ III), et au XVIIIe siècle, dans la grande pièce de second étage du château, au-dessus de la cuisine, appelée la *chambre des assises*

IV. — SUITE DES SEIGNEURS ET PROPRIÉTAIRES. — La Chabotterie a passé par alliances successives, sans avoir jamais été vendue, aux anciennes familles féodales *Chabot, Aubert, Darrot, Thomasset, de la Fontenelle* et *de Goué.*

En dehors des *sires de Rocheservière*, les premiers seigneurs positivement connus nous sont fournis par le chartrier de Thouars (1).

I. — *Jehan Chabot* (2), écuyer, seigneur de la Chabotterie, fait, le 10 janvier 1384 (v. s.), l'aveu de son fief et château de la Chabotterie au connétable Olivier de Clisson, seigneur de Montaigu et de Belleville, à cause de sa mère Jeanne de Belleville.

Il nous paraît avoir eu pour fils : 1° *Jehan* qui suit; — 2° *Hugues* ou *Huguet*, écuyer, seigneur de la Basse Chabotterie. Celui-ci demeure en « son hostel de la Basse-Chabotrie, appele la Court neufve », et est également désigné en 1453 « noble personne Huguet Chabaute *l'aisné*, seigneur de la Neufve Chabautrie » (3), ce qui

---

(1) Bib. de Nantes, *Coll. Dugast-Matifeux*, 204 (aveux à Montaigu).

(2) *Chabot* porte : d'or à 3 chabots en pal de gueules 2 1. D'après les notes prises sur les premiers seigneurs de la Chabotterie par les Aubert du Petit-Thouars et suivant leur grand tableau généalogique ils portaient l'écu au champ *d'argent* comme brisure de cadets.

(3) Ces expressions donnent donc bien à penser que le premier château de la Chabotterie était situé à l'emplacement de la *Vieille Cour*, où se voyait encore à la Révolution une petite gentilhommière, avec sa fuye et ses douves comblées en 1840. La Chabotterie actuelle, distante de deux cent cinquante mètres, se serait appelée tout d'abord *la Cour* (nom féodal d'ailleurs) ou *Basse-Chabotterie*, et elle aurait eu un logis noble construit pour quelque cadet (peut-être pour Hugues lui-même), d'où les noms de *Cour-Neuve* et de *Neuve-Chabotterie*. Mais les Chabot, dont le château avait été fortement éprouvé

prouve qu'il avait alors soit un fils, soit un neveu du même nom. Le 9 avril 1453, dans une transaction avec le seigneur de la Bégaudière, il s'engage à payer à François Chabot les 2 sols de rente que Sylvestre Bégaud devait depuis 1451. Il paraît également dans l'hommage de la Chabotterie rendu par son neveu, Jean III Chabot, le 3 décembre 1454, acte qui nous apprend qu'il avait reçu en partage de son frère aîné la Basse-Chabotterie, ainsi que la métairie de la Morinière et diverses rentes féodales, le tout sous le parage des seigneurs de la Chabotterie.

Ce pourrait être le même personnage (?) que *Huguet Chabot*, écuyer, seigneur du Fief-aux-Bessons (Saint-Denis-la-Chevasse), qui en fait l'aveu le 9 avril 1454. Celui-ci du moins était marié à une demoiselle *Pelletier*, héritière des Besson, dont il eut *Catherine Chabot*, dame du Fief-aux-Bessons, mariée avant 1455 à *Regnault Fremillon*, écuyer, mort avant 1478.

Nous trouvons encore un *Hugues Chabot*, écuyer, brigandinier du sieur de l'Aigle au ban de 1467, ainsi qu'un *Huguet Chabot*, écuyer, désigné pour monter la garde du château de la Garnache, dans le rôle dressé le 17 juillet 1489. Tous du moins, qu'ils fassent deux ou trois personnages distincts, se rattachent à la branche de la Chabotterie (1).

---

par les guerres, édifièrent, vers 1460, une demeure plus importante en cet endroit qui prit le seul nom de la Chabotterie, tandis que le manoir primitif fut appelé la *Vieille-Chabotterie*, nom qu'il portait encore en 1789, concurremment avec celui de *Vieille-Cour*, destiné à rappeler la « Cour-Neuve » des cadets. Ce dernier nom a seul prévalu.

(1) La destruction des archives pendant les guerres explique l'imprécision de la filiation des premiers degrés, et la présence de plusieurs noms isolés, dont nous citerons seulement : *Nicocolas Chabot*, marié à *Jehanne Bairtaud* qui, par leur représentant, Jean Allard, paroissien de Saint-Pierre-du-Luc, passent un contrat d'échange avec Jean de Badiole, écuyer, seigneur de Badiole, près la Roche, le 25 janvier 1406 (v. s.). Il

II. — *Jehan Chabot*, écuyer, seigneur de la Chabotterie, en rend l'hommage à Jehan de Harpedenne de Belleville, sire de Montaigu, le 28 août 1408. Il paraît également avec ces qualités, au nombre des vassaux nobles
de Rocheservière, sous la menée de Maurice de Volvire,
seigneur de Rocheservière, dans la liste dressée par
M° Jehan Colas, licencié ès-lois, vers 1410 (1).

Il eut pour fils aîné Jehan III qui suit; peut-être Yvon
et autre Hugues Chabot étaient-ils également ses enfants.

III. — *Jehan Chabot*, écuyer, seigneur de la Chabotterie, fait le dénombrement de son fief au seigneur de
Montaigu, le 3 décembre 1454. Cette pièce, suivie de la
réception d'hommage, signée le lendemain par Jean
Mestayer, sénéchal, est pleine d'intérêt pour l'histoire
de la contrée ; il y est question de toutes les terres placées sous le parage du seigneur, de celles appartenant
à son oncle Huguet Chabot, seigneur de la Basse-Chabotterie, et de celles de François Chabot, sans qu'il soit
indiqué le degré de parenté de ce dernier.

Ce *François Chabot* était écuyer, seigneur de la Bourrie (les Brouzils) et « demeurant en son houstel et domi-
« cille dud. lieu de la Bouerie », suivant un acte du 3
août 1451, par lequel il vend au seigneur de la Bégau-

---

serait peut-être le frère cadet de Jean I Chabot. — *Yvon
Chabot*, écuyer, est condamné à une amende, le 18 janvier
1438 (v. s.), avec plusieurs autres nobles de la châtellenie de
Montaigu, pour n'avoir pas suivi les armées du roi, comme
leur qualité de noble l'exige. *(B. N.*, 24160) — *Hugues Chabot,
François Chabot. — Jehanne Chabot* épousa, vers 1480, *Mathurin Joslain*, riche bourgeois demeurant au bourg de Saint-
Sulpice. Ils passent divers actes de vente avec le seigneur de
la Bégaudière, Christophe Bégaud, les 2 novembre 1507 et 17
mai 1511. Par ce dernier ils cèdent leur seigneurie, fief et
ligence Voyraud *aliàs* de la Rousselière, avec partie de leur
maison du bourg, ses appartenances, etc. *(Arch. Vendée*, E.
Gastinaire.)

(1) *Arch. dép. de la Loire-Inf.*, E 186.

dière, Sylvestre Begaud, le fief Moulinneau, sis en Saint-André-Treize-Voix.

Marié avec *N... Eoul*, fille et héritière d'Etienne Eoul, écuyer, seigneur de la Babinière, cadet de l'Eoulière (Eulière ou Huilière), Jehan III Chabot eut plusieurs enfants, entre autres :

1° *Jean IV* qui suit ; — 2° peut-être *Huguet*, 1489 ; — 3° *Roland*, écuyer, seigneur de la Babinière (Saint-Georges-de-Montaigu), qui en fait l'aveu au roi Louis XI, le 27 septembre 1473. Il se présente, le 30 septembre 1491, au ban et arrière-ban du Poitou, où il se dit « pauvre et ne voit que d'un œil » et qu'il est toujours obligé, ainsi que ses voisins, de faire la guerre aux pillards bretons qui saccagent la frontière. Il avait épousé *Françoise de la Bobine*, dont : a/ *Jean*, écuyer, seigneur de la Babinière, suivant l'hommage qu'il en fait, le 30 janvier 1502 (v. s) ; — b/ *Marguerite,* mariée vers 1480 à Guillaume Charbonneau, écuyer, seigneur de la Bélourdière. La seigneurie de la Babinière passa par héritage où par retrait aux seigneurs de la Chabotterie entre 1523 et 1534.

IV. — *Jehan Chabot*, écuyer, seigneur de la Chabotterie, rend son devoir de vassal au roi Louis XI, le nouvel acquéreur de Montaigu, le 25 septembre 1473. Il vend, le 25 mars 1474 (v. s.), pour lui et pour ses cohéritiers, aux héritiers Blanchard, demeurant au village de la Surière, proche Rocheservière, les rentes qui lui sont dues sur les moulins du Bouet, auprès de la Boulogne (1). Il eut vraisemblablement :

1° *Guillaume* qui suit ; — 2° *Jehan V* qui suivra.

V. — *Guillaume Chabot*, écuyer, seigneur de la Chabotterie, en fait l'hommage à Jean de Belleville, les 20 juin 1502 et 5 février 1503 (v. s.).

VI. — *Jehan Chabot*, écuyer, seigneur de la Chabotterie, etc , après la mort de Guillaume Chabot, était *escholier* quand il fut appelé au ban des gentilshommes

---

(1) *Arch. de la Grange-Barbastre* du Mis de Goulaine.

du Poitou, rassemblés en 1488 pour prendre part à la campagne dirigée par Louis de la Trémoille et de Thouars, qui se termina par la brillante victoire de Saint-Aubin-du-Cormier (1). Le 7 septembre 1517, il est exécuteur testamentaire de Jean Le Maignan, écuyer, seigneur de l'Ecorce, son cousin (2), et il dut mourir peu d'années après.

De son épouse, *Marie (Rocquet) de la Tribouille*, décédée en 1523, il eut :

1° *Artus* qui suit ; — probablement 2° *Léonne*, mariée à *Claude de Crunes*, écuyer, seigneur de la Bruère, dont elle était veuve en 1552 ; leur fille, Louise de Crunes, épousa, en 1563 Gabriel Darrot, dont la descendance posséda la Chabotterie.

VII. — *Artus Chabot*, écuyer, seigneur de la Chabotterie, la Babinière, etc., eut à soutenir un long procès contre le seigneur de la Bégaudière, Christophe Begaud, ainsi que l'apprend une requête faite devant la cour de Poitiers, le 2 décembre 1523, par Jean Linger, procureur dudit Begaud. Celui-ci, très jaloux de ses prérogatifs féodaux, comme tous les gentilshommes d'autrefois, poursuivait Artus Chabot et ses complices — le curé, J. Maynard, Billart, vicaire, R. Vincent et autres — pour avoir apposé ses écussons et armoiries dans le chœur même de l'église et pour y avoir fait enterrer le corps de sa mère, car ces privilèges devaient être à lui seul réservés, en tant que seigneur de la Bégaudière et du fief Voyraud, titres qui lui donnaient celui de fondateur de l'église paroissiale de Saint-Sulpice. (3). Nous ignorons l'épilogue de cet intéressant procès.

Il épousa, vers 1525, *Catherine Faguelin*, dame de la Faguelinière, la Raslière, la Bothbouëre, etc., fille aînée de Jean, écuyer, et de Marie Gourdeau. Veuve de bonne

---

(1) *Doc. inéd. de l'Hist. du Poitou*, publiés par la Soc. des Ant. de l'Ouest, 1876, p. 199.

(2) *Arch. de l'Ecorce* (Vieillevigne).

(3) *Arch. dép. de la Vendée*, E (Gastinaire).

heure, elle fait l'aveu de la Chabotterie, les 5 mai et 16 novembre 1544, et le 15 juin 1551 ; le 29 septembre 1545 elle reçoit de Dénis Royrand l'aveu du fief du Bonifou (Chauché), relevant de la Babinière.

Leurs enfants, *Sulpice*, *Jacques* et *Perrette Chabot*, possédèrent successivement le domaine de la Chabotterie.

VIII. — *Sulpice Chabot,* écuyer, seigneur de la Chabotterie, la Babinière, etc., puis de l'Enclave de Saint-Denis-la-Chevasse, épousa *Noémie Aubert* par contrat passé à la Chabotterie, le 11 février 1554 (v. s.), devant Trutot et Renaudin, notaires de la châtellenie de Choisy. Ce puissant seigneur fut, croit-on, victime des guerres civiles, probablement dans le parti protestant ; du moins sa veuve se remaria, dès 1560, à un huguenot zélé, Gabriel Marin, écuyer, seigneur de la Mussetière.

IX. — *Jacques Chabot*, écuyer, seigneur de la Chabotterie, la Babinière, etc., après son frère aîné, paraît aux assises de la Vergne-Ortie, le 13 mai 1560, pour ses terres en relevant. Il dut mourir vers 1565, laissant pour unique héritière sa sœur qui suit.

X. — *Perrette Chabot*, dame de la Chabotterie, la Babinière, la Raslière, la Faguelinière, la Nouzière, le Retail, etc., épousa, le même jour que son frère, le 11 février 1554 (v. s.), noble et puissant messire *Jacques Aubert*, dit le Jeune à cause de son père, écuyer, seigneur de la Normandelière, la Chevasse, Choisy, l'Enclave de Saint-Denis-la Chevasse. Il était, ainsi que Noémie Aubert, enfant de Jacques, écuyer, et de Catherine Ayraud. Il mourut à la Chabotterie, le 1er septembre 1573, et Perrette Chabot épousa en secondes noces, en 1576, haut et puissant *Gabriel Darrot* chevalier, seigneur de la Fromentinière, la Fresnaye, Boisdane, chevalier de l'Ordre du Roi, veuf de Louise de Crunes. Gabriel Darrot est qualifié également de seigneur de la Chabotterie, qu'il habita presque constamment jusqu'aux partages passés avec son beau-fils, Jean Aubert, le 7 août 1593. .

Perrette Chabot, à qui l'on doit une partie des constructions du château actuel, et sur laquelle on conserve de nombreux titres, mourut à la Chabotterie, le 19 décembre 1577, ne laissant d'enfants que de son premier lit :

1° *Jean*, qui suit ; — 2° *Elisabeth*, née à la Chabotterie, le 3 janvier 1565 (v. s). mariée à la Chabotterie, le 16 janvier 1578 (v.s.), à *Charles Darrot*, écuyer, seigneur de la Fromentinière, la Fresnaye, Boisdane, etc., fils du premier mariage de Gabriel Darrot avec Louise de Crunes. Veuve en 1595, elle se remaria, au mois de mars 1596, au cousin germain de son premier mari, *Jacob de Crunes* écuyer, seigneur de la Bruère, dont les petits-enfants, MM des Nouhes de Pally, héritèrent du seigneur de la Chabotterie en 1627. Sa petite-fille aînée, Hélène Darrot, devint dame de la Chabotterie.

XI. — *Jean Aubert* (1), chevalier, fut seigneur de la Chabotterie, de la châtellenie de Choisy dite de Rocheservière en partie, du fief de l'Enclave de Saint-Denis-la-Chevasse, de la Normandelière, la Chevasse, la Babinière, le Retail, etc., en vertu du partage des biens de ses père et mère passé avec sa sœur et son beau-père, Gabriel Darrot, par acte du 7 août 1593, fait à la Fromentinière devant Rigaudeau et Legeay, notaires de la Cour de la Flocellière. Il naquit à la Chabotterie, le 3 février 1562 (v. s.), et épousa à l'âge de seize ans la fille du second mari de sa mère, *Gabrielle Darrot*, suivant

(1) *Aubert* porte : d or à 3 têtes de limiers de sable. — Ce sont bien là les véritables armoiries portées par les Aubert de la Normandelière et de la Chabotterie (*Bib Nat.* P. Orig. 119. et Bib. de l'*Arsenal*, Ms. 3679), quoique la branche cadette de cette maison, celle des Aubert de Saint-Vincent-sur-Graon, ait porté : d'or (d'argent) à 10 roses de gueules posées 4. 3, 2, 1. — C'est ce qui a induit en erreur le *Dictionnaire Beauchet-Filleau*, d'ailleurs inexact en ce qui concerne les branches des Chabot, Aubert et Darrot de la Chabotterie.

contrat passé à la Chabotterie le 16 janvier 1578 (v. s.). Décédée le 15 octobre 1596, Jean Aubert se remaria, à la chapelle d'Indret (Loire-Inférieure) (1), le 10 septembre 1597, à *Marie Ferré*, demoiselle de Pouillac, dame d'honneur de la reine douairière Louise de Lorraine, veuve de Henri III. Elle fut « curatrice en justice » de son mari, sans que nous puissions en soupçonner le motif. Veuf à nouveau, il épousa en troisièmes noces, en 1613, *Louise de Fiesque*, fille de Paul-Emile, chevalier, seigneur de la Sénardière (Gorges), etc., gentilhomme de la Chambre du roi et de Préjante de Bellozac.

On possède un grand nombre de contrats passés par Jean Aubert, parmi lesquels nous pouvons citer : le 25 juin 1578, aveu du Vieux Château de la Nouzière (la Jonchère) au baron du Poiroux ; les 19 juillet et 10 septembre 1599, hommage et dénombrement de la seigneurie de la Chabotterie ; le 6 février 1606, aveu de Choisy et de l'Enclave de Saint Denis ; le 8 juin 1611, foi et hommage à Palluau de sa seigneurie du Retail-Cantinière (Saint-Pierre-du-Luc) ; donation mutuelle entre époux du 8 août 1616 ; de nombreux procès ; et enfin, le 19 septembre 1624 l'ordonnance de l'intendant du Poitou Amelot et du trésorier de France Thoreau le reconnaissant « comme noble et issu de noble lignée ».

Ce fut ce seigneur qui, avec son beau-père, eut à soutenir, au mois de novembre 1588, l'attaque du duc de Nevers, et qui vit démanteler son château qu'on venait récemment d'agrandir. Les guerres de religion terminées, il entreprit de nouveaux travaux afin de réparer les désastres passés : on lui doit la tour carrée, achevée en 1611.

Jean Aubert mourut à la Chabotterie, le 1er janvier 1627, et fut enterré dans l'église de Saint-Sulpice le surlendemain, sans laisser d'héritiers directs, bien qu'ayant eu des enfants de chacune de ses trois alliances.

De Gabrielle Darrot naquirent : 1º *Henri*, écuyer, né à la Chabotterie le 16 décembre 1581, y mourut le 31 janvier 1606, « dernier survivant » des enfants de Ga-

____

(1) Reg. de Saint-Vincent de Nantes : *Arch. Mun.* G.G. 400

brielle Darrot ; il est encore question de sa succession dans un jugement du 21 août 1655 ; — 2° *Louis,* né le 20 août 1589, mort jeune ; — 3° *Georges*, écuyer, né le 20 avril 1593, aurait vécu jusqu'en 1605 (1) ; — 4° *Marie,* décédée à la Chabotterie, le 3 novembre 1604.

De Marie Ferré sont issues : 5° *Marie*, née le 7 septembre 1598, morte jeune ; — 6° *Françoise,* demoiselle de Choisy, née le 23 mars 1600, morte à la Sénardière le 9 juin 1616, enterrée à Saint Sulpice le 11.

De son troisième lit avec Louise de Fiesque il eut : 7° *Anne,* née à la Sénardière le 28 avril 1614, enterrée dans l'église de Gorges, le 11 juin suivant.

XII. — *Hélène Darrot* (2) fut la principale héritière de son grand-oncle, comme aînée des enfants de Gabriel Darrot, marié à Charlotte des Nouhes en 1605, lequel était fils aîné de Charles Darrot et d'Elisabeth Aubert ; elle devint donc en 1627 dame de la Chabotterie, l'Enclave de Saint-Denis la Chevasse, Choisy, *aliàs* la châtellenie de Rocheservière en partie, la Normandelière, la Babinière, la Marzelle, la Faguelinière, etc., fiefs qu'elle apporta à son mari.

---

(1) C'est de ce Georges Aubert que la famille Aubert du Petit-Thouars prétend descendre. Pour le prouver, le chevalier du Petit-Thouars vint à la Chabotterie, en 1767, demander communication des titres du château, qui, depuis, n'ont jamais été restitués. Nous ne pouvons ici donner les multiples raisons qui ne permettent pas de rattacher les Aubert du Petit-Thouars aux Aubert de la Chabotterie, ni relater les *nombreux faux* qui ont été commis pour étayer cette prétendue filiation. Qu'il nous suffise de dire que nous avons maintes preuves que Georges Aubert du Petit-Thouars était né à Poitiers et issu d'une très ancienne famille bourgeoise, les Aubert d'Averton ; nous y joignons nos regrets de ne pouvoir rattacher aux Aubert de la Normandelière et de la Chabotterie une famille qui a fourni tant d'hommes illustres à la France.

(2) *Darrot* porte : de sable à 2 cygnes affrontés d'argent, ayant leurs têtes contournées et les cols passés en sautoir portant chacun dans leur bec un anneau d'or.

Elle épousa, le 9 mai 1633, son oncle à la mode de Bretagne, *Gilbert Darrot*, chevalier, seigneur de l'Eulière, devenu lieutenant colonel du régiment de Brézé, fils de Gilbert, chevalier, seigneur de l'Eulière, et de Céleste Bruneau de la Rabastelière. Ils reçurent de nombreux aveux de leurs vassaux de la Chabotterie, mais ils habitèrent plus fréquemment le château de la Fromentière (la Flocellière), car ils donnèrent à bail les seigneuries de la Chabotterie, de la Normandelière et de la Babinière à André, puis à Toussaint Marchegay.

Hélène Darrot fut obligée de donner partage aux autres héritiers de Jean Aubert, qui laissait à sa mort le domaine de la Chabotterie, à l'époque de sa plus vaste étendue. Elle abandonna à sa sœur cadette, *Charlotte Darrot* (mariée 1º à *Guy de la Ramée,* dont une fille unique, *Marie*, mariée à *Charles de Ruays*, chevalier, seigneur de la Guerche, dont postérité ; 2ª à *Pierre Thomasset*, chevalier, seigneur de la Boislivière, sans postérité), les métairies du Fossé, de l'Hôpitaud, la Siffraire, la Chironnière, la Séguinière, la Boulaye, la Rogerie, plus une partie de la châtellenie de Choisy, le tout sous le parage de la Chabotterie. Il lui fallut enfin partager ses cousins *des Nouhes*, issus du second mariage d'Elisabeth Aubert avec Jacob de Crunes, et elle leur laissa la seigneurie de la Normandelière, etc. Elle procéda à ces différents partages après la mort de son mari, décédé en 1642, et mourut au mois de décembre 1669, ayant eu six enfants, tous nés à la Fromentinière. Ce sont :

1º *Gilbert*, écuyer, seigneur de l'Eulière, né le 20 septembre 1634, décédé vers 1655 ; — 2º *Charles* qui suit ; — 3º *Gabriel* qui suivra ; — 4ª autre *Gabriel*, reçu chevalier de Malte, le 16 novembre 1653 ; — 5º *Aimée*, née le 17 avril 1639 ; — 6º *Gabrielle*, née le 17 décembre 1639, morte au berceau.

XIII. — *Charles Darrot*, chevalier, seigneur de l'Eulière, puis de la Chabotterie, l'Enclave de Saint-Denis,

Choisy, la Marzelle, etc., dont il reçut les aveux des tenanciers en 1668, naquit le 20 mars 1637, et fut maintenu noble avec son frère, le 24 septembre 1667. Il eut à soutenir de nombreux procès provenant en grande partie de la succession embrouillée de sa mère, et fut inhumé dans l'église de Saint-Jean de Montaigu, le 10 décembre 1695.

Il épousa, par contrat du 23 novembre 1656, suivant lequel il obtint en dot le château de la Chabotterie, *Françoise-Marie-Angélique Gabriau de Riparfonds*, fille de Jean, écuyer, seigneur de Riparfonds, conseiller au Parlement de Bretagne, maire de Poitiers, et de Marie Reveau de Putigny. Devenu veuf, il se remaria à demoiselle *Marie de Meulles*.

Du premier lit sont nés : 1° *Charles-François Darrot*, chevalier, seigneur de l'Eulière et aussi d'une partie de la Chabotterie, Choisy et l'Enclave, dont il ne porta pas généralement les titres. Il donna partage à son cousin, M. Darrot de Choisy, et fut maintenu dans sa noblesse par M. Quentin de Richebourg, le 30 mars 1715. Marié en 1699 à *Anne-Hyacinthe de Boisjourdain*, il eut pour fils aîné *Charles-Séraphin-Alexis-Etienne Darrot*, chevalier, seigneur de l'Eulière, d'une partie de la Chabotterie, de Choisy et de l'Enclave, dont il fit cesser l'indivision par acte du 8 avril 1729. Il épousa *Marie-Françoise Brigitte de Charbonneau*, puis *Marie-Catherine-Agathe de Hillerin de Boistissandeau*, et mourut sans postérité, à Montaigu, le 21 novembre 1767, âgé de soixante-six ans.

2° *Lucas*, 1653-1674; — 3° *Marie-Charlotte-Catherine*, mariée en 1682 à *Joseph-Louis Roatin*, chevalier, seigneur de Boisnerbert; — 4° *Marie-Anne-Gabrielle*, mariée en 1698 à *Jacques Michel*, écuyer, seigneur des Essarts, capitaine de la milice gardes-côte de l'élection de Falaise. — De Marie de Meulles naquirent : 5° *Louis*, mort entre 1712-1728, et *quatre autres enfants* nés à l'Eulière et morts jeunes.

XIV. — *Gabriel Darrot*, chevalier, fut seigneur de la

Chabotterie, l'Enclave de Saint-Denis-la-Chevasse, Choisy, Saint-Christophe-la-Chartreuse, etc., fiefs qui lui furent attribués en partie par son frère aîné, Charles Darrot ; il établit sa demeure au château de la Chabotterie. Il reçut un grand nombre d'aveux en 1684 et, le 9 octobre 1696, il procéda à Montaigu à l'élection d'un des administrateurs de l'Hôpital. Il mourut l'année suivante, laissant de *Gabrielle Constant*, fille de Jean, écuyer, seigneur de Chézeaux, et de Catherine Le Maye des Minières, de Poitiers, qu'il avait épousée en 1660 et qui, pendant une partie de son veuvage, vint demeurer au logis du Sensis (Mormaison) :

1° *Gabriel-François*, qui suivra son frère cadet ; — 2° *Yves-Joseph*, qui suit ; — 3° *Marie-Gabrielle*, qui, après une existence mouvementée et quelque peu scandaleuse, épousa à Nantes, le 4 septembre 1711, son ancien amant, *Jacques Jousson*, écuyer, seigneur du Plessis, sénéchal d'Aspremont, veuf de Françoise Arnaud de l'Epinay. Leur fille, Jacquette-Hyacinthe, aurait été l'héritière naturelle de son oncle, le seigneur de la Chabotterie, si elle n'avait pas renoncé à tous ses droits ; elle vivait tantôt à la Chabotterie, tantôt à la Viollière, où elle mourut en 1791 ; — *Céleste*, sur laquelle MM. Dugast-Matifeux et Beauchet-Filleau ont fait erreur : elle aurait, dit-on, épousé en 1710 un garde-tabac à l'Herbergement-Ydreau (?).

XV. — *Yves-Joseph Darrot*, chevalier, seigneur de la Chabotterie, l'Enclave de Saint-Denis, Choisy, etc., prend tous ces titres, quoique fils cadet du précédent seigneur, avant son frère Gabriel et reçoit les aveux et hommages des vassaux de ces fiefs en 1698 et 1699, sans que nous puissions en expliquer le motif. Ce qui est également certain, c'est qu'il rendit les droits de son frère aîné dès 1701, et qu'il habitait le Sensis avec sa mère et ses sœurs en 1707. Il dut mourir, sans alliance, peu de temps après.

XVI. — *Gabriel-François Darrot*, chevalier, seigneur de la Chabotterie, Choisy, l'Enclave de Saint-

Denis, le Bleure, etc., fils aîné et principal héritier de Gabrielle Darrot et de Gabrielle Constant, fit aveu et dénombrement de sa seigneurie de la Chabotterie au marquis de Montaigu, Gabriel-Antoine de Crux, le 20 mai 1701. Il est cité dans l'arrière - ban des gentils-hommes du Poitou destinés à tenir garnison à Challans, en 1703. Le domaine de la Chabotterie ayant été saisi, il fut procédé à un état des lieux, le 25 février 1711, qui est du plus haut intérêt pour l'histoire de ce château ; les dépenses urgentes sont évaluées à 3.921 livres, soit près de 15.000 francs de notre monnaie.

Marié, en 1698, à *Hélène Thomâsset*, il en eut un fils, *Clair-Gabriel,* chevalier, parrain de Jacques Gabriel Jousson en 1714. Ce dernier mourut avant son père ; aussi M. de Choisy, resté sans enfants, passa une vente fictive avec la famille Thomasset, le 21 octobre 1728, peu de jours avant sa mort, et institua sa femme héritière de tous ses biens.

XVII — *Hélène Thomasset* (1), née en 1665, fille d'Antoine Thomasset, chevalier, seigneur de la Gestière, et de Gabrielle Templier, était veuve de Pierre Micheau de la Bonnière, quand elle épousa en secondes noces haut et puissant seigneur *Gabriel François Darrot*, par contrat du 4 février 1698 (Abram et Jousbert, notaires de la châtellenie de Saint Gilles). A sa mort (fin 1728) elle devint la dame de la Chabotterie, Choisy, etc., et cela en raison de ce qu'elle avait acquitté les dettes de son mari, vers 1711, sur ses biens propres et surtout en qualité de sa légataire et donataire universelle. Toutefois, afin que les héritiers Darrot ne puissent venir compliquer la situation, elle avait décidé son mari mourant à faire la cession d'une partie de ses domaines à ses neveux, *Antoine* et *Anne-Renée Thomas-*

---

(1) *Thomasset* porte : d'argent à 5 hermines de sable 3.2 ; au chef d'azur chargé d'un griffon passant d'or armé de gueules, le tout soutenu de sable.

set (1) ; cette cession était également signée par Hyacinthe Jousson, sa nièce. C'est Hélène Thomasset qui fit
cesser l'indivision qui existait dans les seigneuries de la
Chabotterie, Choisy et l'Enclave, avec ses cousins les
Darrot de l'Eulière, par acte du 8 avril 1729, d'après
lequel elle devenait définitivement la dame de ces lieux.
Elle testa les 26 juillet 1736 et 18 novembre 1737 ; elle
mourut à la Chabotterie et fut inhumée dans l'église paroissiale, le 3 décembre 1739.

XVIII. — *Anne-Renée Thomasset*, fille d'Antoine Tho-
masset, chevalier, seigneur de la Gestière, et de Louise
Gazeau de la Giraudière, propriétaire pour une petite
portion, depuis le 21 octobre 1728, des seigneuries de la
Chabotterie, Choisy et l'Enclave de Saint-Denis, les
posséda à peu près totalement, comme héritière universelle de sa tante, Mme de Choisy, en 1739. Née à Sainte-
Opportune en Retz, le 7 mars 1708, elle épousa à Saint-
Sulpice, le 26 novembre 1737, *Charles-Alexandre de la
Fontenelle*, et mourut à la Chabotterie, le 23 juillet
1744.

XIX. — *Charles-Alexandre de la Fontenelle* (2), chevalier, seigneur de la Viollière, la Copechagnière, la
Limonnière, puis de la Chabotterie, Choisy, l'En-

---

(1) *Antoine Thomasset*, chevalier, seigneur de la Gestière et
de la Bédoutière, qualifié de seigneur chemier de la Chabotterie, Choisy, etc., dont il posséda une faible partie en vertu
de l'acte du 21 octobre 1728, reçut en cette qualité un certain
nombre d'aveux, en 1729. Il épousa, vers 1725, *Marie-Anne
Sajot du Plessis*, dame de la Bédoutière, dont : *Marie-Anne*, —
Louise-Claire (1727-1767), mariée, en 1748, à *Joseph-Christo-
phe Alexandre de Chevigné*, chevalier de Saint-Louis, seigneur
de la Grassière, etc., qui eut, ainsi que ses enfants, des intérêts
dans la terre de la Chabotterie, — *Marie-Louise*, — *Gabrielle*.
— *Anne-Renée Thomasset* et sa descendance possédèrent et
habitèrent la Chabotterie.

(2) *De la Fontenelle* porte : d'azur au croissant d'argent
montant en abîme, surmonté d'une étoile d'or et cantonné de
4 étoiles de même.

clave, etc., du chef de sa femme, et enfin de son propre
chef en vertu de la donation qu'elle lui en fit le 16 juin
1744, naquit à la Viollière, le 31 mars 1709, et mourut à
la Chabotterie, le 9 janvier 1760. C'est lui qui racheta,
de ses cousins, le 1ᵉʳ décembre 1742, les métairies du
Fossé et de la Chironnière, qui avaient été jadis données
en partage à Charlotte Darrot.

Il eut de dame Anne-Renée Thomasset :

1º *Philippe-Joseph*, né et mort à la Chabotterie, le 29
novembre 1740 ;   2º *Charles Alexandre* qui suit ; — 3º
Gabrielle-Anne, née à la Chabotterie, le 21 juin 1739,
mariée à Saint-Sulpice, le 3 août 1761, à son cousin-
germain, *Joseph-Charles-Marie de Goué*, chevalier, seigneur du Marchais, etc., décédée au Marchais, le 31
août 1774 ; — 4º *Anne Marguerite*, née et morte à la
Chabotterie, en 1742.

XX. — *Charles-Alexandre de la Fontenelle*, dit *marquis de la Fontenelle*, chevalier, seigneur de la Chabotterie, Choisy, l'Enclave de Saint-Denis, le Fossé, la
Viollière, la Copechagnière, la Limonière, etc., naquit
à la Chabotterie, le 4 juin 1744, fut reçu page de la
Grande Ecurie du roi, le 16 mai 1760, et mourut à Paris,
paroisse de Saint-André-des-Arts, le 4 juillet 1788. Il
n'eut pas d'enfant de *Suzanne Thérèze-Henriette Poictevin de la Rochette du Plessis-Landry*, qu'il avait
épousée aux Clouzeaux, le 5 mars 1764, et ses nombreux
domaines passèrent ainsi à ses neveux, MM. de Goué.

M. de la Fontenelle restaura son château, l'orna de
nombreuses boiseries de style, et y fit fondre, le 24 juillet 1784, la grosse cloche marquée à son blason qu'on y
admire encore. Malheureusement il céda aussi au goût
de l'époque, faisant disparaître le caractère féodal du
château, comblant les douves et enlevant aux fenêtres la
plupart des croisillons qui en étaient le principal ornement.

Mᵐᵉ de la Fontenelle reçut un douaire de 1.800 francs
et mourut à Nantes en 1828 ou 1829.

XXI. — *Charles-Joseph de Goué* (1), chevalier, seigneur du Marchais, etc., puis, à la mort de son oncle, seigneur de la Chabotterie, la châtellenie de Choisy, Saint-Christophe-la-Chartreuse, l'Enclave de Saint-Denis-la-Chevasse, la Viollière, la Copechagnière, la Limonnière, etc., naquit à la Chabotterie, le 27 mai 1763, et était fils aîné de Joseph-Charles-Marie de Goué et de Gabrielle-Anne de la Fontenelle.

Entré à quinze ans dans les armées du roi en qualité de cadet-gentilhomme en 1778, il est sous-lieutenant au régiment d'Armagnac en 1779, lieutenant en 1783 et fait campagne aux Antilles. Il assiste à Poitiers à l'assemblée des nobles pour la convocation des Etats-Généraux en 1789 Il doit avec ses amis faciliter la fuite du roi, mais à la suite de l'arrestation de Varennes, les troupes se révoltent et les événements le contraignent à émigrer, ainsi que ses deux frères *Louis* et *Gabriel de Goué*, le 1er septembre 1791; il envoie sa démission le 15 suivant. Il fait dès lors partie de l'armée des Princes, puis de l'armée de Condé où il prend part à toutes les campagnes, jusqu'à sa mort, survenue en Souabe, le 1er novembre 1795.

Par la mort de son cousin Georges-Louis de Goué, de la branche protestante du Hanovre, il était devenu le chef de nom et d'armes de cette antique maison originaire du Bas-Maine, qui avait eu plusieurs de ses membres aux Croisades, de hautes charges à la cour et dans les armées, des chevaliers de Malte et de l'Ordre du Roi, etc. Il était de ce fait héritier des titres de *baron* et *marquis de Goué*, portés par la branche aînée des sires de Goué aux XVIe, XVIIe et XVIIIe siècles, et que la branche de la Chabotterie relèvera après l'extinction prochaine de la descendance masculine de Louis de Goué, actuellement titulaire légitime de ces titres.

Quoique propriété d'émigré, la Chabotterie ne fut pas

---

(1) *De Goué* porte : d'or au lion de gueules, surmonté d'une fleur de lys d'azur.

vendue nationalement. Placée sous séquestre, dès 1792, elle fut affermée par adjudication au compte de la Nation, tantôt par Jean Touzeau, du village des Forges, tantôt par Louise de Goué elle-même, tantôt par François Gillaizeau, de Montaigu. Néanmoins, elle resta toujours habitée, en dehors du passage des troupes républicaines, par les sœurs de Charles-Joseph de Goué, *Charlotte*, tuée aux landes de Boisjarry, le 28 février 1794 ; *Henriette*, qui fut grièvement blessée le 28 février 1794 et qui épousa à la Chabotterie, le 19 mai 1795, son oncle à la mode de Bretagne, *Gabriel-César de Tinguy*, chevalier, seigneur de la Giroulière ; et *Louise*, décédée en 1826. Suivant le partage définitif passé entre Mlles de Goué et la République, le 13 fructidor an VI (30 août 1798), elle resta définitivement dans la part de la Nation ; mais n'étant pas encore vendue au retour d'émigration de MM. de Goué, ceux-ci obtinrent main levée du séquestre en 1802 (1). Un an auparavant, le 2 germinal an IX (23 mars 1801), à l'occasion de la fin du bail de la Chabotterie par Louise de Goué, il avait été procédé à un état des lieux du château, qui apporte de précieux renseignements pour son histoire (2).

XXII. — *Gabriel-Marie de Goué*, chevalier, reçut dans les partages faits entre lui, son frère aîné, Louis de Goué, ancien officier, chevalier de Saint-Louis, et ses sœurs, Mme de Tinguy et Louise de Goué, par acte sous seing privé passé à la Chabotterie, le 20 avril 1804, le château de la Chabotterie et les métairies de la Chabotterie, la Vieille-Cour, le Fossé, la Morinière et la Chironnière.

----

(1) La République s'attribuait dix-huit métairies (dont neuf furent vendues nationalement), plus le château de la Chabotterie, la maison du bourg de Saint-Sulpice et celle de la ville de Talmont ; il n'était laissé aux demoiselles de Goué que dix métairies, des marais salants et quelques rentes.

(2) Voir également le chapitre II, p. 41.

Né au château du Marchais (les Brouzils), le 20 juillet
1773, il fit ses preuves de noblesse pour l'Ecole militaire
en 1785 ; il émigra en 1791, prit part à toutes les campagnes de l'émigration et rentra en France en 1801. Il
fut capitaine-commandant de la paroisse de Saint-Sulpice en 1815, et ses services reçurent pour récompense
la croix de chevalier de Saint-Louis, le 7 août 1816. Il
fut maire de sa commune de 1812 à 1830 et mourut à la
Chabotterie le 21 décembre 1838.

On lui doit la plantation, faite en 1820, de la superbe
avenue de chênes, d'une longueur de huit cents mètres,
qui était considérée à juste titre comme la plus belle de
toute la Vendée, jusqu'à ce que la terrible maladie qui
sévit depuis 1908 soit venue la détruire en partie.

M. de Goué avait épousé à Grandchamp (Loire-Inférieure), le 20 juillet 1810, *Emilie de Besné*, fille de
Claude-Germain-Louis, chevalier, ancien officier, seigneur de la Grandcour et du Rougeul, chevalier de la
Légion d'honneur, et d'Emilie Espivent de la Villegue-
vray-Villeboisnet, dont :

1° *Gabriel* (voir ci-après § VIII) ; — 2° *Claude* (1813-
1882), aumônier pendant quarante deux ans des Sœurs
des Sacrés-Cœurs de Jésus et Marie de Mormaison, dont
il fut l'insigne bienfaiteur ; — 3° *Stanislas* (1814-1875),
maire de Saint-Sulpice de 1871-1875 ; — 4° *Achille*, qui
suit ; — 5° *Emilie* (1816-1881), mariée en 1844 à *Stanislas
Mercier de Lépinay* ; — 6° *Félicité* (1819-1891), mariée en
1848 à *Jean Fontan*.

XXIII. — *Achille de Goué*, né à la Chabotterie, le 4
février 1818, reçut par testament de son père du 8 mars
1838, confirmé suivant les partages du 22 avril 1841, le
château de la Chabotterie, où il mourut le 8 avril 1867.
Il avait épousé à la Roche-sur-Yon, le 26 juillet 1842,
Octavie Boscal de Réals de Mornac (1820-1904), fille de
Léon, comte de Mornac, marquis de la Chaize-le-Vicomte, colonel d'infanterie, général en chef de l'armée
vendéenne en 1815, après la mort de Suzannet, chevalier de Saint-Louis, la Légion d'honneur et Saint-Ferdi-

nand d'Espagne, député de la Vendée, etc ,et de Zoé de Barbeyrac de Saint Maurice. Seize enfants sont nés de cette union :

1° *Alain*, qui suit ; — 2° *Joseph*, né en 1844, lieutenant au 2ᵉ zouaves, reçut le baptême du feu au mois d'avril 1870, dans une campagne sur les confins du Maroc pendant laquelle ses chefs le surnommèrent *brave de Goué*. Quelques mois après, il était sur les bords du Rhin, et mourait à Wœrth, le 20 septembre 1870, des suites de ses blessures reçues à la bataille de Wœrth-Frœschwiller-Reichshoffen ; — 3° *Octave* (1846-1902), engagé aux zouaves pontificaux à Rome en 1867, décoré de la médaille *Bene merenti*, lieutenant des mobiles de la Vendée en 1870-71, prend part aux batailles de Chevilly, Champigny, Montretout, etc. Marié à Rezé, le 6 octobre 1886, à *Geneviève Ertault de la Bretonnière*, il a eu : *Jeanne* (1888) et *Joseph* (1889), demeurant au château de la Barre (Carquefou). M. J. de Goué est l'auteur d'une intéressante monographie sur *Carquefou* (1912); — 4° *Henri*, dit baron de Goué, né en 1847, sous-lieutenant dès 1866, décédé lieutenant-colonel du 77ᵉ d'infanterie à Cholet en 1903. Après avoir combattu à Wœrth, il avait été fait prisonnier à Sedan en 1870 et fut envoyé en captivité en Allemagne où il tenta de s'évader; il prit part en 1880 à la campagne de Tunisie. Il était chevalier de la Légion d'honneur et décoré de la Médaille coloniale ; — 5° *Marie*, née et morte en 1849; — 6° *Albert*, né en 1850, marié à Lunegarde (Lot), en 1890, à *Louise Chevalier du Fau*, dont sont nés un fils, *Jean* (1891-1892), et trois filles, *Marthe*, *Marie et Henriette*. Il a habité durant de longues années la Chabotterie, occupant ses loisirs à l'histoire de la contrée, et plus d'une fois ses notes ont été utilisées pour la rédaction de la présente Chronique. Il a été maire de Saint-Sulpice de 1878 à 1894; — 7° *Philibert*, né en 1851, volontaire aux zouaves pontificaux en 1871, religieux capucin en 1872, actuellement missionnaire au Canada; — 8° *Charles*, né en 1853; — 9° *Zoé*, née en 1854; — 10° *Mathilde*, née en 1855. Mˡˡᵉˢ de Goué, qui sont propriétaires de la Vieille-Cour, habitent depuis 1905 l'Epiardière en Mormaison. Elles demeuraient auparavant à la Chabotterie, vivant, de 1892 à 1904, chez leur frère aîné, qui eut la générosité de leur laisser pendant cette longue période la jouissance de tout son patrimoine ; — 11° *Auguste*, né en 1856, décédé sous lieutenant au 62ᵉ d'infanterie à Lorient, en 1884 ; il avait fait l'expédition de Tunisie en 1880 ; — 12° *Louis*, né en 1857, religieux capucin en 1877, actuellement en Espagne ; — 13° *Marie* (1858-1866) ; — 14° *Emilie*, née en 1859, religieuse des Ursulines de Chavagnes-en-Paillers depuis 1878 ; — 15° *Louise*, née en 1861, mariée, en 1887, à *Henri de Liger* ; — 16° *Raymond* (1862-1874).

XXIV. — *Alain de Goué*, né à la Roche-sur-Yon, le 7 février 1844, contrôleur principal des contributions directes en retraite, habite le château de la Chabotterie qu'il possède en vertu des partages passés entre lui et ses frères et sœurs en 1892, partages confirmés par devant notaire en 1895. Il est maire de Saint-Sulpice depuis 1908. Il a épousé à Vannes, le 24 novembre 1874, *Fanny Maujouan du Gasset*, fille de Théodore, ancien commissaire de la marine, chevalier de la Légion d'honneur, décoré de la Médaille de Sainte-Hélène, et de Sainte Billette de Villeroche, dont il n'a eu qu'un fils, qui suit :

Alain de Goué, né à Vannes, le 18 avril 1879, docteur en droit, lauréat en Sorbonne de la Faculté de droit de Paris, est l'auteur de nombreux ouvrages historiques et en particulier de la présente *Monographie de Saint-Sulpice* (1912-1913); il a dressé également la chronique des autres paroisses du canton de Rocheservière, à l'exception toutefois de l'histoire ecclésiastique contemporaine (1908-1912).

Il a épousé à Poitiers, le 30 octobre 1906, *Sabine de Lassat*, fille de Gilbert et de Jeanne de Meynard de la Farge.

§ III. — *La Chevasse*

ETYMOLOGIE. — La Chevasse, qui est le plus important village de la commune de Saint-Sulpice-le-Verdon, et qui se divise en *Grande-Chevasse* et en *Petite-Chevasse* (1). séparées seulement par l'Izoire, a depuis longtemps excité la sagacité des chercheurs d'étymologie.

Dans les vieux manuscrits, ce village, ainsi que la paroisse de Saint-Denis-la-Chevasse qui en tire son nom, sont dénommés de diverses façons. Dans le *Grand Gauthier*, rédigé vers 1300, on lit *Sancti Dyonisii de la Chevece... Chevate... Chevette ;* dans le manuscrit des visites de l'archidiacre Marchant, en 1534, on écrit : *de Cavacia ;* dans le synode de 1606 : *de Chavacia ;* dans le Pouillé de 1648 : *de Chavassia ;* dans un autre Pouillé latin du XVIIIe siècle : *de la Chevece.* Ce mot latin transcrit de tant de manières est orthographié en français *la Chevace* et très rarement *la Chevasse*, aux XIVe, XV° et XVIe siècles, et depuis le milieu du XVIIe siècle presque exclusivement *la Chevasse*. C'est le terme employé par le Pouillé d'Aillot en 1648, par Dom Fonteneau dans ses extraits du XVIII° siècle et dans les derniers aveux des habitants de la Chevasse aux seigneurs de la Chabotterie ; c'est également la seule orthographe contemporaine.

« Ce surnom de Chevasse, dit M. Aillery en parlant de Saint-Denis-la-Chevasse, vient d'un village de ce nom, ainsi appelé de *Caput vassalorum*, chef-lieu des vassaux, ou de *Quercus vassalorum*, chêne des vassaux Ce village, autrefois de Saint-Denis, dépend aujourd'hui de Saint-Sulpice-le-Verdon : c'est là que les vassaux, dit la tradition, se rendaient sous un chêne séculaire, qui existe encore aujourd'hui, pour y rendre foi et hommage au seigneur suzerain du lieu. »

---

(1) La Petite-Chevasse s'appelait également la *Chevasse-aux-Guerry*, comme ayant été habitée pendant longtemps par une famille Guerry ; elle n'est plus connue sous ce nom depuis la Révolution.

Nous lisons également dans les notes sur la paroisse de Saint-Denis des détails presques identiques. « Le village de la Chevasse a joui autrefois d'une certaine célébrité. Un bailly y rendait la justice, et sa juridiction s'étendait sur Saint-Denis qui, pour cela, aurait conservé le nom de ce hameau ajouté à celui du premier patron des Gaules. Il existe encore à la Chevasse un vieux chêne d'une dimension extraordinaire et sous lequel on prétend qu'un seigneur des environs réunissait jadis ses vassaux : le *chêne des vassaux*, par contraction *Chevasse,* aurait donc donné son nom au village dont nous venons de parler. »

. La tradition est constante et n'a jamais varié sur ce point.

Et pourtant cette tradition serait-elle bien exacte ? — Nous n'en croyons rien.

Ce gros chêne, objet de notre admiration, ne devait guère avoir plus de deux ou trois cents ans. et, par suite, il n'était nullement marquant aux XII° et XIII° siècles, époque à laquelle nous trouvons pour la première fois le nom de Chevasse, ou mieux Chevace (titres Chabot). *Cavacia* et *Chavatia* découlent évidemment des mots latins *cava, cavatio, caveatus*, etc , qui expriment l'idée de trou, de cuvette, de cavité, de réservoir, etc. Or, nulle expression ne convient mieux à ce village baigné par l'Izoire, qui, aux moindres pluies, sort furieuse de son lit, inondant les terrains vagues séparant la Grande et la Petite-Chevasse, en raison des multiples rigoles qui viennent s'y déverser, menaçant les maisons et montant parfois jusqu'à plus de deux mètres au dessus de la route de Saint-Denis, près du gros chêne, comme on l'a vue le 27 octobre 1909, renouvelant ainsi les inondations de janvier 1817 et de novembre 1882, dont le souvenir est consigné aux Archives communales.

Le *chêne de la Chevasse*, situé à la Petite Chevasse, sur un des communs du village, dit le commun des Oires, et ainsi appartenant à la commune ou plus exac-

LE GROS CHÊNE DE LA CHEVASSE
Chapelle rustique

tement aux habitants du village (plan cadastral), ne
serait-il pour rien dans l'origine du mot, est vraiment
remarquable. Il ne mesure pas moins à sa base de 14^{m}50
de circonférence, et atteint encore 9^{m}50 à deux mètres
de terre.

Mais, hélas! il a passé au XIXe siècle par de telles
vicissitudes, que sa vitalité paraît assez compromise pour
les siècles futurs. Creux à l'intérieur comme tous les
arbres d'un grand âge, deux sabotiers, quelque peu
jaloux l'un de l'autre, vinrent un jour y établir leur ate-
lier, et pendant de longues années on les y vit travailler
sans relâche. D'autres fois, ce furent des essaims de
frêlons qui vinrent y prendre domicile, et pour les en
chasser on dut enfumer le chêne, qui subit parfois un
commencement d'incendie. Enfin, la commune ayant
voté, en 1868, la construction de la route de la Chevasse
à Saint-Denis, pour le tronçon allant jusqu'à la voie fer-
rée, les équipes d'ouvriers vinrent s'abattre autour du
vieux chêne. Ses immenses racines s'étendaient jusqu'au
milieu du tracé de la route, que le maire n'eut pas l'idée
de faire légèrement modifier, et l'ont fut contraint de
lui en couper plusieurs, dont une « grosse comme une
barrique », suivant l'expression pittoresque des paysans.
Cette fois, il était véritablement atteint. Depuis quarante ans, ses branches, qui se dépouillent peu à peu,
s'étendent vers le ciel, comme pour crier miséricorde,
son écorce s'écaille, non sans l'aide des gamins du voisinage ; il perd chaque jour de son antique majesté (1).

Espérons toutefois que cet arbre vénérable, à qui les
savants assignent approximativement un millier d'années, verra encore bien des siècles, et que la petite cha-

______

(1) Tout auprès, à côté de la fontaine, se trouvait un chêne
plus grand encore, qui a été abattu par la foudre, au commencement du XIXe siècle. C'est sous celui-ci qu'avait lieu, au
dire d'une tradition, la perception des droits féodaux dus aux
seigneurs de la Chabotterie, tandis que le chêne qui existe
actuellement était réservé, croit-on, aux officiers du seigneur
du Châtenay.

pelle, ou plus exactement la grotte rustique dédiée à la Vierge, que l'on y a établie en 1911, sera le meilleur gage de sa conservation. (Voir chapitre IV, § 4.)

Deux seigneuries portaient le nom de la Chevasse : l'une s'appelait l'*Enclave de Saint-Denis-la-Chevasse*, l'autre la *Chevasse*, qui relevait de la première (1).

I. — L'ENCLAVE DE SAINT-DENIS-LA-CHEVASSE — L'histoire de ce fief a sa place toute marquée dans cette chronique, puisqu'il s'étendait sur une partie notable du territoire de Saint-Sulpice.

Cette seigneurie se confondit pendant longtemps avec celle de Saint-Denis-la-Chevasse, un des vastes et nombreux domaines de la maison de *Chabot*, qui paraît lui être venu soit par l'alliance de Sebrand Chabot avec Agnès, dame de Rocheservière (vers 1100), soit plutôt par celle d'Aénor de Brosse, dame des Essarts, mariée, vers 1220, à Thibaud IV Chabot, sire de Rocheservière. Celui ci laissait entre autres enfants Thibaud V, seigneur de Vouvent, les Essarts, etc., et *Olive Chabot*, mariée à *Hervé de Blain et du Pont Château*. Cette dernière fut partagée de la seigneurie de Rocheservière, vers 1272, à la mort de Sebrand Chabot, seigneur de Rocheservière, son oncle (2). Mais ses aînés lui étant encore redevables dans la succession des Chabot, détachèrent de nombreux cens et droits féodaux sur des villages et domaines situés et enclavés dans la paroisse et la châtellenie de Saint-Denis-la-Chevasse, dont la longue nomenclature est fournie par les aveux et dénombrements des seigneurs de la Chabotterie et de Choisy, et spécialement sur la Grande et la Petite Che-

---

(1) *Arch. de la Chabotterie* (à la Chabotterie, à la Viollière et au Petit-Thouars).

(2) Les généalogistes ne sont pas d'accord pour savoir si Olive était la nièce ou la fille de Sebrand Chabot. Dans cette dernière hypothèse, ce serait Sebrand Chabot lui-même qui aurait reçu par partage, en même temps que Rocheservière, le fief de l'Enclave.

vasse. C'est très vraisemblablement en raison de ces partages qu'intervint un accord passé entre le seigneur et l'autorité ecclésiastique d'après lequel la Chevasse fit partie de la paroisse de Saint-Sulpice.

Nous ne pouvons évidemment apporter le titre relatant ce partage des Chabot, mais il est attesté du fait que nous voyons, dès le début du XIVᵉ siècle, la seigneurie de l'Enclave de Saint-Denis parmi les possessions des seigneurs de Rocheservière, tandis que la châtellenie de Saint-Denis-la-Chevasse passe à Thibaud V Chabot, à son fils Sebrand III, et enfin à Thibaud VI Chabot, qui, en 1299, la donne en partage à Elbe de Rochefort, fils d'Aénor Chabot, sa tante, pour rester définitivement dans cette maison.

Dès lors, en effet, l'Enclave de Saint-Denis la-Chevasse devint un fief distinct de la seigneurie de Saint-Denis, dont il venait d'être détaché, et releva à foi et hommage de Montaigu (1). Il passa successivement, pendant les XIVᵉ et XVᵉ siècles, aux différents seigneurs de Rocheservière, aux *du Pont* (2) et aux *de Volvire* (3) (voir *Chr. de Rocheservière*, VIII, p. 63-68), jusqu'à Jean de Volvire, chevalier, seigneur de Rocheservière, baron de Ruffec, etc., qui laissa divers domaines, dont la seigneurie de l'Enclave de Saint-Denis, à sa sœur *Françoise de Volvire*, en 1464.

Ce nouveau partage fut la cause d'un long procès, continué par les enfants de Françoise de Volvire, mariée à *Joachim Rouault* (4), le célèbre maréchal de

---

(1) Quand Louis XI acquit, en 1473, la baronnie de Belleville, le vendeur, Louis de Harpedenne de Belleville, se réservait, avec l'hommage de Rocheservière, celui de l'Enclave de Saint-Denis-la Chevasse.

(2) *du Pont* porte : de vair au croissant de gueules.

(3) *De Volvire* porte : écartelé 1 et 4, d'or à la fasce fuselée de gueules, qui est de Volvire ; aux 2 et 3, burelé d'or et de gueules de 10 pièces, qui est de Ruffec.

(4) *Rouault* porte : de sable à deux léopards d'or l'un sur l'autre.

France. Ceux-ci obtinrent gain de cause par transactions de partage datées des 11 janvier 1509 et 3 juillet 1510, et par un arrêt du roi en son Parlement du 4 juillet 1520, signé des parties le 20 août suivant. Ils obtinrent plusieurs seigneuries et, pour se libérer d'un supplément de partage de 310 livres tournois de rente, François de Volvire, fils de Jean, leur laissa l'Enclave de Saint-Denis-la-Chevasse, estimée alors à 140 livres de rente, et pour le reste, des aveux, cens, rentes et devoirs sur la châtellenie de Rocheservière, qui prirent désormais le nom de fief ou châtellenie de Choisy, comme appartenant à *Anne Rouault*, femme d'*Adrien de l'Hôpital* (1), chevalier, seigneur de Choisy (2).

Le petit-fils de cette dernière, *Jean de l'Hôpital*, vendit, le 14 février 1555, par acte passé à Blois devant Poirier et Aubert, notaires de la sénéchaussée, ses différentes propriétés du Bas Poitou. La seigneurie de Choisy fut cédée à *Jacques Aubert*, écuyer, seigneur de la Normandelière, la Chevasse, etc., et enfin l'Enclave de Saint-Denis, pour les deux tiers, au même Jacques Aubert, avec la qualité de *chef de fief*, et pour l'autre tiers indivis à *Roland Bertrand*, écuyer, seigneur du Châtenay, à la charge de les tenir à foi et hommage lige,

---

(1) *De l'Hôpital (Gallucio de l'Hôpital)* porte : de gueules au coq d'argent crété, membré et becqué d'or, ayant au col un écusson d'azur chargé d'une fleur de lys d'or.

(2) Ces deux fiefs, l'Enclave et Choisy, très distincts en principe, se confondaient dans la pratique. Tous deux consistaient dans le même genre de devoirs, tous deux étaient tenus de Rocheservière, tous deux encore venaient de Mᵐᵉ de Choisy. C'est pourquoi, si le titre de l'Enclave de Saint-Denis n'était réservé qu'aux terres de Saint-Denis et de Saint-Sulpice, celui de Choisy désignait souvent dans le langage ordinaire à la fois et Choisy et l'Enclave, créant ainsi de nombreuses difficultés lors du procès de 1748-1767. En 1766, on estimait l Enclave à 6.500 livres et Choisy à plus de 20.000 livres en capital. — La seigneurie de l'Enclave de Saint-Denis n'ayant pas, à proprement parler, de domaine, on assigna le gros chêne de la Chevasse comme marque apparente de ce fief.

sans ligence ni garde et à rachat le cas venant des seigneurs de Rocheservière.

Jacques Aubert eut de *Jeanne Ayrault*, son épouse :
1° *Jacques*, dit le Jeune, qui suit ; — 2° *Noémie*, mariée
avec *Sulpice Chabot*, écuyer, seigneur de la Chabotterie, par contrat de mariage passé à la Chabotterie, le
11 février 1554 ; elle recevait en dot les deux tiers de
l'Enclave de Saint-Denis ou 1.200 livres, à son choix.
Son mari étant mort peu de temps après sans laisser de
postérité, elle se remaria à *Gabriel Marin de la Mussetière ;* — 3° *Marie*, femme de *Jean Forteau*, écuyer ; —
4° *Judith*, non mariée. Les trois sœurs recevaient partages de leur frère aîné, le 30 juillet 1569, et obte-
naient les métairies de la Bothbouëre, la Cailletière, le
Garry, etc.

Jacques Aubert, écuyer, seigneur de la Normandelière, Choisy, l'Enclave de Saint-Denis-la-Chevasse,
la Chevasse, etc., en vertu de ce partage, apporta ces
terres par son mariage avec dame *Perrette Chabot*, dans
la maison de la Chabotterie, où Choisy et l'Enclave restèrent jusqu'à la Révolution après avoir passé successivement aux familles *Darrot, Thomasset, de la Fontenelle* et *de Goué* (voir la Chabotterie).

L'autre tiers de l'Enclave de Saint-Denis resta également, jusqu'à la fin de l'ancien régime, aux seigneurs du
Châtenay. En furent donc également seigneurs en partie : *Roland Bertrand* (1), écuyer, seigneur du Châtenay, la Roche-Boursault, la Vergne-Ortie, un tiers de
l'Enclave, marié à Robinette Maignen, dont — *Christophe Bertrand*, marié en 1579 à Charlotte Chantcigner,
dont — *Jacques Bertrand*, marié en 1613 à Jeanne Durcot, dont — *René Bertrand*, marié vers 1640 à Suzanne
Boussin, dont — *René Bertrand*, baron de Saint-Fulgent, marié vers 1665 à Marie Loiseau, dont la fille cadette — *Jeanne Renée Bertrand*, dame du Chastenay,

---

(1) *Bertrand* porte : de gueules au lion d'argent, la queue
nouée passée en sautoir.

un tiers de l'Enclave, mariée à *Jean-François Mauclerc*, chevalier, seigneur de la Musanchère. Cette dernière intentait procès en 1748 et 1764 aux seigneurs de la Chabotterie pour mettre fin à l'indivision de l'Enclave de Saint-Denis et prétendre à un tiers dans la châtelle-nie de Choisy. Sa petite-nièce et héritière, *Mélanie-Aimée Gazeau de la Brandasnière*, fut la dernière à posséder ce tiers de l'Enclave. La nuit du 4 août 1789, en abolissant le régime féodal, faisait disparaître de lui-même le fief de l'Enclave de Saint-Denis qui ne consis-tait qu'en droits féodaux.

Ce fief était le seul de la paroisse de Saint-Sulpice, avec celui de la Mouillonnière, ayant droit de *haute, moyenne et basse justice* ; il avait son juge sénéchal, ses officiers et sergents et même ses notaires (1) ; ses sei-gneurs avaient droit de *suye*, garenne, chasse, etc.

De l'Enclave de Saint-Denis-la-Chevasse relevaient le bois de l'Essart, la chapellenie des Gestins, celle des Nicoulleaux, la sergentise fieffée de Saint-Denis, et différentes seigneuries, dont la principale était celle de la Chevasse.

II. — LA CHEVASSE. — Les aveux de la seigneurie de l'Enclave font une description très détaillée de la sei-gneurie de la Chevasse. L'une des plus succinctes mais peut-être aussi la plus précise, est donnée par Jean Aubert dans son aveu à Rocheservière, le 6 février 1606.

« *Je tiens de vous sous mad. foy et homage, à foy et ho-mage lige sans ligence ny garde, a rachapt quand le cas y advient suivant la ditte coutume, le fief de la Chevace,*

---

(1) On voit de nombreux titres des XVIᵉ et XVIIᵉ siècles pas-sés par les notaires « de la châtellenie de Rocheservière pour les droits qui furent de Choisy ». Ces expressions indiquent les notaires de la haute justice de l'Enclave de Saint-Denis et de Choisy, appartenant aux seigneurs de la Chabotterie, qui avaient la prétention de se qualifier de « seigneurs de Roche-servière en partie ».

situé en la paroisse de Saint-Sulpice, tenant d'une part au tènement des Fossés rendant jusqu'au Chesne Renaud (1) et de là le long du chemin qui conduit de mon moulin de la Chabotiere au bois de l'Essard, d'autre au tenement de Lebretiere et d'autre à la rivière de Lizoire. Dedans les terres dudit fief j'ai droit de prendre la sixte partie par droit de terrage de tous les fruits y croissants, et outre me doivent les teneurs d'icelluy fief dix boisseaux froment et quarante boisseaux avoines, le tout mesure de Montaigu, de rente payable chascun an au terme de Notre-Dame d'aoust chascun à cinquante deux sols, avec sept gelines au terme de Noël ; item deux charettees garnies chascune de quatre bœufs avec un homme et la fourche de fert à trois doigts pour faire un bians une fois l'an environ la Saint-Michel ; item ai droit de prendre le dixime des aigneaux, vaux, pourceaux et laines, lain, potages croissant chascun an, etc... Item sous mesme hommage de la Chevace tient de moi à foy et hommage plain et à rachapt... » et suivent les arrières-fiefs, dont il suffit de citer le château de la Roussière appartenant aux Durcot, barons de la Grève, une partie de celui du Châtenay et le village de l'Imbretière aux familles de Chastenay et Bertrand, l'hôtel et hébergement de la Noletière, à la noble famille Masson, etc.

La seigneurie de la Chevasse dut être possédée, au Moyen-Age, par les *Normandeau* de la Normandelière, pour passer ensuite aux Aubert. Ce qui est certain, c'est que *Jacques Aubert I*, écuyer, se qualifie de seigneur de la Normandelière et de la Chevasse. Il reçoit, le 3 novembre 1543, de Jean Bertomieux, la déclaration de plusieurs terrages situés près du village de la Chevasse en sa dite seigneurie. Le 18 août 1550, il reçoit également l'aveu de Roland Bertrand, écuyer, seigneur du Châtenay, qui « avoue tenir à foy et hommage plain et à ra- « chat quand il advient par mouvance de moy », le tènement de la Silmandière, *aliàs* l'Imbretière en Saint-Denis, « a cause d'icelluy fief de la Chevace ». Cinq ans

---

1) Vraisemblablement le gros chêne de la Petite-Chevasse.

plus tard, Jacques Aubert est l'acquéreur de l'Enclave de Saint-Denis, le fief dominant de sa seigneurie de la Chevasse, et lui et ses successeurs feront désormais, en même temps, les deux hommages aux sires de Roche-servière.

Jacques Aubert et Jeanne Ayrault, son épouse, eurent, entre autres enfants, Noémie et Jacques Aubert, qui épousèrent, en 1554, le seigneur et la future dame de la Chabotterie. La descendance de Jacques Aubert et de Perrette Chabot posséda jusqu'à la Révolution la seigneurie de la Chevasse, ainsi qu'on le constate par les aveux et dénombrements de l'Enclave de Saint-Denis en 1606, 1626, 1721, etc., titres conservés aux Archives de la Chabotterie. (Voir *la Chabotterie*.)

Le petit manoir, chef-lieu de ce fief, existe encore au village de la Grande-Chevasse. On y remarque ses murs épais, ses fenêtres à meneau, et dans l'intérieur une fort belle cheminée de granit. C'est là que se tenaient les assises de la Chevasse, celles de la haute justice de Choisy et de l'Enclave, ainsi que celles de la seigneurie de la Chabotterie aux XVI⁰ et XVII⁰ siècles. Cette maison, qui a perdu depuis bien longtemps déjà son caractère seigneurial, sert de demeure à quelque pauvre journalier et est la propriété de Mᵐᵒ Moreau, fille de M. Marie Roux, marchand de bois, à la Chevasse, qui l'avait acquise de M. Savin, il y a environ trente-cinq ans.

§ IV. — *La Mouillonnière*

Ce village, qui s'écrivait autrefois *Maulionnière* et *Mauléonnière*, était avant la Révolution une fort petite seigneurie, ne s'étendant guère que sur les villages de la Villatière, la Lissonnière, les Forges et les Mittonnières. Son importance venait de ce qu'il était rattaché au fief, une *haute, moyenne et basse justice,* la seule de la paroisse avec celle de l'Enclave de Saint-Denis-la-Chevasse.

L'hôtel noble du dit lieu (qui ne fut que très rarement habité par ses seigneurs), avec son colombier, son moulin et ses autres dépendances, relevait à foi et hommage lige de la baronnie de Montaigu, à ligence de quarante jours de garde au château par an, et à 13 deniers lors de chaque mutation, dus à l'Aumônerie de Montaigu. Nous lisons, dans un article de M. Beauchet-Filleau, les *Justices du Poitou* : « La Maulleonnière, haute jus-« tice. Cette juridiction, située paroisse de Saint-Sul-« pice-le-Verdon, relevait de droit par appel et de fait « en première instance de la justice du marquisat de « Montaigu. Elle n'avait point d'officiers, étant trop peu « considérable et ne s'étendant guère que sur quelques « villages (1). » Ailleurs il est dit, mais à tort, que cette terre relève directement de Thouars ; ce n'était cependant qu'en arrière-fief.

La liste des premiers seigneurs de la Maulionnière nous est fournie par le chartrier de Montaigu et de Thouars, relevé par M. Dugast-Matifeux (2). Toutefois, il existe, au cours des XIV⁹ et XV⁹ siècles, une certaine évolution de famille, dont nous n'avons pu découvrir l'énigme.

En effet, les vieux registres des aveux de Montaigu ont dressé deux listes distinctes pour un fief du même nom, situé dans la même paroisse, ayant les mêmes droits et les mêmes devoirs féodaux, et possédé, sinon par les mêmes individus, du moins souvent par divers membres d'une même famille. La seule explication qui nous paraît plausible est d'admettre que la seigneurie de la Mauléonnière, à la suite de partage, resta longtemps divisée entre plusieurs familles distinctes, mais issues d'un auteur commun.

---

(1) *Mém. de la Soc. des Antiquaires de l'Ouest*, 1844, XI p. 417.

(2) Bib. de Nantes, *Coll. Dugast-Matifeux*, 204.

Voici la première de ces listes, qui paraît sortir des seigneurs de l'Herbergement et du Bois de Chollet.

I. — *Aliette des Bouschaux,* très probablement sœur d'Amaury des Bouschaux, le premier seigneur connu du Bois de l'Herbergement, fait l'aveu de son fief de la Maulionnière au seigneur de Montaigu, le 16 juillet 1386. Elle fut la troisième femme de *Sylvestre III du Chaffault* (1), chevalier, seigneur du Chaffault, Monceaux, la Touche-Limouzinière, chevalier de l'Ordre de la Geneste, qui en eut : *Jamet, Sylvestre* et *Alain* du Chaffault. Ceux-ci transigeaient avec leur frère aîné Thibault (né du second mariage de leur père avec Isabeau de la Jaille), lequel épousa également Durable Gestin, dame de la Maulionnière.

Aliette des Bouschaux, qui devint veuve en 1386, était décédée en 1408.

II. — *Sauvestre* ou *Sylvestre du Chaffault,* fils des précédents, reçoit avec ses frères partage de son aîné en 1392. Il fait l'aveu de la seigneurie de la Mauléonnière, le 9 septembre 1408.

III. — *Rose des Bouschaux,* dame du Bois de l'Herbergement, probablement nièce d'Aliette des Bouschaux, dut hériter de son cousin-germain, puisque étant veuve de *Jean Chollet* (2), écuyer, elle rend le même hommage au seigneur de Montaigu pour la Maulionnière, le 8 mai 1424.

IV. — *Colette de Chollet,* sans doute fille des précédents, fait son devoir de vassale pour la Maulionnière, le 22 janvier 1429.

V. — *Jean des Chasteigniers* (3), écuyer, seigneur de Beaulieu-sous-la-Roche, la Brunetière, rend hommage

---

(1) *Du Chaffault* porte : de sinople au lion d'or, armé, lampassé et couronné de gueules.

(2) *De Chollet* porte : burelé d'argent et d'azur à la croix alaisée de gueules.

(3) *Des Chasteigniers* porte : d'argent à la croix ancrée de gueules, bordée de sable à 8 besants d'or.

à Montaigu pour la Maulionnière, les 18 février 1430, 1er août 1435 et 26 décembre 1452.

VI. — *François Charruyau* (1), écuyer, fait le même hommage, le 29 décembre 1456. (Jean des Bouschaux avait épousé vers 1325 Jeanne de Beaumont, sœur du seigneur du Bois Charruyau.)

VII. — *René de Boussérieu*, écuyer, le 24 septembre 1473.

VIII. — *Isabeau des Chasteigniers*, damoiselle, vraisemblablement femme du précédent, le 19 juin 1500.

IX. — *Marguerite de Chevredent* (2), rend également l'aveu de la Maulionnière, les 30 novembre 1504 et 6 septembre 1505.

Concurremment à cette liste, le chartrier de Thouars donne une autre suite de seigneurs, dont les descendants durent, dès le début du XVIᵉ siècle, posséder en son entier la seigneurie de la Maulionnière.

I. — *Jean Gestin*, écuyer, seigneur de la Mothe-Gestin, la Sénardière (Boufféré), la Bothbouëre (Saint-Denis-la-Chevasse), la Marzelle (id), fut également seigneur de la Maulionnière. Il semble avoir épousé *Jeanne Rochette*, dont il eut :

1º *Bouchard*, qui suit ; — 2º *Jean*, écuyer, seigneur de la Marzelle, marié à *Marie de Montauzier*, qui était veuve en 1430 ; — 3º *Durable*, qui suivra son frère et son neveu.

II. — *Bouchard Gestin*, écuyer, seigneur de la Marzelle, fut aussi seigneur de la Mothe-Gestin, la Sénardière et la Maulionnière. Il épousa, le 12 mai 1407, *Marie de Savonnières*, dont il paraît avoir eu :

III. — *Hervé Gestin*, écuyer, rend aveu à Montaigu, le 12 janvier 1431, pour ses seigneuries de la Mothe-Gestin, la Sénardière et la Maulionnière. Il était mort avant le 26 mai 1436, sans laisser de postérité, comme on le voit par le testament de sa tante Durable.

---

(1) *Charruyau* porte : de gueules à 3 roues d'or.

(2) *De Chevredent* porte : d'azur à 2 faces denchées d'or.

IV. — *Durable Gestin* fut dame de la Mothe-Gestin, la Sénardière, la Maulionnière, tout au moins en partie, en vertu des conventions de partage passées avec ses frères ; elle ne paraît avoir possédé en totalité ces fiefs qu'après la mort de son neveu Hervé Gestin, vers 1433. Elle les apporta à ses deux maris, dont le premier fut, vers 1400, *Thibault du Chaffault* (1), écuyer, seigneur du Chaffault, Monceaux, la Limouzinière, etc., un des plus puissants seigneurs du comté Nantais, qui vint dès lors habiter en Bas-Poitou. Il mourut en 1406, et sa veuve se remaria, le 19 février 1413, à *Guillaume de Rochefort* (2), chevalier. Celui-ci, comme époux de Durable Gestin, fit l'hommage de la Maulionnière au baron de Montaigu, le 20 avril 1413. Veuve pour la seconde fois en 1415, Durable Gestin rendit elle même l'aveu de la Maulionnière, les 12 septembre 1416 et 10 mars 1435. L'année suivante, elle faisait son testament, en date du 26 mai 1436, donnant les dîmes de la Maulionnière au curé de Saint Sulpice, et élisant sa sépulture dans la chapelle Notre Dame de la Haye-Fouassière, près Nantes, en la tombe de son défunt mari, Guillaume de Rochefort.

La pierre tumulaire, quoique fort détériorée, est encore remarquable. On aperçoit les effigies de Guillaume de Rochefort et de Durable Gestin, autour desquelles on lit l'inscription que voici en caractères gothiques : O ICI EST MONSSOR GUILLAUME DE ROCHEFORT CHEVALLIER ✚ DAME DURABLE GESTIN SA FAME ✚ THEBAULT DE ROCHEFORT LEUR FILS ✚ TREPASSA LE CHEVALLIER LE XXVI JOUR DE JANVIER LAN MIL CCCC ET XV ✚ LA DAME TREPASSA LE XI° JOUR DU MOYS DE AVRIL LAN MIL CCCC ET XXXX. PRIONS A DIEU QUE PAR SA GRASSE DE LEURS PÉCHES PARDON LEUR FASSE. AMEN (3).

---

(1) *Dictionnaire Beauchet-Filleau*, 2° éd., IV p. 106, et II 202-204.

(2) *De Rochefort* porte : vairé d'or et d'azur.

(3) Les *Echos du Bocage Vendéen*, 1883, p. 117, ont reproduit le dessin de cette superbe pierre tombale.

V. — *Sylvestre IV du Chaffault*, chevalier, seigneur du Chaffault, Monceaux, la Limouzinière, la Maulionnière, etc., officier à la cour du duc de Bretagne, épousa, le même jour que celui des secondes noces de sa mère, en 1413, *Marie de Rochefort*, première femme de chambre de Marguerite de Bretagne, dont il eut :

1° *Catherine*, mariée en 1443, *Martin des Bretesches* ; — 2° *Bertrand*, qui suit ; — 3° *Olivier*, qui suivra ; — 4° *Guillaume*, prêtre ; — 5° *Pierre*, évêque de Nantes ; — 6° *Sylvestre*, qui suivra ses frères.

VI. — *Bernard du Chaffault*, chevalier, seigneur du Chaffault, de la Maulionnière, etc., chambellan du duc de Bretagne, reçut en 1454 le collier de l'ordre de l'Hermine. Il fit l'aveu de sa seigneurie de la Maulionnière, le 22 mai 1445, et possédait de moitié avec le seigneur de Rocheservière le bois de l'Essart, en 1464 (1). Il mourut en 1473, célibataire.

VII. — *Olivier du Chaffault*, chevalier, seigneur du Chaffault, etc., hérita de son frère aîné, et fit, comme seigneur de la Maulionnière, déclaration d'hommage à Montaigu, les 4 juin 1458 et 16 décembre 1473. Il partagea avec son plus jeune frère, à qui il laissa les fiefs du Bas-Poitou. Il épousa en 1481 *Catherine de Pont-l'Abbé*, dont la postérité continua d'habiter le comté nantais.

VIII. — *Sylvestre du Chaffault*, écuyer, seigneur de la Sénardière, la Mothe-Gestin, la Maulionnière, etc., après la mort de son frère Bertrand, épousa *Marquise Fresneau*, dame de Lussé, dont :

1° *Jacques*, qui suit ; — 2° *Bernard* ; — 3° *Sébastien* ; — 4° *Isabeau*, mariée à *Jean du Tréhan*, écuyer, seigneur des Boullières ; — 5° *Marguerite*, femme de *Nicolas Robert*, écuyer, seigneur de Charon ; — 6° *Jeanne-Catherine*, épouse de *Jean Grignon*, écuyer, seigneur des Vallées ; — 7° *Rose*.

IX — *Jacques du Chaffault*, écuyer, seigneur de la

______

(1) *Arch. de la Chabotterie* à la Viollière.

Sénardière, la Maulionnière, partagea noblement avec ses frères et sœurs les successions de ses père et mère, le 15 novembre 1527, et eut pour sa part la Sénardière, la Maulionnière, la Bothbouère, l'hôtel du Champ-Burain et le fief du Chaffault. Il mourut en 1544, laissant pour fils aîné, de *Françoise de Loré*, son épouse :

X. — *Jean du Chaffault*, écuyer, seigneur de la Sénardière, la Maulionnière, etc., mourut assassiné, laissant une succession fort embrouillée, et ayant eu plusieurs enfants de *Suzanne Girard de Bazoges*, dont l'aîné :

XI. — *Nicolas du Chaffault*, écuyer, seigneur de la Sénardière, la Maulionnière, etc, rend hommage à Montaigu, le 10 mai 1550, pour ses terres de la Maulionnière et de la Mothe-Gestin. Il épousa, le 26 juin 1557, *Simonne Buor*, fille du seigneur de la Bouanchère, dont le fils aîné suit :

XII. — *Louis du Chaffault*, écuyer, seigneur de la Sénardière, la Maulionnière, etc., rend hommage pour la Maulionnière, le 18 mai 1638 (1). Sans enfant de sa première femme, *Jeanne Marchand*, il eut pour fils aîné d'*Eléonore du Plantis*, qu'il avait épousée en 1608 :

XIII. — *Jacques du Chaffault*, chevalier, seigneur de la Sénardière, la Maulionnière, le Plessis-de-Besné, épousa en 1642 *Marthe-Blanche*, fille unique de Jean, écuyer, seigneur du Plessis-de-Besné, et de Jacquette de Méré, qui rappela ainsi les du Chaffault dans le pays nantais. Jacques obtint de M. de Barentin confirmation de sa noblesse, le 24 septembre 1667, et laissa pour fils aîné :

XIV. — *Claude du Chaffault*, chevalier, seigneur de la Sénardière, la Maulionnière, la Mothe-Gestin, la Bouanchère, le Plessis-de-Besné, etc., reçoit, en tant que seigneur de la Maulionnière, l'aveu de Renée Lefebvre, veuve de Christophe de Chevigné, seigneur du Bois-Chollet pour le ténement de la Cailletière, le 10

---

(1) Bib. de Nantes, *Coll. Dugast-Matifeux*, 171.

janvier 1658, et du seigneur de la Bégaudière, pour celui des Forges, le 1er février 1690 (1). Il épousa 1° en 1671, *Magdeleine-Marie Jousseaume de la Bretesche*, 2° *Marie de la Roche-Saint-André*. Il eut des enfants de chacun de ses mariages et l'aîné du premier lit suit :

XV. — *Alexis-Augustin du Chaffault*, chevalier, seigneur de Besné, la Sénardière, la Mothe-Gestin, la Maulionnière, etc., conseiller au Parlement de Bretagne, épousa en 1704 *Marie Boux de Saint-Mars*, puis en 1726, *Marie-Jeanne Robert de Lézardière*. Du premier lit naquirent :

1° *Julien*, qui suit ; — 2° *Louis-Charles*, dit comte du Chaffault de Besné, lieutenant-général, vice-amiral, grand'croix de Saint-Louis, mort en prison à Nantes le 29 juin 1794, âgé de quatre-vingt-sept ans ; il eut postérité de *Pélagie de la Roche-Saint-André* ; — 3° *René-Antoine*, chevalier de Malte ; — 4° *Marie-Durable*, religieuse aux Couëts.

XVI. — *Julien-Gabriel du Chaffault*, chevalier, seigneur de la Sénardière, la Maulionnière, etc., conseiller au Parlement de Bretagne, vendit la terre de Besné à M. de Besné, en 1753. Il épousa en 1721 *Marie-Jeanne Robert de Chaon*, puis en 1745 *Marie-Anne Grignon de Pouzauges*, veuve de M. Marin de la Guignardière. Il eut du premier lit :

1° *Sylvestre*, qui suit ; — 2° *Charles-Gilbert*, chevalier de Saint-Louis et de Cincinnatus, brigadier des armées navales ; — 3° *Osmane*, femme de *Jacques-Charles Guerry de Beauregard* ; — 4° *Marie-Félicité*, femme de M. *Juchault de la Moricière*.

XVII. — *Sylvestre-François*, dit *comte du Chaffault*, chevalier, seigneur de la Sénardière, la Maulionnière et autres lieux, officier au régiment du Roi Infanterie, chevalier de Saint-Louis, émigra en 1791 et servit dans l'armée de Condé. Rentré en France, il devint prêtre en 1803, fut curé de la Guyonnière, et mourut chanoine à

---

(1) *Arch. de la Chabotterie.*

Nantes en 1822, âgé de quatre-vingt-sept ans. Il avait eu de *Marie-Francoise-Renée Marin de la Guignardière*, qu'il avait épousée en 1759 :

1° *Auguste*, mort en 1794 à la Sénardière des suites de ses souffrances pendant la Terreur, laissant de *Marie-Rosalie Mac-Carthy*, son épouse, deux filles : Mᵐᵉˢ de Lestang et du Moulin-Rochefort ; — 2° *Jacques-Gabriel*, dernier du nom (voir page 108) ; — 3° *Charles-Augustin*, chevalier de Malte, dont la postérité est éteinte ; — 4° *Alexis-Gilbert*, officier de marine, officier vendéen, tué au Mans en 1793 ; — 5° *Henri*, tué au Mans ; — 6° *Marie-Henriette-Pélagie*, femme de *Louis de Chevigné de la Grassière*, officier vendéen († 1794) et morte dans les prisons du Mans ; — 7° *Osmane*, femme d'*Alexandre de Rorthays*, fusillée ; — 8° *Marie-Rosalie*, chanoinesse de Rimiremont, morte dans les prisons du Mans.

La Maulionnière ou Mouillonnière, placée sous séquestre par la République comme bien d'émigré, fut vendue nationalement en l'an V (1797), mais l'acquéreur n'était autre que son légitime propriétaire. En effet, elle est « achetée par le citoyen Duchaffault pour la somme de « 6.160 francs (1) ».

Sous la Restauration elle appartient à *M. Boisselot de la Rigaudière*, demeurant à Nantes. Ses héritiers vendent en 1841 à *Baptiste Hilléreau*, de l'Herbergement. M. Alcime Durand, de Belleville, héritier de M. Hilléreau en 1907, fait procéder à une vente en détail de ce domaine ; de sorte qu'il ne reste plus de ce fief important que de mauvais bâtiments de ferme, trop considérables encore pour les sept ou huit hectares qui y restent désormais rattachés, et qui ont été acquis par un fermier voisin, *M. Barreau*.

---

(1) *Arch. dép. de la Vendée*, Q.

§ V. — *Villeneuve*

Sur le bord de la grande route qui mène de la Roche-sur-Yon à Clisson, on aperçoit à gauche, peu après avoir dépassé la Chevasse, une ferme à l'aspect modeste qui eut pourtant jadis sa maison noble, possédée par une de nos plus anciennes familles du Bas-Poitou, ferme qui plus tard a donné son nom à un personnage célèbre dans les annales révolutionnaires. Nous voulons parler du petit fief de Villeneuve, qui relevait à foi et hommage de la baronnie de Montaigu.

Les Louer, seigneurs de la Louerie, de la Grelière et autres lieux, en sont les propriétaires au XV⁰ siècle (1), mais ils paraissent n'avoir qu'accidentellement habité leur manoir de Villeneuve.

François Louer (2), écuyer, seigneur de la Louerie (Boufféré) et de Villeneuve, partage avec ses cohéritiers la succession de leur tante Jacquette Louer, en cour de Montaigu, le 9 juillet 1474, et fait l'aveu de ses fiefs de la Louerie et de Villeneuve au seigneur de Montaigu, le 10 août 1476. Il épousa *Jeanne Aymon*, et eut pour fils :

1° *Martin*, qui suit ; — 2° *Louis*, qui devant les notaires de Montaigu, recevait partage de son frère aîné, le 6 mai 1531.

Martin Louer, écuyer, seigneur de la Grelière, de Villeneuve, etc., « rend aveu au seigneur de Montaigu, le « 7 avril 1532, de la maison noble de Villeneuve, tenue « et mouvante de ladite seigneurie de Montaigu, passé « sous la cour de Montaigu, signé Louis Guery et Jean « Jay, notaires de ladite cour ». Il épousa par contrat de mariage daté de Nantes, le 9 novembre 1530, *Catherine de Liré*, dont il eut au moins pour enfants : 1° *François*, écuyer, seigneur de la Grelière et de la Guessière ; — 2°

---

(1) *Arch. de la Menolière* à la Viollière ; — Bib. Nat., *Carrés d'Hozier*, Ms, 393.

(2) *Louer* porte : gironné d'argent et de gueules de douze pièces, à la bordure de gueules.

Marguerite, qui partageait avec son frère « les biens des seigneur et dame de la Grelière et de Villeneuve », le 6 mai 1564.

A cette date, leur père, Martin Louer, semble donc bien décédé, aussi faut-il voir un autre membre de cette famille dans « *Martin Louer*, escuyer, sieur de Ville-neuve », qui, le 28 décembre 1565, est présent avec Roland de la Boucherie, le seigneur du Bois-Chollet, à un acte concernant Jeanne Louer, fille d'un Roland Louer, écuyer, seigneur de la Grelière, châtelain de Vieille-vigne, et femme de Thomas Landreau, sieur de Lestang, le même que nous avons vu dans la chronique de Saint-André (page 577) témoigner des ravages commis par les protestants dans la région, en 1568.

Jean Louer, écuyer, mari d'*Isabeau Morisson*, dont nous ne pouvons préciser exactement la filiation, était seigneur de la Grelière et de Villeneuve, dans les der-nières années du XVI° siècle.

Il eut pour enfants : 1° *Gilles,* qui suit ; — 2° *David,* qui suivra son frère ; — 3° *Louis,* dont la descendance posséda, jusqu'à la Révolution, la seigneurie de la Gre-lière (voir *Chr. de Saint-André-Treize-Voies,* p. 625) ; — 4° *Claude*, écuyer, seigneur de la Brosse, auteur de la branche de la Caffinière ; — 5° *Jacques,* prieur-curé de Saint-André-Treize-Voies.

Gilles Louer, écuyer, seigneur de Villeneuve et de la Grelière, demeurait habituellement à Aizenay ; il y était en 1619, époque à laquelle il est simplement qualifié de seigneur de Villeneuve ; en 1627, il habite son château de la Grelière. Il ne paraît pas avoir laissé de postérité.

David Louer, écuyer, seigneur de la Corbinière et de Villeneuve, épousa *Marguerite Buor,* dame de Beau-regard, fille d'Alexandre-Élie, écuyer, seigneur de la Bousle et de Beauregard, et d'Anne de Villates. Suivant le contrat de mariage passé le 16 décembre 1616, de-vant Cochet et Millet, notaires de la baronnie du Poi-roux, il recevait pour dot, mais en usufruit seulement, jusqu'aux partages définitifs qui auraient lieu après la

mort de son père, « la métairie de Villeneuve, en la
« paroisse de Saint-Sulpice, nantie et garnie... »

Nous croyons qu'il laissa une fille unique, *Jacquette*,
dame de la Suerie (Saint-Hilaire-des-Landes), laquelle
mourut en 1627.

Après avoir perdu pendant un siècle toute trace des
seigneurs de Villeneuve, nous voyons ce fief en possession, à la suite d'un achat, sans doute, dans la famille
Berriau.

Nicolas Berriau, sieur de Villeneuve, licencié ès-loi,
est sénéchal des seigneuries de la Bégaudière et de
Saint-Sulpice, d'après un acte de 1731, dans lequel il
s'intitule également « noble homme » (1). Sa fille suit.

Marie-Louise Berriau fut propriétaire de la terre de
Villeneuve qu'elle apporta à son mari, *Jean Guitter*,
dont naquit :

Jeanne-Gabrielle Guitter épousa à Aspremont, le 10
septembre 1748, *Philippe-Aimé-Alexis Goupilleau*, sieur
de la Chussardière, né à Saint-Etienne du-Bois en 1719,
mort à Montaigu en 1781, riche bourgeois de cette ville,
contrôleur des actes et procureur fiscal du marquisat.
Il posséda à Saint-Sulpice, du chef de sa femme, les métairies de Villeneuve, du Cossillon, de la Bernerie et
une borderie à la Chevasse (2), et eut pour fils aîné le
trop fameux révolutionnaire. Mme Goupilleau, née Guitter, mourut à Montaigu, à l'âge de soixante-six ans, le
24 octobre 1792 ; elle fut transportée, le lendemain, à
Saint-Sulpice, où, conformément à sa volonté, elle fut
inhumée (3).

Philippe-Charles-Aimé Goupilleau, sieur de Villeneuve, appelé *M. Goupilleau de Villeneuve* ou même
simplement M. de Villeneuve, propriétaire des domaines paternels dont il portait le nom, tient donc en quelque sorte à l'histoire de Saint-Sulpice, et, en raison de

---

(1) Titres de la famille Gourraud.
(2) *Arch. de la Chabotterie.*
(2) *Arch. comm. de Montaigu.*

son rôle pendant la Révolution, il mérite une mention spéciale.

Goupilleau naquit à Montaigu, le 19 novembre 1749, et après avoir fait de bonnes études de droit, il fut reçu avocat au Parlement de Paris. Nommé par le marquis de Juigné, le 27 mai 1781, juge-sénéchal de la châtellenie de Rocheservière, il ne cessa d'habiter cette petite ville jusqu'à la Révolution (1). C'est en cette qualité qu'il présida, du 1er au 6 mars 1789, les assemblées paroissiales de son ressort lors de la confection des cahiers aux Etats-Généraux, et qu'il rédigea entièrement ces rapports qui ne semblent peut-être pas refléter les sentiments profondément religieux et royalistes de ces populations, lesquelles pourtant le députèrent pour les représenter à l'assemblée provinciale de Poitiers, où il se fit remarquer autant par son intelligence que par ses opinions avancées.

Elu procureur-syndic du district de Montaigu, en 1790, il fut secrétaire de la Société ambulante des Amis de la Constitution et devint, en 1791, député de la Vendée à l'Assemblée législative ; puis, en 1792, membre de la Convention, où il siégea à la Montagne, se montrant particulièrement hostile aux prêtres, aux nobles et au roi. Il fut vice-président du Comité de Sûreté générale et, dans le procès de Louis XVI, il vota la mort sans délai ni sursis. Il se prononça à Paris contre Robespierre et en Vendée contre le général Hoche. Entré au Conseil des Cinq-Cents, en 1795, il écrivait de Montaigu au président : « J'ai contre les prêtres une haine qui me « suivra jusqu'au tombeau ». Lors du Coup d'Etat du 18 brumaire an VIII, profondément hostile aux visées de Bonaparte, ce fut lui qui cria à Aréna : « Frappe le tyran ! » Aussitôt exclu de la représentation natio-

---

(1) Il remplaçait dans cette charge Jacques-François Mercier, sieur des Rochettes, né en 1709 mort d'une chute de cheval, le 1er avril 1781, que nous avons omis de citer dans notre *Chronique de Rocheservière,* p. 209.

nale, il se retira à Montaigu ; mais son opposition le fit interner à l'île de Ré, de décembre 1802 à la fin de 1803. Atteint par la loi sur les régicides, il quitta la France en 1816, puis il revint, en 1819, dans sa ville natale, où il mourut le 1ᵉʳ juillet 1823 (1).

Il avait épousé, à Saint-Etienne-du-Bois, le 11 février 1782, *Marie-Ursule Ordonneau*, dont il eut *sept enfants*.

Goupilleau de Montaigu était le cousin-germain de *Jean Goupilleau*, dit *de Fontenay*, qui fut député de la Vendée à la Constituante et à la Convention et qui, lui aussi, naquit et mourut à Montaigu (1753-1823).

A la mort de Philippe-Aimé Goupilleau, Villeneuve fut vendue aux enchères et achetée par M. *Charles Trastour*, médecin à Montaigu.

Sa fille, Mˡˡᵉ *Eugénie Trastour*, épousa M. *T. Gaillard*, notaire à Montaigu, dont naquit, entre autres enfants, Mˡˡᵉ *Louise Gaillard*, mariée à M. *Barrion*, de Bressuire, qui est la propriétaire actuelle de la métairie de Villeneuve.

§ VI. — *Les Caillaudières*

I. — La *Caillaudière-aux-Tireaux*, ou encore la *Caillaudière-des-Magnys*, était dénommée également autrefois la *Caillaudière-aux-Febvres*, et nous lui trouvons encore ce dernier nom dans plusieurs pièces officielles de l'époque de la Restauration, c'est-à-dire il y a moins d'un siècle.

Son premier surnom lui vient d'une famille Tireau dont nous ne connaissons que *Nicolas Tireau*, clerc,

---

(1) Disons toutefois à son honneur que tandis que ses collègues de la Convention crurent l'occasion bonne, à l'avènement de Napoléon, de renier leurs « immuables principes égalitaires » et leur haine contre « les tyrans couronnés », pour se ruer en foule à la curée des emplois et des titres, Goupilleau fut à peu près le seul à rester fidèle à ses principes.

en 1491, et *Mathurin Tireau* « demeurant à la Caillaudière », lequel passe un acte de vente avec Pierre Jolain,
en 1496 (1).

L'autre surnom lui a été donné par une ancienne
famille bourgeoise de la contrée, qui posséda les terres
de la Pilletière, la Fresnière et le Pontereau, en Mormaison (2), la Gormandière et les Giraudières aux Lucs,
la Caillaudière, en Saint-Sulpice, etc. Cette famille Febvre avait sa résidence habituelle aux Lucs et à Mormaison. Toutefois plusieurs de ses membres prirent le titre
de la Caillaudière, demeurant dans un petit logis, que
les incendiaires de la Révolution ont sans doute fait disparaître.

D'après les quelques extraits des anciens registres de
Saint-Sulpice conservés aux Archives de la Chabotterie (3), *Laurent Lefebvre*, était paroissien de Saint-Sulpice. Il est qualifié « magister de la Gormandière », sieur
de la Gormandière, et est marié à *Marie Varin*, dont il
eut une fille, *Françoise,* baptisée à Saint-Sulpice, le 20
septembre 1587, tenue sur les fonts par Charles Darrot,
écuyer, seigneur de la Fresnaye, Elisabeth Aubert, son
épouse, et Marguerite Remaud, veuve de Nicolas Varin.

Un siècle plus tard, *Julien Febvre*, marchand, est sieur

---

(1) *Arch. dép. de la Vendée,* E (Gastinaire).

(2) Voir *Chronique de Mormaison*, p. 435 et 436.

(3) Ces mêmes extraits nous font connaître une famille noble du nom de Ayraud ou Ayrault, demeurant à Saint-Sulpice, et apparentée aux seigneurs de la Chabotterie, par suite du
mariage de Jacques Aubert, écuyer, avec *Catherine Ayrault,*
vers 1525. Citons : *Jacques Ayraud,* écuyer, marié à *Françoise
Moreau* (?), dont : 1º *Louise,* baptisée le 17 décembre 1597 ; —
2º *Marie,* le 18 janvier 1600 (p. Jean Aubert, s^ʳ de la Chabotterie, m. : *Anne Médion,* veuve de *Jacques Ayraud*). *François
Ayraud,* également paroissien de Saint-Sulpice, avait épousé
Jeanne de la Fosse, dont il eut : 1º *Paul,* baptisé le 30 novembre 1616 (p : Nicolas Regnaud, curé, m. : Louise de Fiesque,
dame de la Chabotterie) ; — 2º *Jean,* le 24 juin 1619 (p : Jean
Aubert, m. : Marguerite de Fiesque).

de la Caillaudière et paraît aux assises de la Begaudière en 1673 (1).

Les registres des Lucs nous apportent de nouveaux renseignements.

Pierre Febvre, sieur de la Caillaudière, épousa aux Lucs, le 27 janvier 1693, *Renée Mercier*, issue également d'une vieille bourgeoisie du Luc. Ils eurent pour enfants : *Jacquette*, 1693 ; — *Jacques*, 1695 ; — *Renée-Jacquette*, 1698 ; — *Jules-Barnabé*, 1704 ; — *Jacques*, 1707, sans doute le même que celui qui suit.

Jacques Febvre, sieur de la Caillaudière, épousa *Jeanne-Germaine Brisson* et en eut plusieurs enfants qui furent baptisés à Saint-Pierre-des-Lucs. Ce sont : *Louis*, 1734 ; — *René-Jean*, 1736 ; — *Jeanne-Germaine*, 1738 ; — *Jules Clément*, 1740.

II. — Il ne faut pas confondre la Caillaudière-aux-Febvres ou aux Tireaux avec la *Caillaudière, aux-Pirons* et la *Caillaudière-aux-Hillarets*, appelées également les Caillaudières ou simplement la Caillaudière (car elles se confondent), situées sur la route de l'Herbergement, à l'extrémité N.-E. du bourg de Saint-Sulpice. Leurs surnoms sont dûs également à deux familles dont on rencontre parfois le nom du XIVᵉ au XVIᵉ siècle, les *Piron* et surtout les *Hillaret*.

Dans ce village se trouvait également une petite maison bourgeoise à laquelle attenait une borderie. *Guillemette Guibert* en est la propriétaire au XVᵉ siècle. Elle vend et arrente, le 20 septembre 1457, sa maison et ses terres du village de la Caillaudière aux-Hillarets à *Jehan Regnault*, « natif du pays de Bretaigne demourant à present à Saint-Sulpice (2) ».

Aux XVIIᵉ et XVIIIᵉ siècles, la borderie appartient à une famille *Benoist*, dont les membres se qualifient de « sieurs de la Caillaudière ».

----

(1) Bib. de Nantes, *Coll. Dugast Matifeux*, 177.
(2) *Arch. dép. de la Vendée* ; E (Gastinaire).

Jacques Benoist, sergent royal, sieur de la Caillaudière, épousa *Jacquette Loisy*, qui fit aveu des domaines qu'elle possédait à la Caillaudière-aux-Hillarets au seigneur de la Bégaudière, Léonard de Verrines, en 1658. Ils eurent :

Jean-François Benoist, sieur de la Caillaudière, marié à *Marie Gouin* qui, devenue veuve, se remaria en 1735 et fut la quatrième femme de Pierre Gourraud, sieur de la Bonnelière, dont nous verrons la belle-fille, Mlle Jeullin, apporter ses nombreuses propriétés de Saint-Sulpice dans la famille Gourraud.

Du premier lit était né :

François Benoist, sieur de la Caillaudière, notaire de la Cour apostolique de Nantes, vendit à Mme *Gourraud de la Bonnelière*, née Jeullin, tout ce qui lui restait encore d'immeubles à la Caillaudière-aux-Hillarets et aux Pirons, en 1780 et 1782 (1).

§ VII. — *Le Logis*

Le bourg de Saint-Sulpice n'a par lui-même rien de marquant, si ce n'est sa blanche église et la fort coquette habitation qui lui fait face.

Aux XIVe, XVe et XVIe siècles, le plus important « logis » du bourg était occupé par une riche famille bourgeoise du nom de *Joslain* ou *Jaulin* et *Jolain*, dont il importe de citer quelques-uns des membres.

Guillaume Joslain vivait le 11 octobre 1388, date d'une donation faite à Nicolas Bégaud, prêtre et seigneur de la Bégaudière, par Etienne Jame et Jeanne Froynelle, d'une rente de froment qui était due à la dite Jeanne sur « Guillaume Joslain de devant l'église de Saint-Sulpice ». Cette expression inciterait à croire que la demeure de cette famille occupait l'emplacement du logis actuel.

---

(1) Arch. de la famille Gourraud.

Jean Joslain, son fils peut-être, était clerc en 1379 ; *Nicolas Joslain* est prêtre en 1450.

Pierre Joslain passe un contrat avec Mathurin Tireau en 1496.

Mathurin Joslain, sieur de la Rousselière ou fief Voyreau, paraît seul dans des actes de 1503 à 1506, et avec sa femme *Jeanne Chabot* (sans doute fille ou nièce de quelque seigneur de la Chabotterie), en 1507 et 1511. A cette date, ils vendent au seigneur de la Bégaudière leur seigneurie, fief et ligence de la Rousselière ou fief Voyraud, pour lequel ils avaient payé au sire de Montaigu, en 1499, 35 sols de devoir. La même année 1511, leur fils *Jean Joslain*, marié à *Hélène Panicot*, ratifie ce contrat.

Autre *Mathurin Joslain* vend des rentes sur le village de la Caillaudière au seigneur de la Bégaudière, en 1551 et 1553 (1).

On trouve à Bouaine, aux XVIIe et XVIIIe siècles une famille Jolain ou Joullain qui, vraisemblablement, descendait de celle de Saint-Sulpice.

Leur demeure était restée, même après l'acquisition en 1511, le lieu où se faisait la ligence et, en 1673, on l'appelait encore la « maison Jolain ».

Nous ne pouvons affirmer que ce logis fut le même que celui qu'on appellera le « logis Gourraud » ; du moins ce dernier était-il incontestablement devenu, longtemps avant la Révolution, la principale habitation du bourg. Le château actuel, édifié sur les plans de M. Ballereau, en 1862, et flanqué, au nord-ouest, d'un pavillon du même style construit en 1896, a succédé à une vieille maison bourgeoise qu'on avait coutume d'appeler, dès le XVIIe siècle, le *logis du bourg*. Située un peu plus au nord et les façades donnant au nord et au sud, cette ancienne demeure fut saccagée, comme tant d'autres, pen-

---

(1) Tout ce qui précède est tiré des *Arch. de la Vendée* : E (Gastinaire).

dant la tourmente révolutionnaire ; puis restaurée par Mlle Gourraud de la Bonnelière après la pacification, elle subsista jusqu'à la construction du château actuel.

Voici la suite des propriétaires du Logis depuis le milieu du XVIIe siècle (1).

I. — *Jacques Merland*, sieur de la Moricerie, demeurant à la Blaire, paroisse de Lairière, aujourd'hui commune de la Ferrière, est propriétaire d'une partie de maison sise au bourg de Saint-Sulpice. En cette qualité, il est redevable de certains droits féodaux au seigneur de la Bégaudière, ainsi qu'il résulte du cahier des assises de cette seigneurie, daté du 25 mai 1673 (2).

Jacques Merland possédait cette portion de maison en commun avec *Jean-Baptiste Pillatron*, membre d'une famille bourgeoise fort aisée ; or, nous serions fort porté à croire que cette maison ne serait autre que le logis qui subsista jusqu'en 1862. D'après le registre des assises de 1673, Jacques Merland, J.-B. Pillatron et André Audureau possédaient par indivis de nombreux terrages.

Le sieur de la Moricerie laissait tout au moins une fille, qui suit.

II. — *Jeanne Merland* épousa *Nicolas Jeullin*, sieur de la Dosthée, à qui elle apporta cette portion de maison à Saint-Sulpice, qu'elle finit par acquérir totalement des héritiers du sieur Pillatron. M. et Mme Jeullin demeuraient en leur maison du bourg de Saint-Sulpice, et, devenue veuve, Jeanne Merland fit de nombreuses acquisitions d'immeubles tant dans le bourg qu'au tènement de la Caillaudière (aux Pirons et aux Hillarets), en 1706, 1709, 1713, etc. Leur fille suit.

III. — *Jeanne-Marquise Jeullin* épousa son cousin *François-Zacharie Jeullin*, avocat au Parlement, sieur des Borderies, paroisse de Saint-Hilaire-de-Riez, lequel vint s'installer au Logis du bourg. Mme Jeullin, en qua-

---

(1) Rég. paroissiaux et arch. de la famille Gourraud.
(2) Bib. de Nantes, *Coll. Dugast-Matifeux*, 177.

LE LOGIS, au bourg de Saint-Sulpice-le-Verdon

lité de femme non commune de biens du sieur des Borderies, passa différents actes à Saint-Sulpice ; elle acquit, par exemple, une partie de la métairie de la Caillaudière, le 15 septembre 1727. Elle mourut en sa maison de Saint-Sulpice, le 2 février 1742, laissant pour enfants :

1° *Zacharie-Auguste*, sieur des Borderies, vivant en 1757 ; — 2° *Marie-Angélique-Elisabeth*, qui suit ; — 3° *Anne-Rose*, dite Mlle des Borderies. Sa succession fut partagée entre les membres de la famille Gourraud, en 1807 ; — 4° *Marie-Marquise*, dite Mlle de la Roussière, mariée, vers 1750, à *Jacques-René Girard*, sieur de la Barre, qui est fermier du château de Rocheservière en 1775.

IV. — *Marie-Angélique-Elisabeth Jeullin* reçut en partage la maison du bourg et autres domaines de Saint-Sulpice (borderie du bourg, la Caillaudière, la Lissonnière). Elle était encore mineure quand elle épousa, en l'église de Saint-Sulpice, le 6 août 1743, *Pierre Gourraud*, sieur de la Bonnelière, sénéchal de Saint-Denis-la-Chevasse, né à la Ménolière en Bouaine, le 4 avril 1702, fils aîné de Pierre, sieur de la Proustière, avocat au Parlement, sénéchal de Saint-Georges, la Rabastelière et la Jarrie, et de sa première femme Marie-Anne Joullin, laquelle était fille de François, sieur de Grand-Pré, et de Marguerite Blanchet (1).

---

(1) *Gourraud* est ancienne famille bourgeoise du Bas-Poitou qui a fourni de nombreuses victimes à la Révolution. Son véritable blason est celui qui fut donné à Alexandre « Gourraud, s^r de la Bonnelière à Chavagnes », inscrit d'office à l'*Armorial général* de d'Hozier, le 2 décembre 1701 : d'or au pal d'azur, fretté d'argent accosté de 2 merlettes de sable. Toutefois, depuis la fin du XVIIIe siècle, quelques membres de cette famille Gourraud de la Proustière et de la Bonnelière ont adopté, par erreur, les armoiries suivantes : d'or à l'aigle éployée de sable. Ce sont celles de la noble famille Gourreau de Chaizeau et de la Proustière (ce fief, situé paroisse de Chemillé, est en sa possession dès le XVIe siècle et passe, en 1752, aux Legouz de

M. et Mme Gourraud de la Bonnelière acquirent la totalité de la métairie de la Caillaudière ; ils se rendirent également propriétaires des métairies de la Séguinière, de l'Hopitaud, du Sableau, de la Rogerie et d'un cinquième de la Chironnière, en vertu de ventes faites par la famille de Ruays qui avait reçu jadis ces domaines en partage des seigneurs de la Chabotterie.

M. Gourraud mourut à Saint-Sulpice, le 8 octobre 1775, et sa veuve décéda le 22 mai 1788, à l'âge de soixante-et-un ans. Ils avaient eu douze enfants, nés pour la plupart à Saint-Sulpice, six d'entre eux se partagèrent leur succession, le 28 mai 1789.

1° *Pierre-Charles Gourraud*, sieur de la Proustière, avocat, juge sénéchal de Saint-Denis, la Rabastelière, la Jarrie et la Raslière, né en 1744, mort en 1816, marié, le 28 septembre 1784, à *Rose-Judith Thiériot*, dont : a) *Pierre-Marie*, qui suivra sa tante au § VI ; — b) *Joseph-Alexandre*, dont descendent MM. Gourraud de la Proustière (éteints), Esgonnière et Rousselot ; — c) *Charles-Zacharie-Constant*, dont la petite-fille, Mme Robiou de Lavrignais, est la femme du vaillant député royaliste de la Vendée pour la deuxième circonscription de l'arrondissement de la Roche-sur-Yon ; — d) *Marie*, religieuse de Chavagnes ; — e) *Julie*, mariée à M. Begaud.

Vaux), originaire de Bourgogne, implantée, en 1450, en Anjou, où elle a fourni plusieurs célébrités : elle n'a que le nom de commun avec les Gourraud du Bas-Poitou.

Ceux-ci remontent à *Jehan Gourraud*, vivant à Chavagnes-en-Paillers en 1522, dont *André G.*, notaire à Saint-Fulgent, dont *André G.*, s^r de la Guibonnière (Chavagnes), marié, en 1643, à Marguerite Le Geay, dame de la Proustière (Chavagnes), dont *Alexandre G.*, s^r de la Bonnelière (Chavagnes), dont : 1° *Alexandre*, s^r de la Bonnelière et de la Gemaubretière (Beaurepaire), auteur de la branche aînée éteinte, en 1879, dans la personne de Mme Roulin ; 2° *Pierre*, souche des branches de la Bonnelière et de la Proustière, actuellement existantes *(Dict. Beauchet-Filleau*, IV, 333-337).

2° *Louis-Zacharie* (1746-   ), sieur des Borderies, propriétaire de la Séguinière, dont descendent MM. Le Gall du Tertre ; — 3° *Marie-Aimée-Rose*, née en 1747, morte en 1749 ; — 4° *Marie Elisabeth-Angélique*, née en 1749, morte jeune ; — 5° *Marie-Elisabeth Gabrielle*, qui suit ; — 6° *Rose-Marguerite-Marquise*, née en 1751, tuée, à Saint-Sulpice, par une colonne républicaine, le 18 mars 1794 ; — 7° *Anne-Perrine*, dite d^{lle} de la Martinière, née en 1752. Sa succession et celle de sa tante, Anne-Rose Jeullin, furent partagées par acte passé à Saint-Sulpice, le 27 juillet 1807 ; — 8° *Joseph-Alexandre*, né en 1754, médecin à Clisson, mort dans les prisons de Nantes pendant la Terreur. Sa fille, *Elisabeth Gourraud*, qui, avec ses frères, vécut dans la plus affreuse misère pendant la Révolution, épousa son cousin-germain, Pierre Gourraud, dont MM. Gourraud, de Saint-Sulpice (voir § VI) ; — 9° *Louis-Séraphin*, né en 1756, mort en 1763 ; — 10° *Charles-Auguste*, né en 1756, décédé en 1765 ; — 11° *Jeanne-Catherine*, née à Saint-Sulpice, en 1757, religieuse bénédictine fontevriste à Saint-Sauveur de Montaigu, tuée pendant la Révolution, suivant La Révellière-Lépeaux ; — 12° *Louise-Stéphanie*, née en 1758, morte jeune.

Nous ne pouvons résister au plaisir de reproduire ce passage si touchant, extrait des *Mémoires* de l'austère et farouche conventionnel-régicide La Révellière-Lépeaux qui, de 1795 à 1799, en sa qualité de premier Directeur, présida aux destinées de la République Française. Il a trait à Rose Gourraud et sa plus jeune sœur Jeanne.

« *La famille Gourraud de la Proutière était alliée de très près à celle de ma mère (Marianne Maillochau). M. Gourraud de la Bonnelière, membre de cette famille, demeurait à Saint-Sulpice-le-Verdon, à deux lieues et demie de Montaigu. Il avait plusieurs enfants, et entre autres deux filles fort agréables de leur personne* (1).

____

(1) Elisabeth et Rose Gourraud de la Bonnelière.

Nous nous voyions très souvent, et nos réunions étaient animées par tous les plaisirs de la jeunesse. Rosette, la cadette des deux sœurs, fut la première qui fit naître en moi de douces émotions. Ce n'était pas encore le besoin des sens ; ce fut la voix d'un cœur qui eut toujours besoin d'aimer. Mais j'avais quatorze ans, elle en avait vingt (1); elle me traita comme un enfant. La certitude de n'être jamais à elle empoisonnait tous les plaisirs que je goûtais à Saint-Sulpice. Cependant diverses circonstances relâchèrent peu à peu nos liaisons ; nous nous vîmes plus rarement. Les premières atteintes que j'avais éprouvées, quoique vives, n'étaient que le prélude d'une véritable passion. Dès lors, je ne vis plus Rosette, bien que plus âgée que moi, que comme toute autre femme. Je crois que cette malheureuse parente, dont la conduite n'a pas été tout à fait exempte de reproches, mais qui n'avait aucune méchanceté dans le caractère, s'est jetée à la suite des armées royalistes et qu'elle a péri malheureusement dans la guerre civile. Elle ne méritait pas un sort si cruel...

«..... Pendant que nous étions à Montaigu, Leclerc et moi, à passer nos vacances, il y avait chez ma sœur, à la Bougonnière, de fréquentes et agréables réunions ; mais les instants qui avaient le plus d'attraits pour nous (qui le croirait ?) c'était ceux que nous passions à la grille d'un couvent.

« Il y avait à Montaigu un monastère de religieuses fontevristes. Parmi elles, était alors la plus jeune sœur de nos cousines Gourraud de la Bonnelière (2), dont j'ai parlé. Une naïveté enchanteresse, une simplicité de cœur admirable, une piété douce comme son aimable caractère, une physionomie angélique et des manières charmantes, la faisaient chérir de tout son couvent. Mais ma bonne petite cousine avait surtout une amie bien dévouée dans Mme *Duchâteau. Celle-ci s'était faite religieuse tard, et,*

---

(1) Quand la Révellière avait quatorze ans, elle n'en avait que dix-huit.

(2) Jeanne Gourraud, clérière du couvent en 1782.

comme on disait alors, par raison... Ces deux femmes étaient charmantes l'une sans l'autre ; mais réunies, elles enchantaient au point qu'une fois avec elles, nous ne pouvions quitter le parloir. Hélas ! ma pauvre petite cousine, si digne d'un meilleur sort, a été massacrée dans cette guerre impie qu'enfanta le fanatisme et qu'ont nourri, avec le plus cruel acharnement, les passions exécrables du dedans et du dehors de notre malheureuse patrie (1). »

V. — *Marie-Elisabeth-Gabrielle Gourraud de la Bonnelière* naquit à Saint-Sulpice, le 11 février 1750, et fut partagée d'une partie des propriétés de sa famille en Saint-Sulpice, et particulièrement du Logis du bourg, où elle vécut jusqu'à sa mort. Plus heureuse que sa sœur Rose qui demeurait avec elle, elle parvint à échapper aux nombreuses colonnes infernales qui sillonnèrent la paroisse de Saint-Sulpice en 1794, et après la Révolution, elle consacra entièrement le reste de son existence à soulager les misères, à subvenir aux besoins du nouveau pasteur, M. Heullin, et à restaurer l'église ; aussi son nom est-il toujours vénéré et resté populaire à Saint-Sulpice. Elle mourut en son logis, le 29 mars 1828.

VI. — *Elisabeth Gourraud*, née à Clisson en 1792, du mariage de Joseph-Alexandre Gourraud avec Polixène Douillard, devint, après la mort de sa tante, la propriétaire du Logis et de la majeure partie de ses propriétés de Saint-Sulpice (2). Elle était doublement sa nièce, d'ailleurs, ayant épousé à Chavagnes en 1813 son cousin-germain, *Pierre-Marie Gourraud*, né en 1789, propriétaire de la métairie du Sableau, docteur-médecin aux Brouzils, conseiller général du canton de Saint-Ful-

(1) *Mémoires de La Revellière-Lépeaux*, publiés en 1873, 3 vol., t, I, p. 21, 43 et 44.

(2) A cette demeure attenait une borderie, dont la maison de ferme fut déplacée et reconstruite en 1855, au lieu dit de la Bonnelière, en souvenir de la terre de famille de ce nom, située commune de Chavagnes.

gent, et qui mourut peu d'années après sa tante, en 1838. Mme Gourraud mourut aux Brouzils, le 4 mai 1860, laissant :

1° *Charles*, dont le fils aîné, M. le docteur Georges Gourraud, est le chef actuel de cette ancienne famille ; — 2° *Léon*, qui suit ; — 3° *Lucie*, mariée à *Samuel Buet*, notaire.

VII. — *Léon Gourraud*, né aux Brouzils, en 1821, fut notaire aux Moutiers-les-Mauxfaits où il mourut, en 1856. Décédé avant sa mère, il ne fut donc pas propriétaire du Logis, mais il vint y faire de fréquents séjours et fut élu conseiller municipal de Saint-Sulpice, en 1848. Il avait épousé, en 1851, Mlle *Nathalie Mandin*, laquelle, en son nom et comme tutrice de ses enfants mineurs, fit plusieurs acquisitions près du bourg ; c'est elle qui édifia, en 1862, le château actuel. De ce mariage naquirent :

1° *Marie*, mariée, en 1875, à M. *Frédéric Gauvreau*, de la Chaize-le-Vicomte ; — 2° *Léon*, qui suit.

VIII. — *Léon Gourraud*, né le 22 décembre 1855, aux Moutiers-les-Mauxfaits, pendant de nombreuses années maire de Saint-Sulpice-le-Verdon (1894-1908), et depuis 1883 conseiller d'arrondissement pour le canton de Rocheservière, est l'aimable et sympathique propriétaire du Logis qu'il n'a jamais cessé d'habiter. Il a épousé, à la Verrie, le 18 novembre 1884, Mlle *Marie Bourgeois*, fille de M. le Dr Paul Bourgeois, député royaliste de la Vendée pendant trente-cinq ans et ancien doyen de la Chambre (1), dont sont issus :

1° *Léon*, 1885; — 2° *Paul*, 1887, marié aux Brouzils, le 20 avril 1911, à sa cousine, Mlle *Lucie Gourraud*, dont

_____

(1) On conserve au Logis une des plus rares et des plus précieuses reliques des guerres de Vendée. C'est le drapeau blanc, déchiré par les balles et tout taché de sang, sous les plis duquel la paroisse de la Verrie (chef : M. de Sapinaud) fit toutes les campagnes, et en particulier la campagne d'Outre-Loire, en 1793. Il appartenait précédemment à M. le député Bourgeois, à qui un vieux paysan de la Verrie l'avait donné.

Hubert (1912) ; — 3° *Marie-Antoinette*, 1888, mariée à Saint-Sulpice, le 15 mai 1907, à M. *Henri Michau* ; — 4° *Pierre*, 1891.

§ VIII. — *Le Bien-Être*

Cette habitation, située au village de la Caillaudière-aux-Pirons, à la sortie du bourg, a été édifiée en 1844 par M. Gabriel de Goué, sur les plans et avec les matériaux de l'ancienne conciergerie de la Chabotterie, qui bordait la route de Nantes à la Roche, à l'extrémité de la grande avenue du château.

Gabriel de Goué, fils de M. de Goué, chevalier de Saint-Louis, propriétaire de la Chabotterie, et de Emilie de Besné, naquit à Nantes, en 1811. Elu maire de sa commune en 1848, il donna sa démission en 1852, refusant de prêter serment à l'Empire ; il fut également appelé par ses concitoyens à commander la Garde Nationale de Saint-Sulpice en 1870, et jusqu'à sa mort il présida le conseil de fabrique de sa paroisse. Il est mort en sa maison du Bien-Etre, le 19 juillet 1877, laissant à ses enfants un recueil de poésies humoristiques, politiques et religieuses, dont plusieurs ont été publiées et qui ne sont pas sans valeur.

De son mariage avec *Marie-Anne Texier* qu'il épousa en 1842, naquirent à Saint-Sulpice :

1° *Théophile*, né en 1843, ordonné prêtre en 1866, décédé curé de Saint-Avaugourd-des-Landes en 1892 ; — 2° *Joséphine*, née en 1846, habita sa vie durant au Bien-Etre, où elle est morte, le 22 juin 1905 ; — 3° *Emile*, né en 1850, demeura également au Bien-Etre jusqu'en 1888, époque à laquelle il fit construire à la Caillaudière-aux-Hillarets le chalet Sainte-Marie, où il est mort le 20 janvier 1900. En 1870, il avait eu l'honneur d'être l'hôte de Mgr le comte de Chambord, qui lui fit écrire une lettre des plus touchantes et des plus affectueuses à l'occasion de la mort de son père.

Mlle de Goué laissait pour héritier son cousin-germain, M. *Alain de Goué*, de la Chabotterie, qui vendit le Bien-Etre à M. et Mme *Léon Gourraud*, le 31 janvier 1908. Depuis, cette maison est habitée par leurs enfants, M. et Mme *Henri Michau*, et par Mlle *Elisabeth Michau*, leur fille, née en 1909.

CHAPITRE IV

HISTOIRE ECCLÉSIASTIQUE

§ I. — *Patronage*

La paroisse de Saint-Sulpice-le-Verdon (1), qui faisait jadis partie du doyenné de Montaigu, est, depuis le Concordat de 1801-1802, rattachée au doyenné de Rocheservière créé à cette époque (2). Elle est placée, ainsi que son nom l'indique, sous le vocable et le patronage de saint Sulpice, évêque de Bourges, dont on célèbre la fête le 17 janvier.

Comme bénéfice ecclésiastique, suivant les anciens Pouillés du diocèse, depuis le *Grand-Gauthier* du commencement du XIV⁰ siècle jusqu'au *Livre Rouge* du XVIII⁰ siècle, la cure appartenait à l'évêque du diocèse, *ecclesia Sancti Sulpicii de dono episcopi*, ce que dom Fonteneau traduit « la cure de Saint-Sulpice, à Monsei-

____

(1) Comme territoire, la paroisse de Saint-Sulpice correspond à celui de la commune. Toutefois, bien que de tout temps l'important hameau de la Boulaye ait fait partie officiellement de Saint-Denis-la-Chevasse, il se rattache *de fait*, au point de vue religieux, à Saint-Sulpice-le-Verdon, dont il se trouve plus rapproché.

(2) Saint-Sulpice, ainsi que la plupart des paroisses du Bas-Poitou, a fait partie du diocèse de Poitiers depuis l'évangélisation des Gaules jusqu'en 1317. A cette date, le pape Jean XXII érigea l'abbaye de Luçon en évêché. Supprimé en 1801, le diocèse de Luçon fut rattaché à celui de la Rochelle et reconstitué à nouveau en 1821.

gneur ». L'évêque avait donc la collation du bénéfice de Saint-Sulpice, c'est-à-dire le droit de choisir et de nommer lui-même le curé bénéficiaire, ce qui est de règle depuis le Concordat.

Ajoutons enfin qu'au point de vue temporel, le seigneur de la Bégaudière, tout au moins depuis le début du XVI⁰ siècle jusqu'en 1791, en tant que seigneur de Saint-Sulpice, était appelé seigneur-patron de la paroisse ; il en recevait, à ce titre, les honneurs, et avait droit de prééminences (banc, sépulture, etc.) dans l'église.

§ II. — *L'église*

L'ANCIENNE ÉGLISE (1). — La première fois qu'il est fait mention de l'église de Saint-Sulpice, c'est dans la charte de fondation de l'hospice de Montaigu en 1182. Elle est indiquée en ces termes : *capella silvestri de Sancto Sulpitio*, et, incontestablement, cette chapelle existait encore dans ses parties principales en 1886, avant la construction de l'église actuelle.

Elle n'avait pourtant pas traversé les siècles sans passer par de nombreuses et cruelles vicissitudes.

M. Dugast-Matifeux signale dans ses notes quelques indices du XV⁰ siècle, ce qui atteste qu'il y eut des réparations importantes à cette époque. Pendant les guerres de religion, au mois d'avril 1568, elle fut saccagée par les bandes huguenotes, très puissantes dans la contrée (2) ; peut-être même le clocher fut-il brûlé ou

(1) Tous les renseignements postérieurs à 1803 donnés dans ce chapitre de l'histoire religieuse de Saint-Sulpice, à l'exception de ceux dont les sources sont indiquées, ont été tirés des *archives du presbytère*. Quelques-uns cependant nous ont été fournis soit verbalement par plusieurs vieux paroissiens et par M. Albert de Goué, soit par nos observations personnelles, soit enfin par les *Archives de la Chabotterie*.

(2) Voir chapitre II, p. 23.

abattu. Il ne faut donc pas douter qu'après la guerre
civile on s'efforça de réparer les déprédations qu'elles y
avaient commises ; ce qui est sans conteste du moins,
c'est que l'ancien beffroi de l'église fut édifié dans les
premières années du XVIIe siècle.

Un peu lourde et massive, mais solide et commode,
cette tour carrée était bâtie exactement sur le modèle de
celle de la Chabotterie achevée en 1611 ; l'épaisseur des
murailles, l'entablement des fenêtres, le dôme aplati, les
détails et la coupe de la charpente, le cintre des portes, tout nous en fournit la preuve. Nous serions même
porté à croire que l'on doit cette restauration de l'église
de Saint-Sulpice, non seulement aux dons des seigneurs
catholiques voisins, mais encore et surtout à ceux des
évêques de Luçon, de la maison de Richelieu.

En effet, l'abbé de Pure, dans sa *Vita em. card. Riche-*
lii (1656, p. 53), rapporte que l'évêque Alphonse de Richelieu, au moment de prononcer ses vœux à la Grande-
Chartreuse, légua son patrimoine à son frère et successeur Armand, pour que ce bien fût employé à relever
les églises du diocèse de Luçon détruites par les protestants. Non seulement, ajoute-il, le futur cardinal-minis-
tre respecta le vœu de son frère, mais encore il dépensa
lui-même une partie de sa propre fortune dans ce but
de charité. « Il fit bâtir diverses églises et en rétablit
« d'autres que l'hérésie avait abattues ». « Il fit la visite
« entière de son diocèse, y établit quelques églises qui
« avaient été détruites par les huguenots » (1).

Mais bientôt éclate la Révolution, et avec elle la persécution, le carnage et l'incendie. L'église de Saint-Sulpice est détruite par le feu, le 28 février 1794, et il n'en
reste que des murs noircis. Un « *Etat général* des ci-
« devant églises situées dans les communes de l'arron-
« dissement du bureau de l'enregistrement et domaines

______

(1) *Bibl. de l'Arsenal*, Mss. 186 f° 6, 187 f° 33. — Armand de
Richelleu, le futur cardinal, arriva à Luçon le 21 décembre
1608.

« de Montaigu », à la date du 20 vendémiaire an V
(11 octobre 1796), décrit l'église en ces termes : « Petite,
« totalement ruinée, abandonnée, en vendre le terrain ».
Et le 8 fructidor an VI (25 août 1798) : « L'église de
« Saint-Sulpice, incendiée, les murs sont encore exis-
« tants jusqu'à 15 à 16 pieds ou 5 mètres de hauteur,
« mais sans matériaux que les murs » (1).

Néanmoins, si la vente a lieu au profit de J. Touzeau,
le 2 nivose an VII (22 décembre 1798), la Vendée, grâce
à son héroïque défense, reçoit, quoique vaincue, la promesse formelle de la République de conserver ses églises
et le libre exercice du culte catholique.

Aussi, bientôt, répare-t-on à la hâte les ruines de
l'église ; on refait une nouvelle charpente, le clocher qui
avait conservé en partie sa charpente est recouvert en
ardoise comme le reste de l'église, et le receveur des
domaines nationaux signale, en l'an XII (1803), « l'église
« de Saint-Sulpice, contenance cinq ares. Elle est re-
« bâtie, elle a été évaluée, en capital, 1.200 francs » (2).
Enfin, sous l'Empire et surtout sous la Restauration, les
paroissiens prennent à cœur de la réparer encore et de
l'orner de leur mieux ; il est même fait une réparation
importante au clocher en 1818 ; une horloge y est placée
par les soins de la commune, remplaçant celle qui existait avant la Révolution, et c'est dans cet état que beaucoup d'habitants de Saint-Sulpice se rappellent encore
leur église que nous allons essayer de décrire.

L'ancienne église, située à la même place que la nouvelle, occupait exactement, suivant le cadastre de 1838,
une superficie de trois ares cinquante. Elle mesurait
extérieurement, depuis la porte jusqu'à l'extrémité du
chœur, 28 mètres de long. Les murs des côtés avaient
5 mètres 64 de hauteur et étaient soutenus par de grands
contre-forts en pierre de taille ; la hauteur totale jusqu'au faîte de la toiture atteignait 9 mètres.

(1) *Arch. dép. de la Vendée,* Q.
(2) *Ibid.*

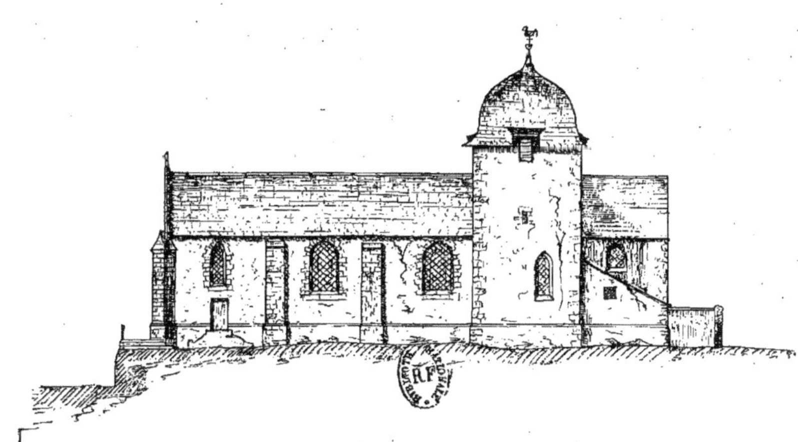

L'ancienne église de Saint-Sulpice, démolie en 1886

Bâtie en une seule nef et en forme de croix latine, sa reconstruction sommaire indiquait assez clairement le peu de ressources dont on avait pu disposer au commencement du XIX⁰ siècle. Ses fenêtres étaient ogivales et, seul, son portail présentait un certain caractère artistique. D'après les archéologues, l'église de Saint-Sulpice avait été construite au XI⁰ siècle et sa façade marquait, en effet, tous les signes de l'époque romane (1).

Outre le portique, se trouvait au bas de la nef une petite porte, ainsi qu'une autre dans le clocher, toutes deux donnant accès sur l'ancien cimetière.

La porte principale était protégée par l'inévitable *ballet* qu'on remarquait jadis devant presque toutes les églises. Ce ballet, dont on a quelque peu perdu le souvenir, portait le nom de *guernelaïe*, nom que nous retrouvons pour désigner cet endroit, non seulement à Saint-André-Treize-Voix, mais dans toutes les localités de la région qui en possédaient.

« La guernelaïe sans doute masquait bien la façade, mais elle avait pourtant de nombreux avantages. On y faisait les levées de corps à l'abri de la pluie et des vents ; on y remisait les boiseries des pompes funèbres ; le dimanche, les femmes, avant d'entrer à l'église, y fermaient leur parapluie, refaisaient un peu leur toilette, enlevaient le mouchoir blanc qui avait protégé leur longue et belle coiffe contre les injures de la brume, rabattaient leur jupon relevé par une épingle et en secouaient la poussière ou la *casse* (boue) de la route. Les petits marchands y faisaient parfois leur déballage, et les petits garçons de l'école voisine y trouvaient un préau commode pour jouer aux marbres, à la marlette ou à la vise (2). » Elle servait encore aux marguilliers

---

(1) Le portique roman paraissait assez intéressant pour que l'érudit M. Dugast-Matifeux en relevât le dessin que nous n'avons pu malheureusement retrouver dans ses notes conservées à la *Bib. de Nantes.*

(2) *Chronique de Saint-André,* p. 91-92.

pour y vendre, le dimanche, les offrandes en nature apportées à l'église par les fidèles ; elle avait même été utilisée jadis comme lieu de sépulture pour quelques paroissiens notables.

Mais la guernelaïe avait vécu. Menaçant ruine, le curé était tout disposé à la détruire, quand un avis de la préfecture, du 10 novembre 1844, vint donner l'ordre de démolir le ballet « à peu près inutile afin d'élargir la « route de Luçon à Rocheservière ». En 1845, disparaissait le vieux préau de l'église sous la pioche des démolisseurs, en même temps que l'on procédait au nivellement de l'ancien cimetière (3). Le portail, restauré par M. Cauvin, subsista, jusqu'en 1886.

A l'intérieur, la vieille église était « sinon riche, du moins décente », écrit M. l'abbé Aillery, l'auteur du *Pouillé du diocèse de Luçon*.

Les murs intérieurs, hauts de 5 mètres 35, se trouvaient réunis par une voûte de bois, refaite vers 1800, dont le sommet était à 7 mètres 45 du carrelage. Sa largeur était de 7 mètres et sa longueur de 25 mètres 50, dont 5 pour le chœur.

Quand on entrait par la porte principale on se trouvait presque dans les ténèbres, sous une tribune élevée seulement de 2 mètres 80, tribune construite en 1845 et permettant ainsi à un certain nombre de fidèles d'assister plus confortablement aux offices dans cette église véritablement trop petite. A gauche, se trouvaient les fonts baptismaux, renfermés par une clôture de bois.

Dans la nef, avant le transept, on avait placé deux autels ; celui de droite, près de la tour, dédié à saint Sébastien, était surmonté d'un grand tableau représentant le martyre de ce saint, qui avait jadis son autel dans la plupart des localités voisines ; celui de gauche était placé sous le vocable de la Sainte Vierge. Ces deux pe-

---

(3) L'un d'eux, François Bauvineau, auquel nous devons tant de détails sur cette période, est un vieillard de quatre-vingt-sept ans à l'intelligence toujours vive.

tits autels en marbre noir et blanc avaient été donnés,
au mois de mars 1840, par MM. de Goué, de la Chabotterie, en même temps que les ornements noirs, en souvenir de leur père, M. Gabriel de Goué, récemment décédé, qui, par testament du 15 février 1830, laissait une
somme de 500 francs à cet effet. Ce sont les deux autels
qui existent encore dans l'église actuelle.

Dans le bras de la croix, du côté de l'évangile, se
voyaient, au fond, le confessionnal, et, parallèlement à
l'autel de la Vierge, près du chœur, un troisième autel
dédié au Sacré-Cœur. Cet autel fut donné, en 1811, par
Mlle Gourraud de la Bonnelière, de pieuse mémoire, afin
de commémorer le vœu fait par la paroisse au moment
d'un grand danger lors des guerres de la Révolution ; il
fut mis hors d'usage en 1877. Ce côté du transept s'appelait irrévérentieusement le « toit à moutons », *aliàs* « la
prison », parce que les hommes s'y tenaient fort à l'étroit
pendant les offices. On y remarquait avec l'autel du Sacré-Cœur, une grande statue en bois de saint Sulpice,
d'une naïve laideur.

Au milieu du chœur se trouvait le maître-autel, celui
qui sert également de nos jours. Il était surmonté, depuis 1845, de la statue miraculeuse de Notre-Dame de
Saint Sulpice, statue en bois, préservée de l'incendie de
1794 et dont on connaît l'intéressante histoire.

Du côté de l'épître, sous le clocher, se tenaient les
sonneurs à proximité des cordes.

Les anciennes *cloches* de Saint-Sulpice avaient failli,
le 10 janvier 1793, être transférées à l'administration de
Montaigu, sous le prétexte que la population royaliste s'en
était servie pour sonner le tocsin et appeler les paroisses
voisines à la révolte. Après avoir échappé à ce sort,
elles furent, soit, quelque temps après, enlevées pour être
transformées en munitions de guerre, soit brisées et
fondues lors de l'incendie de l'église, en 1794.

Aussi, quand eut lieu la restauration du culte, M. Gabriel de Goué offrit sa belle cloche de la Chabotterie à
l'église de Saint-Sulpice, et jusqu'en 1860, époque de

l'achat des cloches actuelles, elle fut seule, avec une autre cloche acquise en 1822 pour la somme de 793 fr. 80, à appeler les fidèles, à sonner le gai carillon du baptême et du mariage, de même que le glas des morts. Après avoir fait appel aux enfants du catéchisme pendant quelques années, elle a repris enfin sa destination première à la Chabotterie, en 1878. — Nous parlerons plus loin des cloches actuelles (1860-1861).

Ajoutons à cette description que, de chaque côté, avaient été construits de petits appentis servant de sacristie et dont la porte donnait dans le chœur.

Mais cette vieille église était vraiment insuffisante pour la population, et comme il devenait urgent d'y apporter d'importantes réparations, on trouva plus sage d'en reconstruire une nouvelle (1).

L'ÉGLISE ACTUELLE. — Ce fut lors de la visite pastorale de Mgr Catteau, évêque de Luçon, le 1er mai 1883, que fut posé le principe de la reconstruction de l'église de Saint-Sulpice. Aussitôt, M. Loué, architecte départemental, était chargé de faire un plan et de dresser un devis, suivant lequel la dépense s'élevait à 58.448 fr. 43, ou plus exactement, comme il estimait les matériaux de l'ancienne église à 7.000 francs, à la somme de 51.448 fr. 43.

Le 17 février 1884, le conseil de fabrique, sous la présidence de M. Félix Avrilleau et de M. l'abbé Morin, curé de la paroisse, « considérant : 1º que l'église actuelle est « insuffisante pour la population, 2º qu'elle est en très « mauvais état et qu'elle n'offre plus les garanties né- « cessaires de solidité », décide à l'unanimité la construction d'une nouvelle église et adopte le plan et le devis de M. Loué. La somme de 51.448 fr. 43 sera couverte par : 1º 28.448 fr. 43 de souscriptions particulières, 2º 2.000 fr. pris dans la caisse de la fabrique, 3º 16.000 fr.

(1) Pendant deux ans, la grange de la cure servit d'église provisoire.

d'un emprunt de la fabrique au Crédit Foncier (1)
et 5.000 francs de la commune.

Le même jour, en effet, le conseil municipal, sous la
présidence de M. Albert de Goué, maire, acceptait le
plan et le devis de l'architecte et s'engageait au nom de
la commune pour une somme de 5.000 francs (2). La délibération et le devis de M. Loué étaient communiqués à
la Commission des bâtiments, qui approuvait le tout, le
19 du même mois.

Peu de temps après, la fabrique recevait une géné-
reuse offrande qui allait permettre d'entreprendre aussitôt les travaux. Elle votait, en effet, le 12 avril 1885,
une adresse de remerciements à la famille de Goué,
du Bien-Etre, « en raison de sa grande générosité
vis-à-vis de la construction de l'église » ; M. l'abbé
Th. de Goué offrait une somme de 3.000 francs, et sa
sœur, Mlle Joséphine de Goué, apportait 18.000 francs, à
la charge cependant de lui verser une rente viagère de
600 francs.

Les premiers coups de pioche furent donnés le mardi
de la Pentecôte, 15 juin 1886. Bientôt la vénérable église n'existait plus, et le dimanche 10 octobre 1886, à l'issue des vêpres, M. l'abbé Giraud, vicaire général désigné par Monseigneur, bénissait la première pierre du
nouvel édifice (3).

Les travaux, placés sous la direction de M. Eugène
Gautier, entrepreneur à Clisson, s'exécutèrent avec ra-
pidité, et au mois d'avril 1888, l'église était assez avancée pour qu'on puisse y célébrer les offices.

---

(1) L'emprunt de 16.000 francs au Crédit Foncier fut autori-
risé par décret du 18 mars 1886, à compter du 31 janvier 1888.

(2) Le conseil municipal, les 5 juin 1884 et 1er mars 1885, s'im-
pose de 12 centimes pendant quinze ans, à partir du 1er janvier
1886. Conformément à ses délibérations du 24 mai 1885 et du
4 avril 1886, il emprunte la somme de 5.000 francs à la Caisse
des dépôts et consignations au taux de 4 1/2 %.

(3) Cette pierre sert de base au pilier qui soutient actuellement la statue de N.-D. de Saint-Sulpice.

Le règlement des comptes ne se fit pas cependant sans grandes difficultés. M. Loué, ne répondant pas aux demandes réitérées du conseil de fabrique, fut menacé par celui-ci, le 30 avril 1890, de poursuites judiciaires. Mais étant décédé sur ces entrefaites, ce fut M. Filluzeau, le nouvel architecte départemental, qui se chargea de liquider la situation, le 21 octobre 1891.

Le premier devis de 51.448 fr. 43, déduction faite de l'évaluation des anciens matériaux, avait été augmenté de 9.400 francs, la pierre de tuffeau ayant été remplacée par la pierre de Château-Gaillard, et le 21 octobre 1891 la dépense totale montait à 67.854 fr. 64. Pour faire face aux dettes il fallut contracter de nouveaux emprunts dont les plus importants furent ceux passés avec MM. Fonteneau et Micheneau, pour 6.500 francs, et avec la fabrique de l'Herbergement pour 2.000 francs.

Mais il restait encore à terminer le clocher, à faire le perron de l'église, à donner des bancs aux fidèles. Tous ces travaux furent exécutés de 1889 à 1891, sous la direction de M. le curé Charpentier, et le premier dimanche d'octobre 1893, le conseil de fabrique reconnaissait que la dépense totale de la nouvelle église était montée à 78.600 francs dont il restait encore 20.146 francs à payer.

Cette très lourde charge pour une petite paroisse sans ressources comme Saint Sulpice a été cependant amortie peu à peu grâce à la bonne administration de MM. Rivalin et Michaud, curés de la paroisse.

Et maintenant, avant d'entreprendre une description succincte de l'église actuelle, qu'il nous soit permis de rappeler combien tous les paroissiens, riches et pauvres, chacun en proportion de ses moyens, montrèrent de zèle, de dévouement et de générosité pour la construction de leur église.

L'église de Saint-Sulpice le-Verdon, à laquelle on arrive par un perron élevé, frappe tout d'abord par sa gracieuse originalité. Elle diffère totalement, en effet, des nombreuses églises qui ont été édifiées depuis une

Eglise de Saint-Sulpice

quarantaine d'années dans la Vendée et dans les diocèses voisins.

C'est une construction de style romano-byzantin, qui
forme extérieurement un rectangle long de trente mètres, large de onze mètres; le faîte de la toiture s'élève
à quinze mètres du sol. Le clocher, tout de pierre et en
forme d'une pyramide quadrangulaire, dont la silhouette
égaye le paysage de ce coin de bocage, a trente-trois
mètres de hauteur. Le chœur, dont les quatre côtés portent les attributs des quatre évangélistes, est surmonté
d'un dôme, trop petit pour le reste de l'édifice, autour
duquel se lit l'inscription suivante en lettres d'or : *Glo-
ria in excelsis Deo.*

On pénètre à l'intérieur de l'église (vingt mètres de
long, non compris le chœur, sur neuf mètres trente-
cinq de large) par deux petites portes latérales et par le
grand portique central, surmonté de l'Ange de l'Apoca-
lypse, sculpté dans la pierre et accosté des lettres A
Ω ; il est entouré des inscriptions suivantes : d'une
part, *Ego sum via, veritas et vita;* d'autre part, *Venite
ad me omnes.*

Une fois entré dans l'église, on se trouve sous la tribune d'où l'on peut embrasser l'ensemble du sanctuaire
qui forme une croix grecque par l'agencement de l'architecture et de ses quatre gros piliers qui soutiennent
une nef (onze mètres soixante-dix de hauteur), réunie par
une seule clef de voûte ornée des armes de Léon XIII.

Les bas côtés se terminent à chacune de leur extrémité par une chapelle. Du côté de l'épître, en bas, c'est
la chapelle de Notre-Dame des Sept-Douleurs, avec son
joli autel en pierre, surmonté de la statue de la Mère du
Christ; on y a placé tout auprès la statue de saint Antoine
de Padoue, due à la générosité de la famille Gourraud.
Près du chœur, c'est la chapelle de la Vierge, avec l'autel offert, en 1840, par la famille de Goué ; elle est ornée
également des statues de saint Joseph et de sainte Anne. Du côté de l'évangile, la chapelle du bas sert aux
fonts baptismaux et possède une statue représentant

l'apparition de la Salette ; la chapelle du haut est consacrée au Sacré-Cœur. Son autel est celui de la chapelle Saint-Sébastien de l'ancienne église, don de la famille de Goué ; on y remarque également les statues du Sacré-Cœur et de saint Michel.

De chaque côté de la tribune on aperçoit deux immenses statues en bois, représentant saint Sulpice et sainte Lucie, patronne secondaire de la paroisse. Elles proviennent toutes deux de l'ancienne église, et, en 1888, elles ont été restaurées à grands frais par la famille Gourraud. Trois des piliers de la nef soutiennent, l'un la statue de Notre-Dame de Saint-Sulpice, dont nous parlerons plus longuement ci-après ; l'autre celle de sainte Véronique, tenant dans ses mains le saint suaire, et le troisième un grand crucifix en bois sculpté ; le quatrième pilier est occupé par la chaire, magnifique monument de pierre.

Avant de pénétrer dans le chœur par la sainte table également de pierre sculptée ajourée, on remarque deux grandes statues qui sont l'objet d'une vénération spéciale à Saint-Sulpice ; ce sont celles de Notre-Dame de Lourdes et du bienheureux Père de Montfort.

Le chœur (huit mètres quinze de long sur sept mètres soixante de large) est resté inachevé. La coupole, qui devrait être de pierre, comme le reste de l'édifice, n'est qu'en plâtre, et le maître-autel, qui est également celui de l'ancienne église, jure avec le style de l'édifice.

Du chœur on pénètre dans la sacristie donnant du côté de l'évangile ; de l'autre côté ont été faites, dès 1886, les fondations d'une autre sacristie qui doit être élevée bientôt.

Ainsi qu'il convient à une église romano-byzantine, les ouvertures de plein cintre ne laissent pénétrer qu'une faible lumière, très favorable d'ailleurs au recueillement.

Trois vitraux de même grandeur, placés au fond du chœur, éclairent le sanctuaire. Celui du centre, représentant l'Annonciation, est aux armes de l'abbé Th. de

EGLISE DE SAINT-SULPICE
Vue intérieure

Goué ; celui de droite donne l'image de saint Sulpice, celui de gauche celle de sainte Lucie, et ont été offerts l'un par la famille L. Gourraud, l'autre par Mme Buet, née Lucie Gourraud. Les deux petits vitraux des chapelles du Sacré-Cœur (apparition de Notre-Seigneur à la bienheureuse Marguerite-Marie) et de la Vierge (la Sainte-Famille à Nazareth) portent le blason de Mlle Joséphine de Goué.

Dans l'église, du côté de l'évangile, le grand vitrail représente Jésus mourant sur la croix et est orné des armoiries de M. Espivent de la Villeboisnet et de Madame, née Salvaing de Boissieu.

A droite, le vitrail représente Jésus bénissant les petits enfants et a été offert par la famille Avrilleau ; à gauche, Jésus enseignant dans le temple, et est un don anonyme.

En face, le vitrail du centre représentant l'apparition de Notre-Dame de Lourdes a été donné par Mme de Goué, née de Mornac ; à droite, il rappelle la révélation du scapulaire à saint Simon Stock et a été offert par M. et Mme Alain de Goué : il porte leurs armes (de Goué-Maujoüan du Gasset), auxquelles on a joint celles de leur frère (de Goué-Ertault de la Bretonnière) ; à gauche, c'est la révélation du Saint-Rosaire à saint Dominique et est le don de M. de Liger et de Madame, née de Goué.

Les six autres vitraux beaucoup plus petits ont été donnés soit par les peintres verriers, soit par la fabrique.

Ces verrières sortent des ateliers de la maison Megneu-Clamens-Bordereau, d'Angers.

Notre-Dame de Saint-Sulpice. — Longtemps avant la Révolution il existait dans l'église paroissiale une statue en chêne de la sainte Vierge, placée sur un autel latéral (côté de l'évangile), appelé l'autel de la Vierge. Cette statue, connue de tout temps sous le nom de Notre-Dame de Saint-Sulpice, représente Marie tenant

de la main droite l'Enfant Jésus et de l'autre un scep-
tre ; elle porte sur son front une couronne et est drapée
d'un grand manteau, signes de sa royauté : c'est donc
l'image de la *Vierge-Mère, Reine du Ciel.*

La statue, haute de quatre-vingt-huit centimètres est
une œuvre modeste de quelque naïf sculpteur de la fin
du XVI° siècle — et non du Moyen-Age comme on l'a
publié — ; le type n'a pas trop de raideur et l'expression du visage est pleine de bonté.

Elle était, depuis deux siècles tout au moins avant la
Révolution, l'objet d'une vénération spéciale. Chaque
année, à l'époque de la fête de la Nativité, on voyait
de pieux pèlerins, accourus quelquefois de très loin,
s'agenouiller devant cette image. Pendant la première
période de l'insurrection vendéenne, c'est à ses pieds
que les *gâs* de la paroisse venaient murmurer leur dernière prière avant d'aller faire le coup de feu contre les
Républicains, et qu'ils revenaient après chaque combat
remercier de sa protection la *Reine* des batailles. C'est
donc évidemment pour remercier la foi des habitants de
Saint Sulpice que Dieu permit que, seul, le fragile morceau de bois représentant sa Mère pût échapper à l'incendie allumé par les colonnes infernales qui consuma
l'église tout entière, le 28 février 1794. Ce qui est certain, c'est qu'elle fut respectée par les flammes, et alors
que tout était consumé autour de cette statue, qu'il ne
restait plus rien de l'autel de la Vierge sur lequel elle
était posée, elle fut trouvée au milieu du foyer encore
fumant dans un état parfait de conservation.

Le sacristain, Pierre Favreau, du village de la Caillaudière, qui l'avait retirée des décombres, la tint sagement cachée chez lui, derrière un coffre, jusqu'en 1800.
Aussi on comprend avec quel respect et quelle joie en-
thousiaste les pieux paroissiens de Saint-Sulpice réintégrèrent la précieuse relique dans leur église à peine ré-
parée, lorsque le culte put reprendre librement.

Replacée, comme jadis, au-dessus du nouvel autel de
la Vierge, la statue demeura longtemps telle qu'on

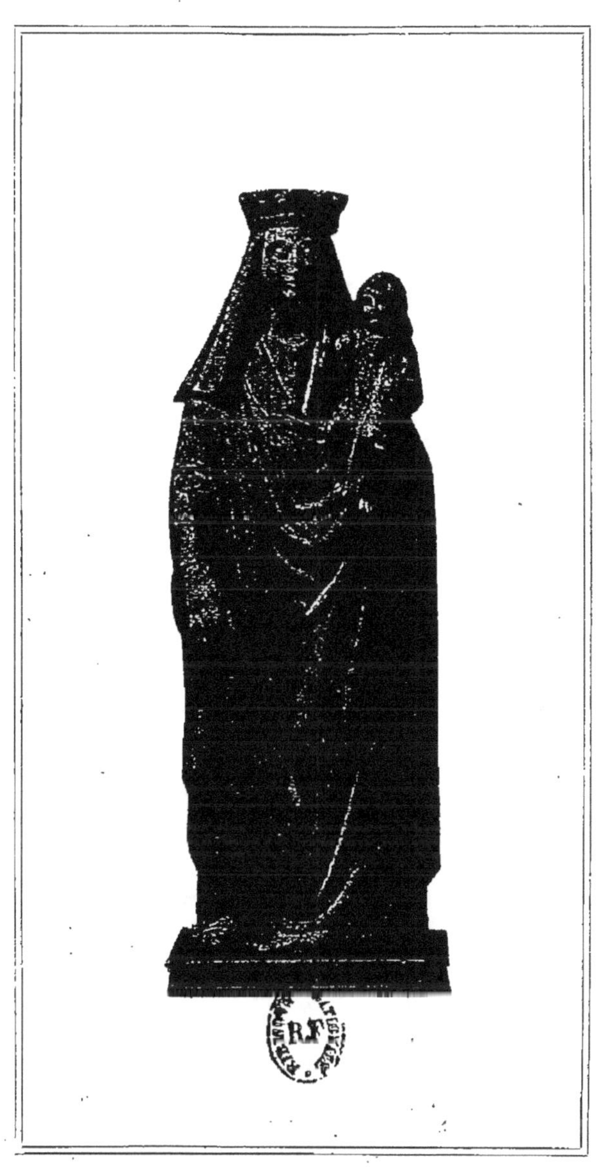

NOTRE-DAME DE SAINT-SULPICE

(Statue miraculeuse préservée du feu, lors de l'incendie
de l'église paroissiale, le 28 janvier 1794.)

l'avait retirée des cendres, et son aspect noirci ne la rendait que plus vénérable. Mais, en 1845, M. le curé Cauvin, trouvant que Notre-Dame de Saint-Sulpice n'était pas assez belle sous sa grossière couche de peinture jaune à demi-effacée par le temps et par la fumée de l'incendie, eut l'idée de lui *faire la toilette*, suivant l'expression de M. H. Bourgeois qui a publié un article aussi exact que spirituel à propos de cette statue, dans la *Vendée Historique* (1907, p. 200). Il la restaura lui-même avec un soin que nul ne peut contester ; mais il la fit dorer sur toutes les coutures en s'appliquant surtout à faire disparaître toutes les traces de vétusté. Il eut du moins une pensée plus heureuse, en profitant de cette restauration, pour la mettre dans l'église à la place d'honneur sur le maître-autel derrière la croix qu'elle dominait.

En 1889, après l'aménagement définitif de l'église reconstruite, la Vierge miraculeuse fut de nouveau nettoyée, et les visages de la Mère et de l'Enfant-Jésus reçurent une nouvelle couche de peinture, un peu trop rosée peut-être. Une fête superbe eut lieu, le 8 septembre 1889, pour commémorer le miracle de 1794 et mettre la statue à sa place définitive, le long du pilier qui fait face à la chaire (1). Un grand manteau de velours rouge frangé d'or partant d'un immense diadème royal, emblème du pouvoir qu'elle a sur les cœurs, encadre la Vierge placée sur un socle rouge et or. Deux lampes de style gothique — dont les veilleuses bleues choquent, par leur mauvais goût, à côté de cet ensemble tout rouge et or destiné à rappeler l'incendie de 1794 — brûlent à ses côtés. Une plaque commémorative en marbre blanc porte l'inscription suivante :

Cette statue en bois, depuis longtemps vénérée dans la contrée, a été trouvée intacte au mi-

---

(1) Disons pourtant que, suivant un très louable projet, la chapelle de la Vierge serait bientôt transformée, et l'on y verrait un nouvel autel sur lequel serait placée Notre-Dame de Saint-Sulpice.

LIEU DES RUINES DE L'ÉGLISE DE SAINT-SULPICE INCENDIÉE EN 1793.

NOTRE-DAME DE SAINT-SULPICE, TANT AIMÉE DE NOS PÈRES, PRIEZ POUR NOUS. — 8 SEPTEMBRE 1889.

La date de 1793 est malheureusement erronnée, car l'incendie de l'église eut lieu exactement le *28 février 1794.*

La dévotion traditionnelle envers Notre-Dame de Saint-Sulpice, par laquelle bien des grâces spirituelles et temporelles ont été obtenues, n'a jamais cessé d'être en honneur à Saint-Sulpice. Le 8 septembre, jour de la seconde fête patronale de la paroisse, la chère statue miraculeuse est portée solennellement en procession à travers le bourg, procession à laquelle prend part une foule toujours nombreuse et toujours recueillie.

§ III. — *Cimetières*

Ainsi que le voulaient les traditions de l'Eglise, le cimetière entourait la maison de prières, invitant de cette façon les fidèles, à la sortie des offices, au culte des morts.

Primitivement, le cimetière de Saint-Sulpice était situé au midi ; puis, devenu trop étroit, il fut considérablement agrandi à l'est, longeant ainsi toute l'église, vraisemblablement à la fin du XVII° siècle. Du moins en 1737 et pendant les années qui suivent, voit-on les curés préciser sur leurs registres de catholicité que les sépultures sont faites soit dans le « petit cimetière », soit dans le « grand cimetière » appelé même une fois « le nouveau cimetière ». Quoique ces deux cimetières ne fussent même pas séparés par une clôture, on enterrait de moins en moins dans le petit cimetière ; aussi, en 1798, celui-ci était-il désigné, dans une pièce révolutionnaire, en ces termes : « au midi de la dite église

« est un petit terrain servant *jadis* de cimetière » et plus loin l'on parle du cimetière proprement dit (1).

Ce dernier existait encore en 1838, lors de la confection du cadastre, entourant l'église, principalement du côté de l'évangile; il est évalué à cinq ares soixante centiares. Ce ne fut qu'en 1845, à l'époque de la disparition du ballet de l'église, que l'on fit le nivellement du cimetière et, pour en marquer le souvenir, on y éleva une grande croix (2).

Depuis plusieurs années déjà, avait été aménagé le cimetière actuel, situé derrière le bourg, qui ne comprit tout d'abord que la partie la plus rapprochée de l'enclos de la cure. Il serait même, dit-on, à la veille d'être remplacé pour être éloigné davantage du bourg, comme ceux du voisinage, afin de se conformer aux principes administratifs et aux prescriptions de l'hygiène moderne. Tel qu'il existe maintenant, il occupe une superficie de 18 ares.

On y remarquait, il y a une quarantaine d'années, deux croix : la croix actuelle et une autre grande croix de bois, élevée en 1843, par M. Heullin, au pied de laquelle il avait installé une grotte avec la statue de *Mater Dolorosa*. Ce cimetière n'avait aucune régularité, les allées étaient totalement inconnues ; aussi, en 1889, M. Charpentier, curé de la paroisse, fit-il tracer des allées et enlever la grotte qu'il plaça à l'extrémité du cimetière. Le calvaire de bois fut transféré au village de la Lissonnière, et la croix qui avait servi à désigner l'ancien cimetière près de l'église, restaurée par M. Cauvin et bénite à nouveau par M. l'abbé Th. de Goué, alors vicaire des Lucs, en 1872, fut seule placée au centre du champ des morts (3).

---

(1) *Arch. dép. de la Vendée*, Q

(2) Quelques-unes des pierres tombales de l'ancien cimetière ont servi au pavage du perron actuel de l'église.

(3) Il convient encore d'ajouter qu'à la Chevasse se trouvait le *Cimetière aux Huguenots*. Ce nom, qui, après trois siècles e-demi, subsiste encore, désignait-il le lieu où les calvinistes de

§ IV. — *Chapelles et chapellenies*

La visite de l'archidiacre Marchant, à Saint-Sulpice, en 1534, signale dans cette petite paroisse la présence de huit prêtres, ce qui indique qu'un certain nombre d'entre eux étaient bénéficiaires de chapellenies ou tout au moins les chapelains particuliers des seigneurs voisins. Les châteaux de la Bégaudière et de la Chabotterie avaient, en effet, leur chapelle privée ; mais les pouillés du diocèse de Luçon ne font aucune mention de chapellenies proprement dites, quoique d'autres titres semblent en indiquer une tout au moins.

1° Sur les registres du bureau de Montaigu, on signale le *bénéfice ecclésiastique de la Roultière*, comprenant la borderie de la Roultière, sise paroisse de Saint-Sulpice, près du village des Forges, qui est vendue nationalement à Jean Touzeau, le 22 février 1791, pour la somme de 3.450 livres (1). Mais le titre se trouvait-il bien à Saint-Sulpice ? Nous en doutons, et nous croyons plutôt qu'il était rattaché à l'église de Mormaison.

2° La *Chapelle de la Bégaudière*, attenant au château, dut de bonne heure être délaissée, ou même livrée au culte protestant, ses propriétaires étant de fervents adeptes de l'hérésie de Calvin. Les titres que nous avons eus entre les mains ne font aucune mention de cette chapelle. Nous voyons cependant sur le registre des biens nationaux du bureau de Montaigu qu'en la paroisse de Mormaison il existait un bénéfice ecclésiastique, connu sous le nom de bénéfice de la Bégaudière, qui fut vendu comme bien national au sieur Guitter, de

la paroisse se faisaient ensépulturer, ou bien voulait-il rappeler l'endroit où furent enterrés quelques soldats huguenots, tués dans un combat livré dans le voisinage ? Nous n'osons nous prononcer, mais nous penchons pour la première hypothèse.

(1) *Arch. dép. de la Vendée*, Q.

Machecoul, le 6 avril 1791, pour la somme de 2.100 livres (1).

3° La *Chapelle de la Chabotterie* était aménagée jadis dans une grosse tour située au sud, baignée par les fossés et datant tout au moins de la reconstruction du château, au XVᵉ siècle. Mais elle aussi, également, semble avoir été abandonnée par ses seigneurs, qui, sans appartenir tous à la religion réformée, avaient conservé du moins toutes leurs sympathies pour le parti huguenot. Quoi qu'il en soit, elle était, dès la fin du XVIIᵉ siècle, dans un état complet de délabrement, et le procès-verbal de visite du 25 février 1711 la signale en ces termes : « *Plus il y a au coin de la dite maison principalle au midy une tour qui est la majeure partie tombée, n'ayant plus de charpente ni de couverture, servant autrefois de chapelle à la dite maison, et voullant icelle rétablir il seroit nécessaire de démolir les murailles jusqu'au rez de chaussée, et pour la mettre en eslat de service scellon quelle paroist avoir esté il conviendroit au moins la somme de 600 livres (2).* »

On ne crut pas devoir la réparer et la tour fut rasée. Aussi, la chapelle actuelle de la Chabotterie, située du côté opposé, au nord, et à laquelle on accède par l'escalier de la tour carrée, est-elle toute récente. Elle a été construite en 1883, et la permission de Mᵍʳ Catteau d'y célébrer la messe date du 23 novembre de cette même année.

On y remarquait un fort bel autel en bois sculpté, la propriété du R. P. Pierre (Philibert de Goué), religieux capucin actuellement au Canada, qui, par plusieurs lettres datées de 1904, exprimait sa volonté formelle qu'il restât à la Chabotterie ; il renouvelait de vive voix, à diverses reprises, sa donation à son frère aîné, en 1907. Néanmoins, en violation des intentions du donateur, l'autel a été enlevé et transféré à l'Epiardière, en 1910.

---

(1) *Arch. dép de la Vendée*, Q.

(2) *Arch. de la Chabotterie.*

Un nouvel autel va bientôt rendre au culte cette vaste chapelle restaurée avec goût, où l'on n'a cessé cependant de vénérer une statue de la Vierge présentant l'Enfant Jésus, debout sur une colonne : cette statue de pierre, haute de un mètre vingt, qui est un joli travail du début du XIXᵉ siècle.

4° La *Chapelle du Chêne de la Chevasse*. Nous avons vu au chapitre III, § 3, qu'au village de la Petite-Chevasse se trouvait un chêne d'une grosseur extraordinaire. Afin de conserver ce vieux chêne communal et de donner en même temps un oratoire à l'important village de la Chevasse, éloigné de plus de trois kilomètres du bourg, M. de Goué, en sa qualité de maire, et M. Alain de Goué, son fils, ont pris l'initiative d'aménager le creux de ce chêne en une petite chapelle rustique dédiée à *Notre-Dame du Sacré-Cœur et de la Chevasse*. Les familles du village ont voulu contribuer à cette œuvre locale qui semble avoir déjà eu sa récompense par plusieurs grâces qui ont été obtenues.

La statue, offerte par M. et Mᵐᵉ Alain de Goué, y est placée dès le mois de mai 1911, et M. le curé de Saint-Sulpice prend possession du chêne le jour de l'Ascension en y célébrant le mois de Marie. Toutefois la chapelle n'est terminée que quelques mois après et son inauguration solennelle a lieu le 10 septembre suivant.

A la grand'messe, M. le curé retrace, devant la Vierge qui a été placée dès le matin dans le chœur de l'église paroissiale, les bienfaits de la dévotion à Notre Dame du Sacré-Cœur, et il en fait une comparaison avec Notre-Dame de Saint-Sulpice, la statue miraculeuse dont on célèbre la fête ce jour-là même. Après les vêpres, les jeunes filles, vêtues de blanc, viennent prendre la statue qui est posée sur un brancard orné de dentelles et de feuillage ; puis la paroisse se rend processionnellement au chant des cantiques et en récitant le rosaire jusqu'au chêne, dont les alentours sont magnifiquement décorés.

M. Boisseau, curé de Saint-Denis, procède aussitôt à la bénédiction du terrain et du chêne, et M. le curé de

Saint-Sulpice à celle de la statue. En un sermon ayant pour texte « *radicavi in populo honorificato* — J'ai pris racine dans le peuple que le Seigneur a honoré », M. le curé de Saint-Denis retrace l'histoire du vieux chêne et rappelle la dévotion au Sacré-Cœur qui a toujours été si vive parmi les Vendéens. Son confrère de Saint-Sulpice ajoute quelques mots encore et, après une consécration solennelle, il fait acclamer la religion et Notre-Dame du Sacré Cœur.

A cinq heures et demie, la cérémonie est achevée, et, lentement, la foule, qui peut s'évaluer à sept cents personnes, venues des communes de Saint-Sulpice, Saint-Denis, la Copechagnière, l'Herbergement et les Brouzils, vient vénérer une fois encore la Vierge-Mère dans son nouvel oratoire de la Chevasse.

§ V. — *Croix et Calvaires*

Sur toute l'étendue de la paroisse s'élève, comme jadis avant la Révolution, un grand nombre de croix et de calvaires. Abattus par les soldats républicains pendant les guerres de Vendée, « les signes d'un culte anciennement privilégié », suivant l'expression du commissaire de Rocheservière, commencent à reparaître dès 1799 à la croisée des chemins.

1° *Le grand calvaire paroissial*, élevé à la Bonnelière près du bourg, sur la route de la Chevasse, dans un vaste emplacement donné par la famille Gourraud, fut inauguré à la fin de la mission de 1865. Le bois de cette croix, atteignant onze à douze mètres de hauteur, fut donné également par Mme Gourraud, et l'immense Christ en bronze, ainsi que les nombreux cœurs dorés qui ornaient les côtés de la croix et à l'intérieur desquels se trouvait le nom des paroissiens, furent offerts par les habitants de Saint-Sulpice. En 1909, une violente tempête fit tomber le calvaire ; mais la famille Gourraud offrit généreusement un nouveau bois qui s'élève à onze mètres cinquante du socle en granit ; les paroissiens contribuèrent à la restauration du Christ qui s'était brisé et, le 22 janvier 1911, à la suite d'une mission, eut lieu l'inauguration du nouveau calvaire paroissial dont le transport, l'érection et la bénédiction prouvèrent une fois de plus la foi ardente des populations.

2° *La croix de la Gestière*, à un kilomètre du bourg, est tombée de vétusté, il y a vingt-cinq ans, et on n'en aperçoit plus que la maçonnerie de la base.

3° *La croix de la Renaulière*, en granit, d'une hauteur de trois mètres, a été élevée, en 1846, par les soins de Jean Renaud, maire de Saint-Sulpice, et de sa famille.

4° *La croix de la Chabotterie*, grande croix de bois, également tombée par vétusté il y a une douzaine d'années. Cependant, comme pour la croix de la Gestière, les passants se signent à son approche et continuent à y déposer, au passage des morts, la traditionnelle petite croix dont nous avons parlé au chapitre I, § VII, de cette histoire. Ajoutons qu'elle doit être rétablie bientôt par une croix de granit n'ayant d'autre ornement qu'au centre un grand Cœur de Jésus. Sur le socle se lira l'inscription suivante : *Cœur Sacré de Jésus tant aimé de nos pères pendant les guerres de Vendée, ayez pitié de nous.*

5° *La croix de la Lissonnière* était une fort belle croix de bois élevée, en 1843, par les soins de M. Heullin, ancien curé, et placée jadis dans le cimetière. Restaurée en 1870, puis transportée en 1889, aux frais de la famille Chaigneau et sur son terrain, elle fut bénite à nouveau le dimanche de la Passion de la même année. Brisée lors du terrible ouragan du 21 décembre 1911, M. François Chaigneau vient d'édifier à sa place une fort belle croix en ciment armé (octobre 1912).

6° *La croix de l'avenue de la Chabotterie*, petite croix en fer forgé qui surmontait jadis une grande croix de bois placée tout auprès, sur un ancien commun acquis par M. Achille de Goué, à l'angle du vieux chemin de

Villeneuve et de celui de la Chevasse. On lit sur la colonne de granit, qui la soutient depuis 1912, cette belle devise canadienne : *Aime Dieu et va ton chemin.*

7º *La croix de Charette*, au bois de la Chabotterie. (Voir chapitre I, p. 68, et la cérémonie d'inauguration à la fin de cette chronique.)

8º *La croix de la Chevasse*, croix de pierre placée à l'embranchement des quatre routes et élevée par la famille Grasset en 1863.

9º *La croix de la Bernerie*, appelée parfois de la Bourrie, abattue par les soldats républicains lors des Guerres de Vendée, et dont il ne reste qu'un simple tronçon de bois, mérite, en raison de cette circonstance, une vénération toute spéciale.

10º *La croix de la famille Gourraud*, à la sortie du bourg sur la route de Mormaison, fut élevée par les soins de Mlle Gourraud de la Bonnelière, en 1824 Ses petits-neveux l'ont récemment remplacée par une grande croix de bois de même modèle, haute de neuf mètres et dont la tête et les bras se terminent par de grandes fleurs de lys d'or. Elle a été érigée, comme croix de mission et de jubilé, le 20 janvier 1901, et bénite par le R. P. Jules Trottin. Monseigneur y a attaché quarante jours d'indulgence.

11º *La croix de la Chironnière*, à trois cents mètres sur la route des Lucs, est une fort belle croix de granit ornée de plusieurs cœurs sculptés ; elle a été élevée, en 1873, par M. Stanislas de Goué en reconnaissance d'une amélioration dans sa santé et dans l'intention de servir de but aux processions des Rogations.

12º *La croix du Bien-Etre*, due à la générosité de M. Gabriel de Goué et placée sur son terrain, face à sa demeure, a été bénite solennellement le 25 août 1867. On n'y voit plus que la petite croix de fer forgé qui surmontait la grande croix de bois, restaurée par M. Léon Gourraud, en 1907.

13º *La croix de la Bégaudière* est une croix en granit du pays, élevée par la famille Espivent de la Villeboisnet en 1876, à l'extrémité de la paroisse sur la route de l'Herbergement.

14° Il convient d'ajouter à cette nomenclature la *colonne de la Vierge*, érigée dans l'enclos de la cure sur un tertre élevé, face à la route de l'Herbergement.

Cette superbe colonne en granit (5^m42) dont le fût principal, d'un seul bloc, ne mesure pas moins de 3^m25 de hauteur sur 1^m65 de circonférence, est surmontée d'une corniche très artistiquement sculptée qui soutient une magnifique statue en bronze représentant la Vierge tenant l'Enfant Jésus dans ses bras (1^m80). Une grandiose manifestation, au cours de laquelle fut bénite cette statue, clôtura, le 29 décembre, une mission donnée pendant l'Avent de l'année 1878 par les RR. PP. Récollets Alexis et Marie-François.

Depuis, la colonne de la Vierge-Mère sert de but à toutes les processions de la paroisse.

§ VI. — *Confréries et Associations pieuses*

Les documents ne font aucune mention de confréries ou associations pieuses qui, indubitablement, existaient à Saint-Sulpice avant la Révolution.

On y signale, depuis le Concordat de 1801, les confréries suivantes :

1° La *Confrérie du Sacré-Cœur de Jésus*, la première en date, a un intérêt historique tout particulier; aussi croyons-nous devoir citer l'acte de fondation dans ses parties principales.

Gabriel-Laurent Paillou, par la miséricorde de Dieu et la grâce du Saint-Siège apostolique, évêque de la Rochelle, baron de l'Empire, membre de la Légion d'honneur, à notre bien aimé en J.-C. le sieur Heullin, prêtre desservant de Saint-Sulpice, dans notre diocèse, salut en N. S. J. C.

Vu la demande que vous nous avez faite relative à l'établissement de la confrérie du Sacré-Cœur de Jésus

COLONNE DE LA VIERGE

dans votre église, nous disant que le vœu en avait été fait par vos habitans pendant la guerre civile de la Vendée et qu'un danger éminent les menaçait de toute part, et qu'ils désiraient ardemment pouvoir, dans ce moment, accomplir leur vœu, qu'une personne pieuse, qui est déjà bienfaitrice de l'église (1) se dispose à faire bâtir un autel qu'elle désire être dédié et consacré à cette confrérie,

Ne désirant tant rien que de seconder, par tous les moyens qui sont dans notre pouvoir, le zèle de nos chers coopérateurs et des fidèles, nous vous avons permis et par ces présentes nous vous permettons en vertu des pouvoirs à nous accordés par N. S. P. le Pape Pie VII selon son indult du 28 février 1805, de l'avoir dans votre église la susdite confrérie du Sacré Cœur de Jésus et y attachons les indulgences accordées par Sa Sainteté à de semblables confréries et détaillées dans son indult ainsi qu'il suit (suivent cinq articles accordant des indulgences aux membres de la confrérie).

Nous ordonnons qu'il soit tenu un registre où seront soigneusement inscrits les noms des confrères et consœurs de ladite confrérie et que notre présente ordonnance soit jointe au dit registre ou copie en tête. — Donné à la Rochelle, dans notre résidence ordinaire, sous notre sceau et notre seing et le contre seing de notre secrétaire, le 10 décembre 1810.

✝ *G. L., évêque de la Rochelle*
par Monseigneur
Michau, ch^{ne} secrétaire.

Le registre de cette confrérie signale le nom de la plupart des habitants de Saint Sulpice ainsi qu'un certain nombre de ceux de Mormaison, Saint-Christophe, la Grolle, Saint-André, l'Herbergement, etc. Il faut constater cependant que cette confrérie, qui fut si florissante à Saint-Sulpice pendant trois quarts de siècle est quelque peu abandonnée de nos jours, soit que l'ancien

---

(1) Mlle Gourraud de la Bonnelière.

autel de la confrérie ait été détruit avec l'ancienne église, soit que de nouvelles dévotions aient absorbé cette dévotion qui devrait être d'autant mieux pratiquée qu'elle est l'accomplissement d'un vœu solennel.

2° *La Confrérie du Très Saint Sacrement*, la seconde en date, fut érigée à Saint-Sulpice par ordonnance du 27 septembre 1895.

Elle a été créée par M. Rivalin à la suite d'un carême prêché par le R. P. Bernard, dans le but d'honorer N.-S. au Saint-Sacrement de l'autel, de réparer les sacrilèges et de faire amende honorable pour les blasphèmes qui se commettent dans la paroisse. Près de soixante hommes s'inscrivent aussitôt sur le registre de la confrérie ; peu après il y eut un certain nombre de défections bien vite comblées, et, à l'heure actuelle, cette confrérie est la plus importante de la paroisse. Le troisième dimanche de chaque mois les confrères, un flambeau à la main, suivent dévotement le Saint-Sacrement et font autour de l'église une procession des plus touchantes.

3° *La Confrérie du Scapulaire du Mont Carmel*, quoique existant de fait depuis de longues années, a été érigée officiellement à Saint-Sulpice le 7 février 1897.

4° *L'Association de l'Apostolat de la Prière* a été créée en 1898 afin de raviver la confrérie du Sacré-Cœur.

5° *La Confrérie des Mères Chrétiennes* a été érigée le 28 juillet 1898 dans le but de multiplier les grâces dont les femmes ont besoin pour remplir saintement leurs devoirs.

6° *La Confrérie de la Doctrine chrétienne*, instituée par M. le curé, le 30 mars 1908, et érigée par ordonnance du 28 avril suivant, a pour but d'adjoindre au prêtre des auxiliaires acceptant de faire apprendre le catéchisme aux enfants.

7° *La Confrérie des Enfants de Marie* a été érigée par ordonnance de Monseigneur suivie d'un règlement particulier, le 8 octobre 1907. Au mois d'octobre 1909, on y a adjoint la congrégation des *Anges de Marie*, composée des jeunes filles se préparant tout spécialement à devenir enfants de Marie.

8° *Le Tiers-Ordre de Saint-François.*

On pourrait encore ajouter à cette liste l'*Œuvre de la Sainte Enfance*, celle de la *Propagation de la Foi* et celle *des Campagnes*, ainsi que l'*Association de la Jeunesse Catholique* dont un bon nombre de jeunes gens de Saint-Sulpice font partie, et l'*Association des Pères de famille* qui comprend à peu près tous les chefs de ménage de la paroisse.

§ VII. — *Biens ecclésiastiques. Fondations pieuses*

L'église, ou plus exactement la fabrique de Saint-Sulpice, devait à l'évêque, chaque année bissextile, une redevance de 15 sols, suivant le *Grand Gauthier* de 1300. D'après le *Livre Rouge* du XVIII° siècle, elle était contrainte de payer 5 sols de luminaire au diocèse de Poitiers. D'autre part, au rapport de dom Fonteneau, le bénéfice curial était estimé à 500 livres (*aliàs* 400) de revenu annuel et la fabrique possédait une rente de deux boisseaux de blé, outre les oblations, etc. (1).

La puplart de ces revenus provenaient soit de donations entre vifs, soit surtout de legs testamentaires faits par les nobles ou les plus riches notables de la paroisse aux curés successifs de Saint-Sulpice.

Quoique peu nombreux, les premiers documents positifs sur cette matière nous font part de la générosité de dame *Durable Gestin*, dame de la Maulionnière, etc., veuve en premières noces de Thibault du Chaffault et en secondes noces de Guillaume de Rochefort. Par son testament du 26 mai 1436, elle donne toutes ses dimes de la Maulionnière au curé de Saint-Sulpice, à la condition de prier pour elle et pour sa famille (2).

---

(1) *Bib. de Poitiers,* Coll. dom Fonteneau, 14.
(2) *Dict. Beauchet-Filleau,* IV, 106.

Les seigneurs de la Bégaudière durent être également fort généreux jusqu'au moment où il embrassèrent, au milieu du XVIe siècle, la religion calviniste ; au XVIIIe siècle, ils habitèrent d'une façon irrégulière leur château de la Bégaudière, aussi n'avons-nous aucun document précis rappelant leurs bienfaits.

Les seigneurs de la Chabotterie, au contraire, qui demeurèrent continuellement dans la paroisse, fournirent de tout temps, à l'exception de la période des guerres de religion, la majeure partie des revenus de la cure.

Ils avaient déjà détaché, dans des temps plus ou moins lointains, quelques parcelles de terre de leur métairie de la Siffraire, quand une dame de la Chabotterie, *Hélène Thomasset*, veuve et légataire universelle de messire Gabriel-François Darrot, vint donner aux curés de Saint-Sulpice, par le testament du 26 juillet 1736, toute sa métairie de la Petite-Siffraire. Cette importante donation est signalée par de nombreux aveux, entre autres par celui du 11 juin 1767, que M. de la Fontenelle reçoit du curé de Saint-Sulpice, Jacques Gouin, « des dhomai- « nes dépendant de ma cure, qui y auroient este legues « par haute et puissante dame Helène Darrot, dame de « Choisy, votre tante ». Dès lors cette terre prit le nom de la *métairie de la Cure* et elle fut considérée comme le principal revenu du bénéficiaire ecclésiastique de la paroisse (1).

Au moment de la Révolution, cette métairie fut vendue nationalement et en partie acquise, le 25 juillet 1791, pour la somme de 3.550 livres, par Jean Touzeau, des Forges. Toutefois cette acquisition ne profita guère à l'héritier du principal acquéreur national de Saint-Sulpice, car il se ruinait en 1874, et était obligé de vendre en détail ces anciens biens d'église.

Les autres biens ecclésiastiques furent acquis par le même Touzeau, le 8 octobre 1791, et par Berthomé, à la date du même jour. Pierre Mignet se rendait acqué-

---

(1) *Arch. de la Chabotterie.*

reur d'un bois-taillis le 26 août 1791, moyennant 3.385 livres, mais il refusait d'en prendre possession et la vente était annulée le 9 frimaire an XII (30 novembre 1803); Pierre Bon faisait une acquisition le 10 octobre 1792 ; quelques parcelles de terre sises à Mormaison étaient achetées par J. Chauvin et J. Dronet (1).

D'après les titres de la famille Gourraud, les curés de Saint Sulpice relevaient sur le tènement de la Grassetière à la Caillaudière un tiers de terrage. Dans une autre pièce, il est dit qu'à la fin du XVIIe siècle Marie Guerry, veuve de Pierre Fillandreau, avait fait un legs à l'église de Saint-Sulpice, legs qui était bientôt acquitté par M. Gourraud de la Bonnelière. Incontestablement, bien qu'on n'ait conservé aucun titre, les familles Jeullin et Gourraud se montrèrent à diverses reprises les insignes bienfaiteurs de la cure et de l'église, tradition qui a été si bien conservée par leurs héritiers.

En effet, sans parler des donations pieuses faites au début du XIXe siècle par Mlle *Gourraud de la Bonnelière*, il convient de citer la donation faite en 1839, par Mme veuve Gourraud, de deux pièces de terre à M. le curé Heullin avec la jouissance aux membres de sa famille qui occuperaient la cure de Saint Sulpice. Cet usufruit s'est donc éteint par la mort de M. Cauvin en 1874.

Au XIXe siècle, la cure et la fabrique jouissent d'un certain nombre de revenus grâce à des fondations pieuses, à la charge, en retour, de célébrer des messes.

La première en date est celle de la famille *Touzeau*, autorisée par ordonnance épiscopale du 7 octobre 1819, à la charge d'un service, d'une messe chantée et de dix messes basses. Comme les rentes avaient été réduites à 23 fr. 30, une ordonnance de Monséigneur du 13 août 1849 réduit la charge à deux messes chantées et sept messes basses.

M. *Heullin*, curé de Saint Sulpice, par acte de dona-

---

(1) *Arch. dép. de la Vendée*, Q.

tion entre vifs passé à Rocheservière devant Me Guérin, le 7 février 1825, donne aux curés successifs de sa paroisse une pièce de terre appelée l'Ouche du cimetière, à la charge de dire plusieurs messes qui ont été réduites depuis à quatre messes chantées.

Magdeleine Brochard, femme *Douillard*, par testament du 30 juillet 1828, donne une somme de 420 fr. à l'église de Saint-Sulpice.

Sur l'initiative du comte de Mornac, une souscription est faite en Vendée afin de faire célébrer dans cent paroisses du diocèse, à la fin du mois de mars, une messe chantée à la mémoire de *Charette et de ses compagnons d'armes*. La fabrique de Saint-Sulpice accepte la donation le 11 mars 1827, et reçoit à cet effet une somme de 100 fr. le 20 mai suivant.

Marie You, veuve *Texier*, par testament passé devant Gaultier, notaire à Bourbon-Vendée, le 28 août 1845, donne une rente perpétuelle de 50 francs payable sur la ferme de la Lissonnière par François Chaigneau, et une rente de 200 francs payable par Jean-Baptiste Chaigneau, son légataire universel.

Les héritiers de ce dernier amortissent cette rente pour la somme de 4.000 francs. En retour, M. le curé de Saint-Sulpice doit célébrer un service et onze messes chantées aux intentions de la défunte.

André Lardière, peu de temps avant sa mort, par testament du 9 août 1846, donne une somme de 225 fr., plus une rente de 50 fr., à la charge d'un service et de neuf messes chantées. Cette rente a été remboursée en capital par la famille Grasset, de la Renaulière, en 1860; mais après la conversion des titres, la rente ne valant plus que 40 fr., la charge a été réduite, par ordonnance de Monseigneur du 22 août 1893, à neuf messes basses et deux messes chantées.

M. Antoine-Henri Espivent de la Villeboisnet († 1877), par testament du 14 août 1857, donne à la cure de Saint-Sulpice une rente annuelle de 60 fr., à la charge de vingt messes basses.

Néanmoins la troisième République, suivant la trace de son ancêtre, s'est emparée, en 1906, de la plupart de ces rentes, dépouillant ainsi la fabrique d'un légitime revenu, en même temps qu'elle violait le droit sacré des morts.

Il convient d'ajouter que l'un des revenus de la cure de Saint-Sulpice consistait dans une collecte de froment ou *boisselage*, qui, depuis la quête du denier du culte, a été supprimée par l'évêque de Luçon (1906).

§ VIII. — *Le Presbytère*

Avant la Révolution, conformément à l'ordonnance royale de 1695, le logement du curé est à la charge des paroissiens ; aussi les habitants de Saint-Sulpice sont-ils taxés à cet effet pour la somme de 25 livres au XVIIIᵉ siècle (1).

Le presbytère occupait alors l'angle des chemins de la Chevasse et de Saint André-Treize-Voix, face à l'ancien Logis, et avait pour dépendance un grand jardin situé près de l'église.

Mis en adjudication lors de la vente des biens ecclésiastiques en 1791, l'acquéreur national, revenant sur sa première décision qui, sans doute, troublait sa conscience, refusa d'en prendre possession et voici en quels termes il est fait mention de l'église, de la cure et de son jardin, le 8 fructidor an VI (25 août 1798) : « Le do-« maine, consistant en l'église de Saint-Sulpice incen-« diée, où les murs sont encore existants jusqu'à quinze à « seize pieds ou cinq mètres de hauteur, mais sans ma-« tériaux que les murs ; au nord est l'emplacement de « l'ancienne cure actuellement en quaireux où il n'existe « plus que les fondements des murs ; au midi de la dite « église est un petit terrain servant jadis de cimetière ; « au levant de la susdite est un jardin planté en arbres

---

(1) *Arch. de la Chabotterie.*

« fruitiers, mais avec une petite ouche au bout ; au nord,
« un jardin et l'ouche de l'aire, le tout joignant et te-
« nant du levant au citoyen Mignet et à la citoyenne
« Goureau, du midi au cimetière, du couchant à la
« grande rue et du nord à la citoyenne Thouzeau, le
« tout contenant ensemble sept boissellées estimées 488
« livres (1). »

Peu de temps après, le 3 brumaire an VII (24 octobre
1798), la maison curiale, le jardin et deux pièces de
terre y joignant étaient vendus nationalement à Jean
Touzeau pour 210 livres (2) Cette vente, de même que
celle de l'église, fut ratifiée par l'Administration départementale de la Vendée, le 2 nivôse an VII (22 décembre
1798). Toutefois, comme le culte était rétabli, J. Touzeau rétrocéda ces biens par acte du 6 août 1806, passé
devant Brochard, notaire aux Brouzils, à François Renaudin, maire de Saint-Sulpice, et à demoiselle Marie-
Elisabeth Gourraud de la Bonnelière, demeurant au
bourg, lesquels avaient l'intention de les restituer à la
paroisse. En effet, le 7 mars 1808, devant Guitter et
Raynaud, notaires à Rocheservière, le maire Renaudin
et Mlle Gourraud firent une donation pure et simple à la
commune de Saint-Sulpice-le-Verdon, dans la personne
de P. Bouron, adjoint, de « tous les objets acquis par le
« sieur Jean Touzeau, le 2 nivose an VII... consistant
« dans l'église, petit cimetière, masures, emplacement
« de la maison curiale de Saint-Sulpice-le-Verdon, jar-
« din, ouches, etc., le tout au surplus que le dit sieur
« Touzeau l'avait acquis... ont les parties évalués la
« présente donation à un capital de 250 francs (3). »

Comme les soldats républicains avaient incendié le
presbytère en 1794, le nouveau desservant de Saint-Sulpice à son arrivée de Normandie, en 1803, fut

---

(1) *Arch. dép. de la Vendée,* Q, carton 14.
(2) *Ibid.,* Q, registre.
(3) Original du cabinet de M. le docteur Mignen, à Montaigu.

logé à la Chabotterie qu'il quitta bientôt pour s'installer chez Mlle Gourraud de la Bonnelière.

Aussitôt après la donation de 1808, on s'empressa de construire une nouvelle cure à l'endroit même où elle se trouve encore. D'ailleurs, le gouvernement royal tenait essentiellement à ce que « MM. les curés et desservans « aient un logement décent et convenable. *C'est un des* « *vœux les plus chers du Roi.* Vous y concourrez sûre- « ment de tous vos moyens », écrivait aux maires le préfet de la Vendée, M. de Roussy, dans sa circulaire du 1er avril 1816 (1).

Toutefois, M. Heullin ayant fait venir de Normandie son neveu, M. Cauvin, jeune prêtre qu'il prenait comme vicaire, il devenait nécessaire d'agrandir le presbytère. La fabrique fut autorisée alors, par lettre préfectorale du 31 janvier 1839, à verser la somme de 400 francs, le surplus du devis (506 francs) étant fourni par des dons volontaires (2).

A la mort de M. Cauvin, en 1874, la cure était dans un état complet de délabrement et devenue tout à fait inhabitable ; M. Morin, son successeur, entreprit donc aussitôt son arrivée, avec les fonds de la fabrique, la réparation de son presbytère qui, depuis, n'a subi aucune modification (3).

A la suite de la dénonciation du Concordat, en 1906, la maison curiale et ses dépendances ont été considérées par la préfecture comme biens communaux. Après avoir protesté comme il convenait, M. le curé a passé un bail avec M. le maire, à la date du 31 août 1907, suivant lequel il loue le presbytère pour la somme de 50 francs, impôts compris.

---

(1) *Arch. de la Chabotterie.*

(2) *Ibid.*

(3) Une pierre placée au-dessus d'une porte, mais provenant sans doute d'une autre construction, présente un écusson dans lequel se trouvent gravées les lettres **A. R. P. C.** et la date 1601.

§ IX. — *Etat nominatif des curés*

GUILLAUME SEIGNORET est le premier curé ou desservant de la paroisse de Saint-Sulpice dont le nom nous soit parvenu : il vivait au XIIe siècle. Il est au nombre des témoins de la seconde charte de fondation de l'hospice de Montaigu, faite par Maurice de Montaigu, à laquelle souscrit par des donations particulières un de ses proches, Pierre l'Evêque, fils de Renaud, l'an 1182, « dans l'église de Saint-Jean-Baptiste, le lendemain de « la fête de sainte Marie-Magdeleine, en chapitre ple- « nier, en présence des chapelains, des chevaliers de la « ville et des chevaliers de la campagne : S. Olivier de « Saint-Nicolas (de Montaigu), M. de Saint-Georges « (près Montaigu), Guillaume Seignoret de la chapelle « forestière de Saint-Sulpice — *Guillelmo Seignoret de* « *capella silvestri de Sancto Sulpitio* — Martin Louet « chapelain, maître Guillaume Robert, P. Bayaud, J. Ma- « ret, S. Papin et autres (1). »

Après Messire Guillaume Seignoret desservant de la chapelle dédiée à saint Sulpice, dans le « doyenné de Montaigu », nous avons une lacune de deux siècles pendant laquelle nous ne connaissons rien de l'histoire ecclésiastique de cette paroisse.

Nicolas Bégaud, avant de devenir seigneur de la Bégaudière, était entré dans les ordres. Il est qualifié « prêtre » dès 1379 et mourut en son château de la Bégaudière l'an 1400. Il devait célébrer la messe dans sa chapelle de la Bégaudière ; mais il n'exerça jamais le

---

(1) *Arch. de l'hospice de Montaigu.* — Publié *Annuaire de la Soc. d'Emulation de la Vendée* 1903 par M. le Dr Mignen. — M. Dugast-Matifeux, dans sa notice sur la Chabotterie, avait appelé ce curé *Guillaume Poignant*, par suite d'une mauvaise lecture.

ministère paroissial si ce n'est pour venir en aide à son curé, s'il en était besoin (1).

JEAN CHUPPAUT, curé-recteur de Saint-Sulpice, nous est connu par un acte de vente passé sous le scel de la cour de Poitiers, le 20 avril 1390, entre Nicolas Bégaud, susnommé, et Pierre Guillebault, paroissien de Saint-Sulpice, en présence des « ...prestres, Messire Jehan « Chuppaut rectour de Saint-Supplice, et ....rbier, pres-« tre ». Le parchemin étant déchiré, il nous a été impossible de savoir quel était cet autre prêtre de Saint-Sulpice dont le nom finissait par ...*rbier*

On sait que jadis au Moyen-Age les prêtres, en raison de leur instruction, faisaient fréquemment l'office de notaire. Ce fut le cas du curé de Saint-Sulpice, car un échange conclu le 25 janvier 1406 (1407 n s.) entre Nicolas Chabot (de la Chabotterie) et Jean de Badiole, est passé devant « Messire Jehan Chouppaut, pbre juré et no-« taire de la Cour du scel establi es contractz en ptre de « la sen^{ce} de Poictou... en lieu du scel qui jadis fut con-« tractz à la Roche-sur-Yon po^r mess^ro le Roy de « France. » Il oppose au bas du parchemin sa très belle signature (2). J. Chuppaut devait demeurer à Saint-Sulpice en 1407, mais à cette date il avait sans doute résigné sa cure (3).

Simon Billart, prêtre, notaire juré de la cour de Montaigu pour M. le Doyen du dit lieu, demeure à Saint-Supice en 1410, quand il signe un acte que passe Pierre Guilbault, de la Renaulière, avec Messire Jean Begaud. Deux autres membres de sa famille seront prêtres à Saint-Sulpice, leur paroisse d'origine.

---

(1) *Arch. dép. de la Vendée*, E. titres Gastinaire (Bégaud).

(2) *Arch. de la Chabotterie*, à la Viollière.

(3) Faisons remarquer en passant que le curé-desservant est toujours appelé *recteur*. Chacun sait, en effet, que c'est le nom qui servait jadis dans toute la Bretagne et qui sert encore de nos jours dans plusieurs de ses diocèses pour désigner le prêtre qui remplit les fonctions de curé. Aussi voyons-nous, en raison

Nicolas Joslain, issu également d'une riche famille de Saint-Sulpice, est prêtre, et paraît demeurer au bourg, suivant un acte de 1450 (1).

Messire *Simon Billart*, prêtre, demeurant au bourg de Saint-Sulpice, passe une transaction au sujet de l'eau qui descend du bourg de Saint-Sulpice dans le pré de la Bégaudière auquel elle appartient, le 29 avril 1491 (2).

JEAN MAYNARD est curé de Saint-Sulpice dès avant 1523 ; il l'est encore dix ans plus tard, au rapport du si intéressant procès-verbal des visites de l'archidiacre Marchant dans le diocèse au cours des années 1533 et 1534 (3).

Voici le texte et la traduction du passage concernant cette paroisse.

Die supradicta, quatra mensis Junii, anno dicto millesimo quingesimo XXXIIII°, *apud præfatum locum de Rochacerveria accessit dominus Julianus Billard presbyter vicarius ecclesie parochialis S^ti Sulpitii qui exhibuit exhibenda.*

Nomina presbyterorum

Magister Johannes Mainard, rector absens, pro quo accessit dominus Julianus Billard et deservit pariter de tribus missis qualibet ebdomada festis nobis comprehensis.

Le dit jour, 4e du mois de juin de ladite année 1534, audit lieu de Rocheservière fut présent Messire *Julien Billard*, prêtre vicaire de la paroisse de Saint-Sulpice, qui fit apparaître la liste des prêtres :

Maître *Jean Mainard*, recteur absent, comparant par Messire Julien Billard, qui doit également trois messes chaque semaine, les fêtes comprises.

---

de la proximité de cette province, les curés de Saint-Sulpice, de même que tous ceux du voisinage de Rocheservière, prendre habituellement jusqu'au XVIIIe siècle, le nom de recteur.

(1 et 2) *Arch. de la Vendée*, E (Gastinaire).
(3) *Bib. de Luçon*, Ms. fol. 137 verso.

Dictus Billard, vicarius.

Le dit *Billard*, vicaire.

Dominus Guillelmus Francheteau.

Messire *Guillaume Francheteau.*

Dominus Guillelmus Piron.

Messire *Guillaume Piron.*

Dominus Sylvester Hilairet.

Messire *Sylvestre Hilairet.*

Dominus Mathurinus Regnault.

Messire *Mathurin Regnault.*

Dominus Nycolaus Ardouyn.

Messire *Nicolas Ardouin.*

Præsens administrator Mathurinus Marescal qui exhibuit inventarium mobilium, cui fuit injunctum reparari facere duos calices argentes dicte fabrice diruptos infra festum S^{ti} Michaelis.

En présence de l'administrateur *Mathurin Marescal* qui fit apparaître l'inventaire mobilier et auquel fut enjoint de faire réparer deux calices d'argent brisés, appartenant à la fabrique, avant la fête de Saint-Michel.

Petrus Berryau et Mathurinus Perroteau exhibuerunt quietam, per quam constat reddidisse summam XX^{il} librarum unius solidi, quam traddidit præfato Marescal prædictus administrator.

Pierre Berriau et *Mathurin Perroteau* montrèrent la quittance constatant qu'ils ont déboursé une somme de 22 livres 1 sol audit Marescal administrateur susdit.

Cette pièce, du plus haut intérêt, nous fait connaître qu'au XVI⁰ siècle le curé était aidé dans son ministère par un vicaire attitré et que la paroisse de Saint Sulpice ne possédait pas moins de huit prêtres pour exercer les fonctions sacerdotales.

C'est le curé Jean Maynard et son vicaire, Julien Billart, que le seigneur de la Bégaudière poursuivit, en cour de Poitiers, l'an 1523, comme complices du seigneur de la Chabotterie, Artus Chabot, qui avait fait enterrer sa mère et apposer ses armoiries dans le chœur de l'église,

à l'encontre de ses droits de seigneur-patron de cette
église (1).

Sauvestre Hillaret ou Hilleret et Guillaume Francheteau étaient tous deux notaires-jurés de la châtellenie
de Montaigu pour le seigneur et pour le doyen. Le premier toutefois devait être très âgé lors de la visite de
l'archidiacre Marchant, car nous le trouvons avec ces
titres dans un acte passé entre Christophe Begaud et la
famille Bonneau dès le 11 novembre 1511. Sa signature
est superbe, de même, d'ailleurs, que celle de Guillaume
Francheteau, qui authentifie divers contrats passés entre Mathurin Joslain et le même seigneur de la Bégaudière, les 25 janvier 1551 et 18 avril 1553 (1).

NICOLAS BAUSSONIER était très vraisemblablement
déjà curé-recteur de Saint-Sulpice, le 3 février 1562,
lors du baptême de Jean Aubert, fils de Perrette Chabot,
dame de la Chabotterie. L'acte cependant n'est pas signé, tandis qu'à partir du 1er septembre 1573, chaque
acte de baptême et de sépulture est écrit et signé de sa
main. Le 20 avril 1593, au baptême de Georges Aubert,
il est qualifié « prestre, curé de Saint-Cristophle », ce qui
semble indiquer qu'il desservit pendant quelque temps
la paroisse de Saint-Christophe-la-Chartreuse (Rocheservière), voisine de Saint-Sulpice, et placée sous la dépendance féodale des seigneurs de la Chabotterie. Le
15 octobre 1596, il procède, en tant que curé de Saint-Sulpice, à la sépulture de Gabrielle Darrot, femme de
Jean Aubert, seigneur de la Chabotterie, et dut mourir
dans ses fonctions fort peu de temps après.

Le 20 septembre 1598, le registre de Saint-Sulpice est
signé par *Guillaume Razeau (Rézeau)*, « curator et rector de Mormaison », qui fait sans doute un intérim.

NICOLAS REGNAUD est curé de Saint-Sulpice avant
le 15 décembre 1597, date à laquelle il donne le baptême
à Louis Ayrault. C'est encore « Nicolas Regnaud, pres-

---

(1) *Arch. dép de la Vendée*, E (GASTINAIRE).

« tre, curé recteur de la paroisse de Saint-Sulpice »,
qui dresse l'acte de décès du seigneur de la Chabotterie, Jean Aubert, le 1er janvier 1627 (1). Il fut donc,
tout au moins, curé de cette paroisse pendant une trentaine d'années.

Après une lacune, dans laquelle doivent prendre place
un ou deux curés dont nous n'avons pu trouver les noms,
notre liste reprend avec « noble, vénérable et discret
messire (2) » François Renaudin.

FRANÇOIS RENAUDIN, prêtre, curé recteur de Saint-
Sulpice, paraît avec ces qualités dans les registres de la
paroisse de Saint-André-Treize-Voix en 1658 et 1663 (3).
Il était mort avant le 7 mars 1672 car, à cette date, il
est question d'une pièce de terre, située à la Caillaudière-aux-Pirons, appartenant aux « héritiers de def-
« funct messire Fransoys Renaudin, vivant curé dudit
« lieu (4) ».

JEAN MOREAU était alors curé de la paroisse, et
Claude Gastinaire, dans son aveu à Montaigu pour sa
seigneurie de la Bégaudière, le 25 mai 1673, le mentionne en ces termes : « Me Jean Moreau, prestre rec-
« teur de la paroisse de Saint-Sulpice, pour raison de la
« cure dud. lieu, recomgnaissance feodalle et affranchis-
« sement de terrage sur les vergers et vignes dud. dé-
« fendeur (de Gastinaire) (5). »

SOULCEAU. Les registres des *Insinuations ecclésiastiques* ayant disparu, l'évêché de Luçon ne conserve
qu'une table de ces registres dont on devine cependant

---

(1) Ces extraits do 1562 à 1627 concernant les seigneurs de
la Chabotterie sont conservés aux archives du château.
(2) Ce sont les qualificatifs habituels des prêtres avant la
Révolution.
(3) *Greffe du tribunal civil de la Roche-sur-Yon.*
(4) *Titres de la famille Gourruud.*
(5) *Bib. de Nantes*, Coll. Dugast-Matifeux, 77.

toute l'importance. Or, on lit ce qui suit : « Registre IVe
« (1709 à 1714)... Résignation de la cure de Saint-Sul-
« pice pour M. Soulceau (N° 31). » Il est évidemment ici
question de Saint-Sulpice-le-Verdon qui aurait donc eu
pour curé, jusqu'en 1709, M. Soulceau.

JEAN BOUSSEAU. La table de ce même registre contient la mention suivante : « Résignation, présentation,
« viza et prise de possession de la cure de Saint-Sulpice
« pour M. Bousseau (N° 83). » Il démissionnait de la
cure de Saint-Sulpice comme étant, depuis peu, curé de
la Meilleraye ; c'est ce qu'atteste la table du registre VIII (1728-1731), N° 23. Il en résulte que M. Bousseau fut curé de Saint-Sulpice de 1710 à 1728.

Originaire du village de la Crépelière, paroisse de
Chavagnes-en-Paillers, et fils de Jacques Bousseau et de
Marie Droneau, laboureurs (1), il était frère de Jacques
Bousseau, né à Chavagnes, le 17 mars 1683, qui devint
célèbre par son talent dans la sculpture et qui obtint
même le titre de premier sculpteur du roi d'Espagne,
Philippe V (2).

La paroisse de Saint-Sulpice ne saurait oublier le
nom du curé Bousseau qui obtint pour elle des reliques
très précieuses.

En effet, Maître Jacques Bousseau, son frère, après
être parvenu aux honneurs, n'oublia pas sa famille et
son pays natal. Il profita de son crédit pour solliciter,
pendant un séjour en Italie, des reliques, et, en 1716, il
obtint non sans peine du cardinal Carpineo qu'on lui
cédât celles de *saint Gaudence* et de *saint Restitut* (3), pour

---

(1) Métayers des Darrot, seigneurs de l'Eulière et de la Chabotterie.

(2) Les principales productions que Bousseau exécuta pour
la France sont : saint Maurice et saint Louis, Jésus donnant
les clefs du paradis à saint Pierre (N.-D. de Paris), la Religion (Versailles), le grand autel de la cathédrale de Rouen,
etc. Il mourut à Madrid en 1740.

(3) Saint Gaudence, évêque de Brescia, vers 386, mort en
427, fêté le 25 octobre ; Saint Restitut.

être partagées entre son frère et la paroisse de Chavagnes. Il les transmit directement, en 1719, au curé de Saint Sulpice qui, après avoir fait son choix et en avoir conservé les authentiques, remit l'autre partie à sa paroisse natale.

Nos documents sont muets sur les fêtes qui se sont célébrées, à cette occasion, dans notre paroisse. Les reliques n'existent plus, détruites en 1794, lors de l'incendie de l'église par les colonnes infernales, les documents et les authentiques ont été la proie des flammes, et, il faut bien l'avouer, les habitants de Saint Sulpice en ont perdu jusqu'au souvenir (1). Toutefois, grâce à la conservation des registres de Chavagnes, il nous est encore facile de connaître les détails de cet important événement paroissial, et comme les formalités et les cérémonies furent les mêmes à Saint-Sulpice qu'à Chavagnes, il importe, faute de mieux, de donner *in extenso* le procès-verbal de réception fait à Chavagnes (2).

« *Le 22 may 1719 a esté faite la cérémonie ou réception des saintes reliques dans leglise de ce lieu, lesquelles reliques ont este obtenu à Rome par la médiation des plus intimes amis de maistre Jacques Bousseau sculpteur du Roy et maistre académiste à l'Académie des Arts à Paris, lequel sieur Bousseau, né et originaire de ce lieu, a envoyé les dittes saintes reliques à son église natlalle par un effet de son zèle et l'amour de son péis et de sa pa-*

---

(1) A ce propos, donnons ici la liste des reliques que possède actuellement l'église de Saint-Sulpice. Outre une parcelle considérable de la Vraie Croix placée dans un reliquaire d'argent qui existait déjà du temps de la Restauration, mais dont il manque l'authentique, la paroisse conserve dans une fort jolie châsse de cuivre doré les reliques de sainte Anne, saint Joseph, saint Pierre et saint Paul, la Maison de Lorette, sainte Jeanne de Chantal, saint François de Sales et saint Louis de Gonzague.

La chapelle de la Chabotterie possède un nombre de reliques infiniment plus considérable ; malheureusement la plupart des authentiques manquent.

(2) *Arch. comm. de Chavagnes-en-Paillers.*

trie, y ayant esté engagé par les pressentes prières et sollicitations de nous curé soussigné qui les avons reçues conjointement avec messire Jean Bousseau, prestre curé de Saint-Sulpice-le-Verdon, frère dudit sieur Bousseau à qui elles estoient directement adressées, et les avons présentées à Messire Jean-François de Lescure, eveque de Luçon. Ce prélat ayant ouvert la boete avec toutes les cérémonies et formalitez ordinaires et ayant trouvé les susdites reliques conformement à lautentique rencontré dans la boëte les a approuvée et en at accordé une feste pour la reception et ce pour les rendre plus dignes à la vénération des fidelles en a aussy accordé son procès-verbal d'ouverture, visite et approbation donné à son chateau du Chateau-Roux le dix-neuf avril 1719 signé Jean-François de Lescure eveque de Luçon, avec le sceau de ses armes et le seing de son secretaire signé Durant Gaborit, prestre et chanoine de Luçon, J. Bousseau, curé de Saint-Sulpice, et de nous G. Huchelon, curé de Chavagnes, témoins présens à la ditte cérémonie d'ouverture des saintes reliques. L'autantique de son Eminèce le reverendissime cardinal Carpineo qui at delivre les dites reliques à Rome le 13   1716 est reste entre les mains du sieur Bousseau, curé de Saint-Sulpice-le-Verdon.

La sus ditte cérémonie a este faite par Messire Clément Thibaud preste curé de Chauché et les saintes reliques placées sur le grand autel par led. sieur curé de St-Sulpice. Y ont assisté Messire Clair Gaboriau, curé de Bazoge et son vicaire, Me François Thomazeau curé de la Rabatelière, Me Muthurin Gagueneau, curé des Brouzils et son vicaire Me Pierre Badreau, curé de la Coupechaignière et Badreau, vicaire de St-Georges, Me Joseph Pelletier, vicaire de Chauché, Me Jullien Rambaud, vicaire de la Barotière, Me Jean Couteleau, curé de la Boissière et son vicaire, et Jacques Merland vicaire de ce lieu, et l'affluence des peuples de cette paroisse et des circonvoysines que la piélé et la devotion a attiré, et par le zelle de mes très dignes successeurs qui

se porteront à la dhue vénération des dittes saintes reli-
ques que j'ay obtenues avec tant de soings et d'empresse-
ment, et auront soing de prier pour l'ame de celuy qui a
donné les saintes reliques ne les ayant accordées qu'à la
condition d'estre participant au vœux et prières qui se
doivent faire au grand autel de Saint Pierre de cette
Eglise paroissiale ny oubliant pas aussy ledit sieur Jac-
ques Bousseau qui at fait présents les sus dites s^{tes} reli-
ques.

Le jour et an que dessus et ce sont soussignés C. Thi-
baut, curé de Chauché, Pelletier prêtre.

(En marge.) C'est un monsieur demeurant à Rome qui
at envoyé les s^{tes} reliques au d^t sieur Bousseau, sculpteur
du Roy qui les luy at demandé bien des fois avant de les
pouvoir obtenir. »

M. Bousseau, ayant été nommé curé de la Meilleraye,
donna sa démission comme curé de Saint-Sulpice en
1728; il fut remplacé par M. Gouin.

JACQUES GOUIN. — La table ou registre VIII (1728-
1731) des *Insinuations ecclésiastiques* porte à son n° 85
la mention suivante : « Visa de la cure de Saint-Sulpice
« pour le sieur Jacques Gouin de ce diocèse » ; et au
n° 106 « prise de possession de la cure de Saint-Sulpice
« pour le s^r Jacques Gouin. » Ce fut donc vers la fin de
1728.

A partir de l'année 1737 le greffe du tribunal civil de
la Roche-sur Yon conserve les registres paroissiaux de
Saint-Sulpice, et ils sont tous écrits et signés de sa main
jusqu'à la fin de l'année 1775. Il existe même à ce sujet
une particularité assez curieuse. Le 22 décembre 1775,
un baptême est signé de « J. Vinet, curé de Saint Sulpice », et le lendemain, 23 décembre, un autre baptême
est signé de « J. Gouin, curé de Saint-Sulpice ».

Ceci explique que M. Gouin, se retira du ministère
avant sa mort. Très âgé à cette époque — son écriture
toute tremblante en fait foi, — ayant gouverné la paroisse de Saint-Sulpice pendant une période de quaran-

te-sept ans, il dut sans doute s'en retourner aux environs de Montaigu, son pays natal, et mourir dans sa famille ; du moins nous avons la preuve formelle qu'il ne finit pas de ses jours à Saint-Sulpice.

Jacques Vinet fut nommé à la cure de Saint-Sulpice au mois de décembre 1775, puisque nous le voyons avec ce titre sur les registres paroissiaux le 22 décembre de cette année. Toutefois il ne dut prendre définitivement possession de son nouveau poste qu'un peu plus tard, car pendant tout le mois de janvier 1776 les actes sont rédigés par M. *Praud*, curé de Mormaison. A partir du 10 février et jusqu'à la Révolution, les registres sont tenus par M. Vinet.

Celui-ci était né en 1741 (1), et avait été curé de Saint-Christophe-la-Chartreuse du 25 septembre 1772 au 25 décembre 1775.

Quand la Révolution éclata, il refusa énergiquement le serment à la Constitution civile du Clergé, et continua, malgré la persécution, à exercer son saint ministère dans la paroisse.

Nous le voyons même encore, au début de 1793, baptiser à Saint-André-Treize-Voix, qui n'avait alors qu'un prêtre constitutionnel, considéré comme schismatique par la population (2).

Peu de temps après, M. le curé Vinet devait être la victime de la tourmente révolutionnaire. Suivant une note que M. Albert de Goué aurait prise au cabinet du savant abbé Pondevie, « le curé de Saint-Sulpice, « M. Vinet, fut massacré en 1793, à la Bernardière, « canton de Montaigu (3), par une colonne républicaine. « Par un raffinement de cruauté, les soldats l'étendirent

---

(1) *Arch. dép, de la Vendée* L. 826 : Etat des prêtres du district de Montaigu.

(2) Arch. du presbytère de Saint-André.

(3) Une famille Vinet était originaire de la Bernardière, et avait déjà, au cours du XVIII⁰ siècle, donné plusieurs prêtres.

« sur un lit et l'ayant ligotté, ils le saignèrent comme un
« goret, tandis que son sang était recueilli dans un pot
« de chambre (*sic*) (1). »

M. Vinet nous paraît avoir eu une santé délicate, car
il fut fréquemment aidé dans son ministère par plusieurs
prêtres qu'il importe de citer.

Nous rencontrons d'abord l'abbé *Le Febvre de la
Brulaire*, issu d'une ancienne famille angevine, de la
paroisse de Gesté (canton de Beaupréau), dont plusieurs
membres s'étaient établis dans le comté Nantais et
même à Saint-Philbert-de-Bouaine ; du moins, trou-
vons-nous parfois leur nom sur les registres de cette paroisse au XVIIIᵉ siècle (2).

L'abbé de la Brulaire, qui avait été promu au sacer-
doce à Paris, fut attiré en Bas-Poitou par le désir d'y
prêcher des missions. La première fois qu'il rédige un
acte religieux c'est le 7 juillet 1777, où il précise qu'il
est « actuellement en mission dans la paroisse de Saint-
« Sulpice-le-Verdon ». Peu après, il voulut habiter
Saint-Sulpice et nous le voyons très souvent sur les registres paroissiaux en 1786 et 1787. Sans doute même y
résidait-il encore quand éclata la Révolution. Il paraît
alors avoir émigré, de même que MM. de Goué de la
Chabotterie ; du moins, parmi la liste des biens d'émigrés mis sous séquestre pour être vendus par la Nation,
on trouve la mention suivante : « Le Febvre de la Bru-
« laire, émigré, une maison en Saint-Sulpice (3) ».

---

(1) Nous n'avons pu contrôler ces détails qui pourtant seraient de la plus haute importance pour l'histoire de la paroisse et pour celle de la cause des martyrs vendéens. Nous avons à
diverses reprises écrit et fait écrire, mais en vain, à M. E. Bour-
loton, l'héritier des papiers de M. l'abbé Pondevie ; d'autre part
son intéressante étude sur le *Clergé vendéen pendant la Révolution*, publiée dans la *Revue du Bas Poitou*, a cessé de paraître
depuis 1911 et s'arrête justement à Saint-Sulpice.

(2) Le Febvre de la Brulaire porte : d'azur au chevron d'or
surmonté d'un croissant d'argent et accompagné de 3 roues de
même.

(3) *Arch. dép. de la Vendée*, Q.

Il y a une trentaine d'années, les anciens de Saint-Sulpice parlaient encore de ce saint prêtre. Il aimait, disaient-ils, à donner le plus d'éclat possible aux cérémonies religieuses. Sa charité était connue de tout le monde ; aussi sa maison, appelée le Pavillon et située auprès du bourg, était-elle le rendez-vous des malheureux de la contrée. On racontait qu'un jour un pauvre étant venu à mourir non loin de lui, il le fit enterrer d'une manière très solennelle et adressa aux assistants une touchante allocution sur le bonheur dont Jésus-Christ a promis de récompenser la pauvreté dans le royaume des cieux (1).

Jean-Etienne Gervais, chapelain du Bois Chollet, et par suite prêtre de l'Herbergement, paraît, de temps en temps, comme remplaçant, sur les registres de Saint-Sulpice entre 1783 et 1788. Né en 1738, et fils d'un marchand de drap de Nantes, il refusa le serment constitutionnel et passa la Loire avec les Vendéens en 1793 ; il périt vraisemblablement pendant cette terrible campagne, car on ne retrouve plus sa trace (2).

Collibeaut, prêtre, signe la plupart des actes de catholicité des mois de décembre 1788 et janvier 1789.

Denis-Alexandre Henri fut appelé à occuper à Saint-Sulpice le poste de *vicaire* qui n'existait plus depuis déjà longtemps. C'est le 16 avril 1789 qu'il signe pour la première fois, avec ce titre, sur les registres paroissiaux.

Le choix n'était pas heureux car sa moralité, plus que douteuse, lui enleva bien vite l'estime de la population ; il fut d'ailleurs un des premiers à jurer la Constitution civile du clergé et, dès lors, étant devenu intolérable dans la paroisse, il lui fallut la quitter. Cette dernière faiblesse le fit sans doute apprécier des patriotes, car l'assemblée de Montaigu, du 10 mai 1791, l'élut comme curé constitutionnel de l'importante paroisse de

______

(1) *Semaine Catholique*, 1877, p. 456 : article de M. l'abbé Th. de Goué.

(2) *Revue du Bas Po tou*, 1911, p. 146.

Saint-Laurent-sur-Sèvre. Pourtant sa réputation était si mauvaise qu'on fut obligé d'informer contre lui à Mortagne. J.-V. Goupilleau lui-même écrit de Montaigu, le 21 octobre suivant, à son frère le fameux député, alors à Paris :

« Je t'ai marqué je crois que le sieur Henry, ancien vicaire de Saint-Sulpice, avait été nommé à la cure de Saint-Laurent ; il paraît que le sieur Henry n'est pas un excellent sujet. J'ai vu hier au directoire du district un mémoire contenant des faits graves contre luy ; le directoire doit envoyer le tout avec son avis à l'évêque du département. Il serait à souhaiter qu'il ne soit pas placé parce qu'il est toujours décevant de nommer un mauvais sujet et que M. Henry est, dit-on, de ce nombre (1). »

Et, de fait, l'enquête fit de telles révélations que l'évêque constitutionnel Rodrigue ne put donner suite à son élection (2). — Nous ignorons ce que devint ce triste personnage.

Louis Amiaud, né au village de la Boucherie, en Saint-Sulpice, le 26 septembre 1765, de Pierre Amiaud, laboureur, et de Magdeleine Caillon, son épouse, administra la paroisse de Saint-Sulpice, pendant les guerres de Vendée, de 1793 à 1798.

Cependant ses fonctions principales étaient celles de curé de Mormaison, qu'il exerça de fait à partir de 1792, le curé Christophe Bommier, de triste mémoire, ayant prêté serment à la Constitution civile du Clergé et ayant embrassé avec beaucoup d'ardeur les idées nouvelles (3).

Bien que s'intitulant « curé de Mormaison », on lui trouve, dès le mois de février 1792, sur les registres de baptême de Saint-André-Treize-Voix, le titre de « vicaire de Saint Sulpice-le-Verdon », aidant par conséquent à

(1) Bib. de Nantes, *Coll. Dugast-Matifeux*, 70.
(2) *Revue du Bas-Poitou*, 1908, p. 292.
(3) Voir le récit de son suicide en 1793 dans la *Chronique de Mormaison*.

Saint-Sulpice, M. Vinet dans son ministère (1). A la fin
de 1793, il prend celui de « curé de Mormaison et desservant de Saint-Sulpice », parfois même de « desservant de l'Herbergement. »

Durant cette période si troublée, c'est lui, en effet, qui
exerce le saint ministère dans ces trois paroisses et souvent même à Saint-André. C'est en cette qualité également qu'il rédige les registres de baptêmes, de mariages et sépultures de Mormaison et de Saint-Sulpice,
dans lesquels nous trouvons les noms de la majeure partie des victimes massacrées par les hordes révolutionnaires en 1794.

Pendant toutes les guerres de Vendée, il célèbre la
messe tantôt dans les bois, tantôt dans les chaumières,
se cachant des soldats républicains qui l'ont voué à la
mort. Il est présent au synode du Poiré au mois
d'août 1795.

Il a toute la confiance de Charette, et, en 1796, voyant
la lutte désormais impossible, il s'efforce d'amener le
général vendéen à des pourparlers de paix honorable
avec les généraux républicains ; c'est même la raison de
la présence de Charette dans ces parages, le jour de sa
capture, le 23 mars 1796. A Nantes, devant ses juges,
l'illustre prisonnier réclame maintes fois la présence du
curé Amiaud qui a en main la lettre de l'officier républicain ayant demandé les pourparlers ; il le réclame
enfin, mais toujours en vain, pour recevoir sa dernière
confession (2).

L'abbé Amiaud prend dès lors à tâche d'empêcher la
reprise des hostilités. Dans un état des prêtres réfractai-
res, dressé par Coyaud, à Fontenay, en l'an VI, on lit :
« 26, Amiaud, de Mormaison ; réfractaire à toutes les
« lois, paraît ami de la tranquillité (3) ». Le 2 novem-

---

(1) M. Jacques Vinet administrait encore les sacrements à
Saint-Sulpice et dans les paroisses voisines à la date du 8
juillet 1793.

(2) Voir *La Prise de Charette*, par A. de Goué. — *Journal du
bonhomme Richard*, n° 267, 20 germinal — 9 avril 1796.

(3) *Arch. dép. de la Vendée*, L 276.

bre 1797, on écrit à l'administration départementale qu'il consent à faire sa soumission complète et à prêter le serment exigé, sauf celui de haine à la royauté, qui lui enlèverait la confiance de ses paroissiens (1).

Toutefois, le 8 février 1798, l'administration du canton des Brouzils reçoit le serment complet de « L. Amiaud, » qui, ayant éprouvé des difficultés à le présenter devant » la municipalité de son domicile, est venu l'apporter » devant celle de sa naissance (2). »

Et le 23 pluviose an VI (11 février), l'agent du Directoire près du canton de Rocheservière, le citoyen Girard, peut écrire :

« Le prêtre catholique de la commune de Mormai- » son a fait dans la séance d'aujourd'hui sa soumission » et déclaration exigée par la loi du 19 fructidor ; il a » déclaré vouloir exercer son ministère dans cette » même commune. Malgré que cette soumission soit » bien tardive, l'administration n'a pas cru devoir la re- » fuser (3). »

Cette soumission définitive enlève toute la popularité, et même toute l'estime que les paroissiens de Saint-Sulpice et de Mormaison avaient vouées depuis si longtemps à leur compatriote et à leur curé. Ils refusent pour la plupart d'entendre sa messe et désormais ils considèrent comme leur véritable pasteur M. l'abbé Gratton, autre prêtre insermenté, qui se cache près du bourg de Mormaison, au château de l'Epiardière.

M. l'abbé Amiaud vit pendant quelque temps retiré près d'un membre de sa famille au village de la Roche, où il dit la messe. Après le Concordat, cherchant à se faire oublier cette fatale concession qui empoisonne son existence, il disparaît du pays, et on constate bientôt sa présence en la paroisse de Girouard, à la Bardon-

---

(1) *Ibid*, L 247.

(2) *Ibid*, L 276. — A cette époque Saint-Sulpice dépendait du canton de Brouzils et Mormaison de celui de Rocheservière.

(3) *Ibid*.

nière, où il célèbre la messe dans une grange transformée en chapelle, en présence de quelques fidèles qui
l'acceptent mieux qu'à Mormaison et qu'à Saint-Sulpice. Il dessert cette paroisse et celle de la Chapelle-
Achard, en même temps qu'il fait les fonctions de maître d'école. Enfin, au mois de mai 1804, il est nommé
curé de cette dernière localité.

Tout est en commun entre lui et ses paroissiens. Il
assiste à leurs noces, y chante même et égaye les invités. Les soirées d'hiver, on le voit monter à cheval et aller passer la veillée dans les villages. Par ailleurs, très
exigeant pour l'instruction religieuse ou profane des enfants, il ne se fait pas faute de giffler avec une dextérité
remarquable les paresseux qui ne répondent pas à ses
questions. Il n'en est pas moins, comme jadis à Saint-
Sulpice pendant la Révolution, très populaire parmi ses
paroissiens, jusqu'au jour où, en 1848, la Chapelle-Achard
est partagée en deux portions pour la formation de la
paroisse de Saint-Martial. Profondément froissé, il se
retire du ministère paroissial dans le bourg de la Chapelle-Achard, et meurt infirme et dans la plus grande misère, âgé de quatre-vingt-dix ans, le 25 décembre 1855 (1).

M. GRATTON peut être considéré, de fait tout au
moins, à partir du mois de mars 1798, comme le véritable curé de Saint-Sulpice et de Mormaison ; mais, contrairement à M. Amiaud, et peut-être même pour mé-
nager la suceptibilité de ce dernier, il ne s'intitule qu'assez rarement « curé de Mormaison », prenant surtout le
titre de « curé de Saint-Sulpice ».

L'abbé Gratton avait été ordonné prêtre à Paris.
Nous ne savons ce qu'il devint pendant les guerres de
Vendée, mais dès 1797 il se cache au château de l'Epiar-
dière chez M. du Tressay. Il en est l'intime ami, et

____

(1) Les détails concernant M. Amiaud à partir de 1800 sont
extraits du très intéressant ouvrage de M. l'abbé Baraud, *le
Clergé Vendéen pendant la Révolution*, III, p. 6.

quand M. du Tressay est arrêté, le commissaire Girard écrit, le 19 prairial an VI (7 juin 1798), qu'on aurait dû de préférence incarcérer « l'ex-abbé Gratton » dont l'influence est très grande sur l'esprit des habitants (1).

A cette époque l'église de Saint-Sulpice n'est pas relevée de ses ruines ; cependant, comme le culte s'exerce déjà avec une liberté relative, on y peut dire la messe. Le commissaire du directoire du canton des Brouzils, d'où dépend Saint-Sulpice, écrit à la date du floréal an VII (20 avril 1799) : « *Les ci-devant églises de ce canton continuent à estre fréquentées par le rassemblement du peuple de tous sexes, les ci-devant jours de dimanche et de feste, il ne s'y commest ny trouble ni tumulte ; ses bonnes gens fanatisés au posible tiennent toujours à leurs ancienne abitude, ils ce rendent là y faire leurs prières, lafluence y est grande quoy (que) les lieux ne soyent pas sortables, car la majeure partie est incendiée (2).* »

M. Gratton exerça donc à Saint-Sulpice le ministère paroissial à partir de 1798, et officiellement de 1800 jusqu'en 1803.

A cette date il dut être appelé à d'autres fonctions, du moins nos renseignements ne font plus mention de ce saint prêtre.

FRANÇOIS HEULLIN (ou HEULIN), né à Saint-Sauveur-le-Vicomte, en Normandie, le 19 juillet 1773, avait été ordonné prêtre à Paris en même temps que M. Gratton qui l'appela en Vendée (3). Il arriva à la Chabotterie, le 29 septembre 1803, et fut nommé aussitôt curé de Saint-Sulpice. Il rédigea, en cette qualité, son premier acte sur les registres de catholicité à la date du 15 octobre 1803. — Ce fut le premier curé concordataire.

(1) *Arch. dép. de la Vendée*, L 247.

(2) *Ibid*, L 204.

(3) Son frère cadet, Louis-Thomas Heullin, l'accompagnait ; il fut nommé curé de Sallertaine (1803-1811), puis curé de Beaufou (1811-1824), et mourut infirme à Fontenay-le-Comte en 1825.

Après un court séjour à la Chabotterie, il s'installa au Logis, chez Mlle Gourraud de la Bonnelière, qui l'aida toujours dans ses saintes entreprises. Mais cette situation n'était que provisoire, et bientôt il entreprit la construction du presbytère actuel qui fut meublé, en partie, par sa charitable voisine.

Il eut également la charge de relever l'église de ses ruines et de l'orner de son mieux. En 1811, il fait placer dans l'église l'autel du Sacré-Cœur offert par Mlle Gourraud afin de servir plus spécialement à la confrérie du Sacré-Cœur récemment instituée à Saint-Sulpice, par ordonnance de Mgr Paillou, à la demande du curé ; la même année, il procède à l'achat d'un tabernacle pour le grand autel ; en 1818, il répare le clocher ; en 1822, il lui donne un cloche, etc.

Pendant longtemps M. Heullin eut à desservir la paroisse de Mormaison privée de prêtre depuis le départ de M. l'abbé Gratton : il célébrait alternativement la grand'messe, un dimanche à Saint-Sulpice et l'autre dimanche à Mormaison. Ce double ministère dura jusqu'au 1er avril 1828, date à laquelle Mormaison, venant d'être érigée en succursale, reçut comme curé M. Dannebouy, prêtre également originaire de Normandie.

Le 1er décembre 1805, M. le curé convoque le premier conseil de fabrique formé depuis la Révolution. Monseigneur l'évêque de la Rochelle a désigné pour le composer MM. Gabriel de Goué, Jean Touzeau et François Drouet.

Les 6 mai 1824 et 26 août 1829, Mgr Soyer, évêque de Luçon, fait sa visite pastorale à Saint Sulpice et donne le sacrement de confirmation.

Quelques années plus tard, M. Heullin, ayant été frappé d'une attaque, demanda à son neveu, M. l'abbé Cauvin, de venir près de lui et de lui servir de vicaire ; mais ses infirmités ne faisant que s'accroître, il donna sa démission à Mgr Soyer qui le remplaça par son neveu, en 1840.

Il avait d'ailleurs pourvu en partie à l'entretien de ses

successeurs en donnant à perpétuité à la cure de Saint-Sulpice une pièce de terre située près de l'église (1825). Il n'oubliait pas davantage les pauvres de sa paroisse, et, par testament du 27 mars 1856, il leur léguait une somme de 1.200 fr. qui, à l'heure actuelle, en raison de la conversion de la rente, donne un revenu annuel de 34 francs distribué en pain.

Bien que des postes plus importants lui eussent été offerts, bien que pendant les vingt dernières années de sa vie il fût atteint de graves infirmités contractées dans l'exercice fatigant de son saint ministère, il n'avait jamais voulu quitter ses paroissiens, désirant finir ses jours au milieu d'eux.

Bon-François-Léonor-Clair Heullin termina, le 18 janvier 1858, sa longue et sainte carrière, à l'âge de quatre-vingt-quatre ans, « emportant les regrets unanimes et mérités, non seulement d'une paroisse où ont brillé son zèle et ses vertus pendant plus de cinquante-quatre ans, mais encore de paroisses environnantes où il avait porté si souvent les consolations de la religion dans des temps où les ministres du Seigneur étaient devenus rares, par suite des horreurs de la Révolution qui venait à peine de finir. L'immense concours d'assistants accourus de toutes parts à ses obsèques témoigne assez de l'estime, de l'affection et du respect dont il était l'objet même de la part des hommes éloignés de la pratique de la religion (1). »

Victor-Arsène Cauvin, né à Saint-Sauveur-le-Vicomte (Manche), le 1er janvier 1801, était le neveu de M. Heullin. Encore enfant il vint en Vendée, et presque chaque année il passait ses vacances à Saint-Sulpice, retournant à la fin de septembre reprendre ses études dans son diocèse. Lorsqu'il fut prêtre, l'évêque de Coutances lui donna un emploi dans le ministère paroissial.

Il était curé de Heauteville lorsque son oncle fut

---

(1) *L'Ami du Peuple*, janvier 1858 : article nécrologique.

frappé par la maladie. Sacrifiant alors une position avantageuse et agréable qu'il occupait à quelques kilomètres de son pays natal, n'écoutant que son dévouement, il vint, du fond de la Normandie, se fixer près de M. Heullin et y remplir, avec un admirable désintéressement, les modestes fonctions de vicaire, ou plutôt de simple prêtre auxiliaire, jusqu'à ce que les infirmités du bon patriarche venant à s'accroître et à se multiplier on songea à le lui donner pour successeur.

Nommé curé de Saint-Sulpice en 1840, M. Cauvin s'efforça de soutenir le bien que son oncle avait commencé avec tant de succès. Et aujourd'hui encore on aime à se rappeler ce bon prêtre, très normand par les allures et par les goûts, mais très vendéen par le cœur. La vertu la plus saillante de son caractère fut, après l'esprit de foi, sa charité sans borne pour le prochain. « Il était tout à tous : tout aux riches, tout aux pauvres ; jamais il n'épargna ni sa santé, ni son repos, ni sa bourse quand il s'est agi de rendre un service (1). »

Voici les principaux événements que nous avons pu recueillir çà et là au cours de son ministère à Saint-Sulpice.

Au mois de janvier 1843, a lieu une retraite qui est suivie par la presque totalité des paroissiens. Afin d'en perpétuer le souvenir, on élève, le 3 août 1843, une grande croix de bois au milieu du cimetière, à laquelle Monseigneur attache quarante jours d'indulgence pour ceux qui diront devant elle trois *Pater* et trois *Ave*.

En 1845, M. Cauvin fait abattre le ballet de l'église ; il en profite pour réparer le vieux portique roman de l'édifice et faire niveler l'ancien cimetière qui entourait l'église.

Le 29 septembre 1848, Mgr Baillès fait sa visite pastorale à Saint-Sulpice et donne la confirmation.

Mêmes cérémonies le 12 septembre 1850.

Mgr Baillès revient de nouveau à Saint-Sulpice, le

---

(1) *Le Vendéen*, 8 octobre 1876 : article nécrologique.

11 mars 1853, où il est reçu dans la soirée par toute la population. Après la cérémonie à l'église et la prière du soir faite en commun, une nombreuse escorte l'accompagne au presbytère. Le lendemain, dès sept heures du matin, la foule l'acclame et le conduit processionnellement de la cure à l'église où a lieu la communion donnée par les mains de Sa Grandeur, puis ensuite la confirmation. Après une touchante allocution, Monseigneur visite le cimetière et bénit une croix élégante, prononçant une fois encore quelques paroles analogues à la circonstance (1).

Le 8 décembre 1854, jour de la proclamation du dogme de l'Immaculée-Conception, est fêté dans tout le monde catholique. Saint-Sulpice s'associe de son mieux à cette fête. Le temps s'est mis de la partie, et le soir il n'y a pas une maison du bourg qui ne soit décorée et illuminée en l'honneur de la Vierge Immaculée ; à la Chabotterie, les illuminations donnent un aspect féerique au vieux manoir, car de toutes les fenêtres, grandes et petites, émergent des flots de lumière ; plusieurs villages également ont allumé des feux de joie.

Au commencement de mai 1857, Mgr Delamare, évêque de Luçon, fait à Saint-Sulpice sa tournée de confirmation.

En 1860, la fabrique vend la cloche acquise en 1822, et fait fondre chez Bollée, du Mans, trois belles cloches qui portent les inscriptions suivantes :

1° L'AN 1860, J'AI ÉTÉ BÉNITE POUR L'ÉGLISE DE SAINT-SULPICE-LE-VERDON, M. CAUVIN ÉTANT CURÉ DE LA PAROISSE. JE SUIS MARIE-AIMÉE NOMMÉE PAR M. CHARLES-ALBERT D'ESPIVENT DE LA VILLEBOISNET ET Mme MARIE-MATHILDE VICOMTESSE DE SAINT-PIERRE, EN PRÉSENCE DE MM. A.-VICTOR TEXIER, MAIRE, GABRIEL DE GOUÉ, TRÉSORIER DE LA FABRIQUE. (1^m02 de diamètre.)

2° L'AN 1861, J'AI ÉTÉ BÉNITE POUR L'ÉGLISE DE

---

(1) *Journal des Villes et des Campagnes*, 24 mars 1853.

SAINT-SULPICE-LE-VERDON, M. CAUVIN ÉTANT CURÉ DE LA PAROISSE. JE SUIS EMILIE-ZOÉ-GABRIELLE NOMMÉE PAR M. STANISLAS DE GOUÉ ET PAR Mlle ZOÉ DE GOUÉ, EN PRÉSENCE DE MM. VICTOR TEXIER, MAIRE, GABRIEL DE GOUÉ, TRÉSORIER DE LA FABRIQUE. (0^{m}90 de diamètre.)

3° L'AN 1861, J'AI ÉTÉ BÉNITE POUR L'ÉGLISE DE SAINT-SULPICE LE-VERDON. JE SUIS VICTOIRE-JOSÉPHINE NOMMÉE PAR M. CAUVIN, CURÉ, ET Mlle MARIE-JOSÉPHINE DE GOUÉ, EN PRÉSENCE DE MM. VICTOR TEXIER, MAIRE, GABRIEL DE GOUÉ, TRÉSORIER DE LA FABRIQUE. (0^{m}50 de diamètre.)

La plus grosse et la plus petite furent solennellement bénites par Mgr Colet lui-même, venu à pied de Mormaison, le 8 septembre 1860.

La bénédiction de l'autre cloche n'eut lieu que l'année suivante ; on procéda de nouveau à celle de la plus petite qui, ne se trouvant pas au diapason des autres, avait été refondue.

Le 10 mai 1862, Mgr Colet confirme les enfants de Saint-Sulpice. Même cérémonie au mois d'avril 1866.

Au mois de janvier 1865 a lieu une grande mission jubilaire prêchée par le R. P. David, de la congrégation de Chavagnes. Le jour de la clôture, une grandiose cérémonie inaugure le grand calvaire de la Bonnelière dont nous avons déjà parlé.

Pendant le mois de janvier 1870, une nouvelle mission est prêchée avec succès par M. l'abbé Bernard, prêtre du diocèe de Nantes, et ami de la famille de Goué. On célèbre, en même temps, le jubilé.

Pour conserver le souvenir de cette mission et de ce jubilé, on restaure la grande croix de bois du cimetière qui avait été élevée en 1843 ; mais certaines circonstances n'ayant pas permis de la replacer alors, la cérémonie d'inauguration eut lieu le 14 février suivant. Les RR. PP. David et Pichaud, missionnaires de Chavagnes, occupés alors à prêcher une mission à Mormaison, voulurent bien se charger de cette cérémonie à laquelle assistèrent plusieurs autres prêtres et un concours de fidèles d'autant plus nombreux que M. le curé eut l'excellente idée de célébrer, à cette occasion, un service pour tous les défunts de la paroisse. Après la messe, le temps étant trop rigoureux pour pouvoir prêcher au pied de la croix, le P. Pichaud, du haut de la chaire, fit entendre des paroles aussi salutaires qu'éloquentes, puis après le chant du *Miserere*, le P. David bénit la croix.

Le 27 juin 1871, visite pastorale de Monseigneur qui donne la confirmation.

Le 25 décembre 1871, M. l'abbé Jeannet, vicaire général, bénit solennellement l'école des filles élevée par la commune avec le concours pécunier de M. le curé.

M. l'abbé Cauvin mourut à la suite d'une longue maladie, le dimanche 4 octobre 1874, au moment où l'on célébrait la grand'messe de la fête du Saint-Rosaire.

Le R. P. *Migeon*, de Chavagnes, qui remplace M. Cauvin pendant sa maladie, continue à desservir la paroisse jusqu'à l'arrivée de M. Alexandre Morin.

Pierre-Alexandre Morin naquit au bourg de Chambretaud, le 18 janvier 1837, et entra, en 1850, au Petit Séminaire de Chavagnes où il avait été précédé par ses deux frères aînés, Marie, de vingt ans plus âgé que lui, qui mourut curé de Sainte-Hermine, et Léandre, qui mourut à Saint-Sulpice. Ordonné prêtre le 22 décembre 1860, il fut successivement vicaire à Saint-Michel-Mont-Mercure, à Sainte-Hermine, et enfin nommé, en 1871, curé à la Chapelle-Thémer. Trois ans plus tard, il était appelé à Saint-Sulpice-le-Verdon, dont il fut le pasteur depuis le 29 novembre 1874 jusqu'au 15 avril 1888, date de sa nomination comme curé-doyen des Epesses où il est mort le 31 décembre 1905.

Il y a des curés que l'on a appelés « bâtisseurs ». M. Morin fut assurément de ceux-là, et ses œuvres prouvent combien il était capable de tenir, sinon la truelle, du moins le compas et l'équerre.

Dès son arrivée à Saint-Sulpice, il répare, relativement à peu de frais, la masure qui sert de cure et la rend un presbytère tout à fait confortable. Mais c'est surtout à la maison du bon Dieu que vont ses soins. Il faut attendre cependant, prendre sagement ses mesures, s'assurer des souscripteurs ; enfin les premiers coups de pioche sont donnés en 1886, et M. Morin peut voir bientôt son œuvre terminée. Il semble, dès lors, avoir fini son œuvre à Saint-Sulpice, et, après avoir célébré deux ou trois fois seulement la sainte messe dans sa nouvelle église, il part pour les Epesses. Là encore, s'il ne construit pas l'église, il la répare de telle sorte qu'il peut dire, non sans raison, « qu'il n'y a pas une pierre « que je n'ai touchée ». L'église restaurée, il fait bâtir à ses frais une magnifique école libre aujourd'hui très florissante.

On ne saura jamais trop louer ce saint prêtre qui était toujours si modeste, et M. Simon, vicaire général, appréciait ainsi M. Morin, le jour de ses obsèques : « C'était un saint prêtre, plein de piété et de charité, « bon pour tous, qui a passé en faisant le bien et nul « n'a eu à se plaindre de lui. C'était l'homme du devoir, « mais toujours délicat et conciliant dans ses procé- « dés (1). »

Voici quelques-uns des principaux événements religieux qui se sont passés à Saint-Sulpice durant son ministère.

Le jour de la fête de l'Assomption 1876, M. Morin a l'heureuse idée de faire porter processionnellement, dans le bourg, la statue de Notre-Dame de Saint-Sulpice, et les habitants lui paraissent reconnaissants de cette innovation et de l'honneur rendu, dans cette circonstance, à la vierge protectrice de leur paroisse.

Pendant l'Avent de l'année 1878, a lieu une grande mission prêchée par deux Pères Récollets, de la maison de Saint-Nazaire, les Pères Alexis et Marie-François.

---

(1) *Semaine Catholique*, 1906, p. 93.

Comme clôture de mission, le dimanche 29 décembre, on élève la magnifique colonne de la vierge, dont la bénédiction est l'occasion d'une grandiose cérémonie (1).

Le 1er mai 1883, Saint-Sulpice est en fête. Mgr Catteau, évêque de Luçon, malgré une pluie malencontreuse, reçoit une réception solennelle. Le concours de la population est d'autant plus grand qu'une insigne et très rare faveur est réservée à cette petite paroisse. Un enfant de Saint-Sulpice est ordonné prêtre du Seigneur, avant de voler vers les missions des Antilles, dans l'église où il a été baptisé et confirmé. La cérémonie de l'ordination du R. P. Bellaudeau est suivie avec beaucoup d'attention et de foi. Puis après cette imposante solennité, qui impressionne toute l'assistance, Monseigneur donne la confirmation à soixante-et-un enfants.

En 1886, une retraite est prêchée par les capucins de la maison de Fontenay-le-Comte.

En 1886, la première communion est avancée de huit jours afin de hâter la démolition de l'église que l'on entreprend le 15 juin, mardi de la Pentecôte.

Le 10 octobre 1886, grandiose cérémonie, après les vêpres, à l'occasion de la bénédiction de la première pierre de l'église par M. l'abbé Giraud, secrétaire général de l'évêché, délégué par Monseigneur.

Le dimanche des Rameaux, 25 mars 1888, est célébrée la première messe, dans la nouvelle église à peine terminée, par M. Morin qui vient d'être nommé curé-doyen des Epesses.

Léandre-Alexandre Morin, né à Chambretaud, en

---

(1) L'érection d'une statue de la Vierge était une marque de reconnaissance pour la faveur accordée à nos Pères par la mère de Dieu pendant les tristes jours de la Révolution. La cérémonie fut cependant incomplète car, la colonne destinée à recevoir la statue n'ayant pu, à cause du mauvais temps, être terminée pour cette date, on se borna à transporter la statue sur le terrain qu'elle devait occuper définitivement quelques semaines après.

1832, ancien curé de Talmont, arriva à Saint-Sulpice, près de son frère, en 1885 ; mais, gravement malade, il ne put l'aider dans son ministère comme prêtre habitué, et mourut au presbytère le 24 septembre 1887.

FERDINAND CHARPENTIER, le successeur de M. l'abbé Morin à Saint-Sulpice, est né à Saint-André-Goule-d'Oie, le 1er février 1847. Ordonné prêtre les 20 décembre 1872, il est vicaire de Saint-Laurent-sur-Sèvre du 6 janvier 1873 jusqu'à la fin de 1878, vicaire de Noirmoutier pendant l'année 1879, et vicaire de Chavagnes-en-Paillers de janvier 1880 à mars 1886. Curé de Saint-Michel-en-l'Herm de mars 1886 au mois d'avril 1888, il prend possession de la cure de Saint-Sulpice-le-Verdon au milieu d'avril 1888.

Le 8 septembre 1888, fête de la Nativité de la sainte Vierge, M. le curé inaugure la restauration de la statue de Notre-Dame de Saint-Sulpice. Il a convié M. Legast, curé-doyen de Rocheservière, à présider la solennité, et invité l'excellente musique des Lucs afin de lui donner plus d'éclat. Après les vêpres, M. le doyen prononce un éloquent discours en montrant combien l'Eglise, la France, la Vendée et Saint-Sulpice doivent à la Reine du Ciel.

Dès que le prédicateur est descendu de la chaire, la procession se forme sur le parvis de l'église ; la précieuse statue, portée sur son trône par les enfants de Marie, et entourée d'une gracieuse escorte de petits zouaves (1), se dirige à la colonne de la Vierge. Après une

---

(1) « Oui, vous avez bien lu, écrivaient l'*Etoile de la Vendée* et la *Semaine Catholique* du 21 septembre 1889, dix zouaves en grande tenue, culotte bouffante, bouclée aux genoux, veste galonnée, chechia à glands retombant sur les épaules, fusil soigneusement astiqué. Le plus âgé pouvait avoir sept ans, mais,

Aux âmes bien nées
La valeur n'attend pas le nombre des années,

et nos petits zouaves avaient fort bonne mine sous leur tenue,

nouvelle manifestation religieuse, N.-D. de Saint-Sulpice est reconduite à l'église où on la place sur un trône spécial maintenu au pilier qui fait face à la chaire. Un salut du très Saint-Sacrement, entrecoupé de morceaux de musique exécutés par la fanfare des Lucs, termine cette belle journée après que M. le curé eut lu en chaire un acte de consécration à la Sainte Vierge et remercié chacun dans les termes les plus délicats.

A l'avent 1888, mission donnée par deux pères Capucins, l'un de la maison de Millau, l'autre de celle de Fontenay-le-Comte ; le succès est complet.

En 1889 et 1890, M. le Curé s'occupe de faire achever le clocher de l'église, de construire le perron et de restaurer le cimetière.

Le lundi de la Pentecôte 1890, la paroisse de Saint-Sulpice presque tout entière se rend en pèlerinage, à pied, à la grotte de Notre-Dame de Lourdes du couvent des religieuses de Chavagnes. Le matin, station à l'église des Brouzils, et dès l'arrivée à Chavagnes, grand'-messe célébrée par M. le curé Rorthais ; le soir, procession à N.-D. de Lourdes, où M. le curé de Chavagnes prononce un discours empreint de la plus grande piété.

A l'occasion de la fête de Noël 1890, le R. P. Pichaud, de la congrégation de Chavagnes, donne une retraite aux femmes et aux filles de la paroisse, qui produit des fruits de salut.

Le 2 mai 1891, Monseigneur fait sa visite pastorale à Saint-Sulpice, et confirme quatre-vingts enfants.

---

tort réglementaire, ma foi, mais de couleur bleue et blanche, comme il convient à des zouaves de la Sainte-Vierge. Quant au capitaine, qui ne devait guère avoir plus de dix à onze ans, je vous réponds qu'il menait sa petite troupe très militairement et si un de ses soldats, par suite de quelque fausse manœuvre, faisait seulement mine de fourrer un de ses dix doigts dans son nez, il était de suite rappelé à la consigne par un sévère coup d'œil de son chef. »

M. le curé Charpentier, qui était un prêtre plein de zèle, aimait à visiter fréquemment les malades. « C'était, « écrivait-il, une de mes joies et la plus grande consola- « tion de ma vie pastorale. » Il ne négligeait rien sur- tout pour organiser les fêtes, les cérémonies religieuses, et il leur donnait un très grand éclat. Très populaire parmi tous ses paroissiens, M. Charpentier n'était ce- pendant qu'un médiocre administrateur, alors qu'au contraire les dépenses nécessitées par la construction de l'église exigeaient sur ce point une compétence toute spéciale. Aussi après une grave maladie, M. Charpen- tier fut-il obligé de quitter Saint-Sulpice vers le début du mois d'août 1891.

M. Charpentier s'installait, le 18 août suivant, comme prêtre habitué à Beaupréau (Maine-et-Loire), où il mena pendant plus de quinze ans une vie de mission- naire, parcourant un peu toute la France, mais sur- tout l'Ouest, notamment les diocèses de Poitiers et d'Angers.

Entre temps il étudiait l'histoire de sa petite patrie, la Vendée, et ses hommes illustres. Ces études le pas- sionnaient et la liste de ses articles et de ses ouvrages serait presque impossible à faire (1). Tous ses livres n'ont certes pas la même valeur, et la plupart valent surtout comme chroniques anecdotiques et légendaires plutôt que comme études scientifiques : ce sont des œu- vres de vulgarisation. Il mettait la dernière main à une biographie sur *Charette* quand la mort est venue enlever ce bon prêtre à l'affection de tous, à Beaupréau, le 4 dé- cembre 1911.

Durant son ministère à Saint-Sulpice, M. le curé Charpentier avait appelé près de lui son neveu, M. l'ab- bé *Gustave Fonteneau*. Né en 1865, ordonné prêtre en

---

(1) Citons parmi ses ouvrages : *les Choux de Vendée, En Vendée, Chez nous en* 1793 (Saint-André-Goule-d'Oie), *Ven- déens, restez en Vendée, Soirées Vendénnes, Récits de mon Pays, Cent ans après, Nouvelle Soirées Vendéennes, d'Elbée, Catheli- neau, Mgr Freppel*, etc.

1889, professeur à l'Institution Sainte-Marie, M. Fonteneau lui fut donné comme vicaire par l'autorité épiscopale, pendant sa maladie, depuis le mois de février 1891. Après le départ de son oncle, au mois d'août suivant, Monseigneur lui confia les fonctions de desservant provisoire de Saint-Sulpice et il ne revint à Saint-Marie qu'après l'arrivée du nouveau pasteur, au mois d'octobre 1891. Actuellement M. l'abbé Fonteneau est curé de Beaulieu-sous-la-Roche.

LOUIS RIVALIN, né à Saint-Jean-de-Monts, le 29 janvier 1858, ordonné prêtre le 18 décembre 1880, fut vicaire de Saint-Michel-en-l'Herm du 1er janvier 1881 au 23 juillet 1882, date à laquelle il fut placé au poste de Maillé, où il resta jusqu'à sa nomination à Saint-Sulpice.

Curé de Saint-Sulpice-le-Verdon du 4 octobre 1891 au 31 décembre 1895, M. Rivalin se fit particulièrement remarquer par ses qualités d'administrateur et par son zèle religieux.

Le 8 septembre 1894, est célébré avec une pompe toute spéciale le centenaire de N.-D. de Saint-Sulpice, la statue miraculeuse préservée du feu en 1794.

Pendant le carême de l'année 1895, il fait prêcher plusieurs retraites par la R. P. Bernard, religieux de Saint-Paul de la Croix. A cette occasion, M. le curé institue une confrérie d'hommes pour le Saint-Sacrement qui n'a cessé depuis d'être très florissante.

Le 30 avril 1895, il reçoit la visite pastorale de Mgr Catteau, qui donne le sacrement de confirmation à quatre-vingt-un enfants de la paroisse.

Après quatre années passées à Saint-Sulpice, M. Rivalin fut nommé curé de Champ-Saint-Père, dont il fit reconstruire l'église, et où il resta jusqu'au 9 juin 1905, date à laquelle il a été nommé curé-doyen de Saint-Hilaire-des-Loges.

EMILE MICHAUD. — Le curé actuel de Saint-Sulpice

est né à Bourneau, le 21 avril 1861. Ordonné prêtre le 21 décembre 1884, il est successivement vicaire à la Bruffière (janvier 1885), vicaire de Saint-Jean de Fontenay (octobre 1889), curé à la Chapelle-Thémer (mai 1893), et enfin curé de Saint-Sulpice, dont il prend possession le 31 décembre 1895. — Depuis bientôt dix-huit ans qu'il gouverne cette paroisse on ne sait ce qu'il faut admirer davantage de sa chaude et abondante prédication, de son zèle infatigable ou de son dévouement à toute épreuve, car partout et toujours il y met tout son cœur.

Quelques jours après son installation il prépare lui-même à la fête de l'Adoration perpétuelle, récemment instituée dans le diocèse, et qui concorde avec la fête patronale de Saint-Sulpice, le 17 janvier. Toujours très suivie, elle a, cette année, un éclat tout particulier.

A la fin de l'année 1896 ont lieu les fêtes à l'occasion du Jubilé.

Le 8 mai 1899, visite pastorale de Monseigneur qui donne la confirmation à quatre-vingt-six enfants.

Le 8 septembre 1899, M. le curé, voulant raviver la dévotion de ses paroissiens à Notre-Dame de Saint-Sulpice, fait solennellement célébrer la Nativité de la Bienheureuse Vierge Marie. Du matin au soir les habitants se succèdent aux pieds de la Madone exposée à l'autel de la sainte Vierge. A la grand'messe, le R. P. Pierre (de Goué), capucin, alors gardien du couvent de Narbonne, fait une émouvante instruction. A l'issue des vêpres, chantées seulement à sept heures et demie du soir, se déroule une splendide procession aux flambeaux qui escorte la statue de l'église à la Caillaudière, où Pierre Favreau l'avait transportée pendant la Révolution, et de la Caillaudière à l'église en s'arrêtant à la colonne de la Vierge où des acclamations enthousiastes, qui rappellent celles de Lourdes, sont répétées par les fidèles de la paroisse et des paroisses voisines.

Le mardi 1er janvier 1901, à minuit, commence, avec l'année et le siècle, une grande mission prêchée par les

RR. PP. Gustave Trotin et Buchet, missionnaires de Chavagnes. Elle coïncide avec le jubilé et l'adoration perpétuelle du 17 janvier et ne se termine que le 20 janvier. Les communions sont très nombreuses pendant ces deux jours et trois hommes seulement de la paroiose restent sourds à l'appel de la grâce. Le jour de la clôture a lieu l'inauguration, sur la route de Mormaison, d'une grande croix de bois destinée à en remplacer une autre érigée en 1824, toutes deux dues aux bienfaits de la famille Gourraud. La cérémonie est favorisée par un temps splendide et les rues magnifiquement ornées de guirlandes et de verdures rappellent les jours de Fête-Dieu.

Du 7 au 17 janvier 1902, les RR. PP. Jules et Gustave Trotin viennent donner un retour de mission, dont les exercices sont très suivis ; ils ravivent tout particulièrement l'esprit religieux de la jeunesse.

Le 7 février 1903 compte parmi les dates lugubres de la paroisse. Les trois religieuses de Mormaison, qui enseignaient à Saint-Sulpice et qui, après avoir été renvoyées de l'école, le 1er septembre 1902, s'étaient réfugiées chez M. Gourraud, au Logis, ainsi qu'à la Chabotterie, se voient contraintes, par ordre du préfet, de rentrer définitivement à la maison-mère de Mormaison.

La persécution bat son plein et, par une curieuse mais très douloureuse coïncidence, se trouvent réunis, le dimanche 26 avril 1903, quatre religieux venant faire leurs adieux à leur famille avant de prendre le chemin de l'exil. Ce sont le R. P. Pierre, gardien du couvent des Capucins de la Rochelle, partant pour le Canada ; le R. P. Edouard Gautron, rédemptoriste du couvent de Bordeaux, se préparant à aller évangéliser l'Equateur ; le R. P. Gustave Trotin, missionnaire de Chavagnes, et son frère, le R. P. Stanislas Trotin, mariste de Limoges, tous deux parents de M. le curé de Saint-Sulpice. Leur présence à la grand'messe a lieu quelques jours après l'apparition de la fameuse circulaire du président du Conseil interdisant, sous menace de fermeture de l'église, la prédication des religieux. Aussi M. le curé,

une fois les annonces faites à la grand'messe, se con-
tente-t-il de dire du haut de la chaire, d'une voix brisée
d'émotion, qu'il ne prêchera pas aujourd'hui puisque ces
pieux missionnaires, qui auraient tant de qualité à le
faire, n'en ont plus le droit ; il prie le Seigneur de les
protéger et les ramener bientôt... Inutile d'ajouter l'im-
pression que font ces paroles sur la pieuse assistance.

Quelques jours auparavant, le 24 mars, Mgr Catteau
avait été reçu en grande pompe par les habitants de
Saint-Sulpice à l'occasion de sa visite pastorale. Après
avoir confirmé soixante-dix-sept enfants, il vint visiter
et bénir la nouvelle école libre des filles.

Toute l'année 1904 a été une préparation au jubilé
accordé par Pie X en l'honneur du cinquantenaire de la
définition du dogme de l'Immaculée-Conception. La
fête du 8 décembre, précédée d'un Triduum, est célébrée comme les plus grandes solennités. Les vêpres ont
été renvoyées au soir ; illuminations superbes à l'intérieur de l'église, consécration de la paroisse à la sainte
Vierge, procession à la colonne de la Vierge, embrase-
ment du clocher, lanternes vénitiennes, transparents et
expositions de statues de la sainte Vierge dans toutes
les maisons du bourg, feux de bengale et feux d'artifice,
feux de joie dans les villages, rien n'a été oublié pour
célébrer ce glorieux anniversaire.

En 1905, M. l'abbé Armand Sauvaget, de cette paroisse, ayant été ordonné prêtre par Monseigneur, dit
sa première messe solennelle pour la fête de saint
Pierre.

Après une retraite de jeunes gens, au nombre de quatre-vingts, prêchée par M. Faivre, vicaire de Mormaison, le groupe de la Jeunesse Catholique de Saint-Sulpice, nouvellement créé, se consacre au Sacré-Cœur, le
26 novembre 1905.

*La résistance aux inventaires (22 février et 1er mars
1906).* — Avec l'année 1906 commence une ère de persécution qui bouleverse profondément la France catho-

lique. La loi dite de Séparation, du 6 décembre 1905, porte dans un de ses articles qu'un inventaire des objets mobiliers des églises sera dressé dans chaque commune pour en faire la translation aux associations cultuelles que le gouvernement sectaire espère voir se constituer. L'exécution de cette formalité, qui semble des plus simples, rencontre, dès le début, des résistances et des difficultés auxquelles les francs-maçons qui ont voté la loi ne s'attendaient pas. La conscience populaire se refuse d'adopter bénévolement cette mesure d'autant plus inique que la plupart des églises (celle de Saint-Sulpice entre autres), ainsi que les objets qu'elles comprennent, n'existent qu'en raison des généreuses donations des fidèles, sans que l'Etat ou les communes y aient contribué.

Dans le canton de Rocheservière l'opposition se montre particulièrement menaçante et les manifestations, tout en restant religieuses et passives, révèlent encore une fois à la République que les nouvelles générations du Bocage vendéen n'oublient pas le passé de leurs aïeux qui, vaincus en apparence, avaient contraint du moins le Directoire à leur laisser la liberté du culte catholique, et préparé ainsi le Concordat de 1801 que vient dénoncer la nouvelle loi.

Le 18 février 1906, M. le curé de Saint-Sulpice reçoit avis de la gendarmerie de l'Herbergement que le 22 prochain l'agent du gouvernement viendra inventorier la mense et l'église paroissiale.

Au jour fixé, répondant à la convocation de M. le curé, tous les paroissiens remplissent l'église dès neuf heures du matin. A dix heures, on signale l'arrivée du percepteur des Brouzils, M. Bonaldi, chargé de faire cette triste besogne, l'agent des Domaines s'en étant fait exempter pour cause de maladie. Il se présente seul devant M. le curé, bien qu'il se soit fait escorter de deux gendarmes qui attendent les événements à la mairie. Après avoir fait connaître l'objet de sa mission, M. le curé, entouré de son conseil de fabrique, lit d'un ton haut et ferme la protestation suivante :

Monsieur,

Si vous avez la triste et pénible mission de procéder à l'inventaire de notre église, j'ai l'impérieux devoir de protester, en mon nom et au nom de tous mes paroissiens, contre une mesure qui nous blesse profondément dans nos convictions religieuses et porte atteinte aux droits les plus sacrés de l'Eglise. Rome a parlé. Le Souverain Pontife a dit : « Nous réprouvons et nous condamnons la loi votée en France sur la Séparation de l'Eglise et de l'Etat. » Or, Monsieur, l'inventaire des églises est le premier acte de cette loi néfaste, et avec le pape noùs la condamnons et la réprouvons. Et quoiqu'il arrive, enfants soumis au vicaire de Jésus-Christ, nous saurons, à l'exemple du nos pères, souffrir et mourir, s'il le faut, pour la défense de notre foi.

Après cette lecture écoutée dans le plus religieux silence, l'assistance s'écrie : *Vive la Religion, Vive le Pape, Vive M. le Curé !*

Lé percepteur demande si, malgré tout, on veut le laisser entrer. *Non, non jamais !* répond la foule. Il s'adresse alors à M. Gourraud en sa qualité de maire de Saint-Sulpice, mais celui-ci répond fièrement qu'il n'est pas ici comme maire mais comme catholique et qu'il se refuse à la moindre intervention. D'ailleurs la population montre des signes visibles de surexcitation et sur les conseils de M. le Maire, M. Bonaldi se retire aux cris cent fois répetés : *Vive le Pape, Vive la Religion ! Hou ! Hou !*

Après la bénédiction du Saint-Sacrement et les chants du cantique *Nous voulons Dieu*, la foule s'écoule, bien décidée à revenir dès la première alerte.

Quoiqu'un jour sur semaine, huit cents personnes environ s'étaient réunies pour recevoir, comme il convenait, l'agent de la République. On remarquait un certain nombre d'habitants de Mormaison avec leur curé, M. le curé de Saint-André, le R. P. Trotin, M. de le Grandière, conseiller général du canton, M. Gourraud, maire et conseiller d'arrondissement, M. de Goué, M. le Maignan de l'Ecorce, M. Libert, etc, etc.

Dès le lendemain 23, des ouvriers et hommes de bonne volonté préparent la résistance. Ils s'ingénient à fortifier l'église avec des madriers, des barres de fer, des fagots ; des charrettes chargées sont fixées aux issues qui donnent accès à l'église afin d'empêcher les chevaux des gendarmes de passer. Un service de surveillance et de patrouille est organisé pendant la nuit comme pendant le jour. On apporte des lits à la sacristie ainsi que des vivres. Une seule porte donne désormais accès à l'église, encore est-elle sérieusement gardée. Et tout ceci se passe avec une régularité toute militaire sous le commandement du « général Muscadet ». Impossible de citer les plus vaillants, il faudrait nommer presque tous les paroissiens.

Le lundi 26 février, alerte à trois heures du matin. On sonne le tocsin, et déjà on accourt de toute part quand on s'aperçoit de la méprise.

Le 27, jour du mardi-gras, est, cette année, un jour de deuil. A dix heures du matin, nouvelle alerte : trois gendarmes se dirigent de l'Herbergement sur Saint-Sulpice. En un instant, au son des clochers, une partie de la paroisse, dont un grand nombre d'hommes, se rendent à l'église. Les gendarmes viennent seulement pour parler à M. le maire, mais ils reçoivent pendant leur passage à Saint-Sulpice force quolibets, et rentrés à l'Herbergement, ils télégraphient à la Préfecture que l'église est barricadée et qu'il faut s'attendre dans cette commune à une grande résistance.

Le mercredi des Cendres est célébré plus que jamais dans la prière et la pénitence.

Pendant la nuit du 28 février au jeudi 1er mars, les éclaireurs qui arpentent les routes à bicyclette et qui surveillent la voie du chemin de fer annoncent de grand matin qu'une compagnie d'infanterie vient de descendre du train à l'Herbergement et qu'elle se dirige sur les Brouzils. Quelques jeunes gens veulent dépasser la colonne afin de prévenir les habitants des Brouzils, mais la troupe les en empêche. Aussi l'opération des inventaires se fait-elle aux Brouzils et à la Copechagnière assez rapidement.

Pendant ce temps tous les habitants de Saint-Sulpice, hommes et femmes, sont accourus défendre leur église. Vers onze heures, on apprend que la troupe fait halte à une lieue du bourg. A onze heures et demie, les éclaireurs annoncent qu'elle s'est remise en marche et qu'elle atteint déjà l'avenue de la Chabotterie. Plus de doute cette fois, et le son du tocsin annonce aux retardataires et aux paroisses voisines l'arrivée prochaine des crocheteurs. Enfin, il est exactement midi moins cinq quand arrivent dans le bourg une compagnie au complet d'infanterie, la 11ᵉ du 93ᵉ de ligne en garnison à la Roche-sur-Yon, commandée par le capitaine Pasquin (environ cent vingt hommes) ; une vingtaine de gendarmes à cheval qui accompagnent ceux de l'Herbergement, soit vingt-cinq gendarmes; le commissaire spécial de la Roche, le fameux Delgay, de triste mémoire, dont le gouvernement de la République devait récompenser, quelques semaines après, les services et les actes qu'il avait remplis avec toute son âme de sectaire, par la croix de la Légion d'honneur (!) ; le percepteur des Brouzils, M. Bonaldi, qui fut récompensé de son zèle par un avancement rapide et par le ruban violet; et enfin un ouvrier crocheteur avec la sinistre voiture qui contient les instruments.

M. le curé s'est retiré à la cure dont la porte du jardin est barricadée. Le percepteur et le commissaire viennent tour à tour lui demander d'ouvrir l'église. Au bout d'un certain temps il se résigne à leur parler par dessus le mur, protestant contre leur présence, et il leur remet la protestation écrite du Conseil de fabrique en demandant de la consigner au procès-verbal; il leur ajoute qu'il fera tout son possible pour qu'il n'y ait pas de sang versé, mais qu'il n'ouvrira pas son église. Les gendarmes à leur tour essaient d'intimider le saint prêtre et ses paroissiens. Le curé leur répond : *Mes paroissiens ne craignent ni vos menaces, ni l'amende, ni la prison ;*

ils sont prêts à mourir, s'il le faut, pour la défense de leur église et de leur religion.

Le maire, M. Gourraud, est sommé par le commissaire d'user de son autorité pour faire ouvrir le sanctuaire. « *Je suis ici*, s'écrie-t-il, *pour faire avec tous mon devoir de catholique en défendant mon église et je ne céderai qu'à la force.* » Puis, s'adressant à ses administrés : « *Mes amis, voulez-vous qu'on ouvre votre église ? — Non, non jamais*, répond la foule. *Vive la religion !* »

Delgay, revolver au poing, est au paroxysme de la colère. Il ne peut se faire entendre, les cloches sonnant à toutes volées ; il aperçoit le drapeau noir, la bannière voilée de deuil qu'entourent, à la porte de l'église, un grand nombre de femmes ; aussi sans faire aucune des sommations réglementaires et ainsi en violant tout le premier la loi, il fait charger sur le parvis de l'église la foule pieuse qui s'y presse.

Ces braves chrétiennes sont, en un instant, foulées sous les pieds des chevaux, plusieurs sont blessées, d'autres traînées par les cheveux. Delgay excite les soldats qui, à son gré, ne montrent aucun enthousiasme à faire une semblable besogne. Le maire, du moins, a le droit de rester sur la place s'il est ceint de son écharpe. Il court la chercher à la mairie ; mais, pendant ce temps, le commissaire spécial en profite pour faire une nouvelle charge pendant laquelle ont lieu des actes inouïs de brutalité contre ces femmes et ces quelques hommes armés seulement de leur chapelet. Mme Gourraud, toujours au premier rang, est prise à la gorge et risque d'être étranglée ; des coups de crosse ensanglantent les mains de plusieurs.

Pourtant l'église résiste toujours. Dans le sanctuaire se tiennent un certain nombre de femmes avec Mme de Goué, ainsi que la plupart des hommes, qui regrettent quelque peu qu'on leur ait défendu de prendre leurs armes.

C'est pourquoi le commissaire, guidé par le mouchard, passe par le cimetière, saute dans le jardin de la cure et se dirige droit vers la porte de la sacristie, accompagné d'une dizaine de gendarmes, de deux soldats armés de haches puissantes, du crocheteur et de ses instruments. On essaie alors d'enfoncer cette porte qui résiste longtemps aux coups sacrilèges ; enfin, elle vole en morceaux, les ferrures elles-mêmes sont en partie brisées, quand les crocheteurs aperçoivent par derrière une barricade formée d'énormes poutres. Trois quarts d'heure d'efforts continus sont nécessaires pour démolir cette première défense.

Le percepteur peut entrer enfin dans la sacristie et il commence aussitôt son inventaire, interrogeant parfois M. le curé, qui refuse de lui répondre.

Mais il faut pénétrer encore dans l'église, et la porte qui donne accès au sanctuaire est également barricadée. Au moment où elle va céder à son tour, le commissaire, craignant non sans quelque raison une vive résistance, ordonne aux gendarmes de rentrer dans l'église le revolver au poing. Prévoyant une effusion de sang et des scènes des plus regrettables, car la résistance est facile et les hommes résolus, au prix de leur vie, à défendre leur église, M. le curé les prie alors de ne pas sortir leurs armes qui seraient un motif de représailles et leur dit qu'il va ordonner à ses paroissiens de rentrer dans leurs bancs. Tous obéissent, mais combien à regret ! De toutes parts ce sont des larmes et des sanglots coupés par ces invocations : *Pardon, mon Dieu ! Vive la Religion !*

Le percepteur agit promptement, fait un simulacre d'inventaire au milieu de la foule indignée.

Il est près de deux heures de l'après-midi quand le commissaire, le percepteur, le crocheteur, les gendarmes et la troupe quittent la place aux cris de : *Vive la religion ! A bas les crocheteurs !*

Aussitôt après a lieu une cérémonie en réparation des outrages, qui se renouvelle le dimanche suivant. Une procession, à la tête de laquelle on remarque une grande croix faite des tronçons de la porte, passe par tous les endroits parcourus par la bande sacrilège pour faire amende honorable à Notre-Seigneur. M. le curé bénit également les débris des portes et fait faire des petites croix distribuées dans chaque famille de la paroisse, afin de perpétuer ce triste et touchant souvenir.

Les habitants de Saint-Sulpice se rappelaient que leurs pères avaient combattu et versé leur sang pour la défense de leur église et de leur religion pendant les guerres de la Révolution : ils montrèrent dans cette journée du 1er mars 1901, de résistance toute religieuse et toute passive cependant, qu'ils étaient de vrais vendéens.

Le dimanche de l'Octave de la Nativité 1906, fête de Notre-Dame de Saint-Sulpice, les paroisses de Saint-Sulpice et de Mormaison sont appelées à se réunir, le soir, dans l'église, pour assister à la bénédiction solennelle du drapeau du groupe de la Jeunesse Catholique. Ce drapeau, en soie blanche et bleue, offert par la famille Gourraud, représente un Sacré-Cœur entouré d'un Rosaire, avec lesquels, jadis, les soldats de la contrée partaient toujours au combat. Une grande procession aux flambeaux dans le parc du Logis termine la fête.

Huit jours après cette belle cérémonie, le drapeau conduit la paroisse jusqu'à Rocheservière où a lieu un pèlerinage eucharistique régional présidé par Monseigneur l'évêque de Luçon qu'entouraient près de huit mille pèlerins.

9 décembre 1905 : dernière réunion du Conseil de fabrique sous la présidence de M. Félix Avrilleau, président. Le Conseil rédige une protestation contre la loi de Séparation.

A l'occasion du cinquantenaire de l'apparition de Notre-Dame de Lourdes, la paroisse tient à se faire représenter nombreuse, et quarante-six pèlerins se font inscrire. Pendant ce pèlerinage une faveur signalée est accordée à la paroisse.

Clémence Danieau, âgée de vingt-quatre ans, du village de la Renaulière, est atteinte de pleurésie, de tuberculose et de la maladie de la moëlle épinière : elle est condamnée par tous les médecins. Dès janvier elle cesse de sortir ; à partir d'avril elle ne peut prendre que des légumes ; depuis juillet il lui est impossible de marcher. Des personnes charitables se cotisent pour l'envoyer à Lourdes. Elle ne cesse de réciter son chapelet pendant le voyage que l'on craint qu'elle ne puisse achever ; elle est hospitalisée à Lourdes le 4 août. Le lendemain elle prend son premier bain et souffre tellement qu'elle s'attend à mourir ; le 6, elle prend à regret son second bain et son état reste désespéré. Enfin, le jeudi 7 août 1908, à la procession du Saint Sacrement, au moment où Mgr Catteau pose sur son front l'ostensoir, elle se lève, se prosterne à genoux, chante les louanges de la Vierge de Lourdes et rentre à pied à l'hôpital où elle se met à manger avec appétit tout ce qu'on lui présente. Elle est guérie !

Au retour du pèlerinage, toute la population vient au-devant de la miraculée qui est entourée de son pasteur, de sa mère, de ses brancardiers et de ses compagnons de voyage. Une procession s'organise et va rendre une première action de grâces à l'église. Le lendemain dimanche, l'église est pleine comme aux plus grands jours de fête : chacun veut voir la jeune fille agenouillée au pied d'un trône où repose au milieu des fleurs la statue de Notre-Dame de Lourdes et constater sa guérison.

Depuis, Marie Danieau a toujours joui d'une excellente santé, et dans sa reconnaissance elle a tenu à consacrer sa vie à la sainte Vierge : elle est rentrée comme religieuse, en 1909, aux Petites-Sœurs des Pauvres.

Le dimanche de l'Octave de la Nativité 1909, la paroisse fête d'une façon toute spéciale, en même temps que Notre-Dame de Saint Sulpice, la nouvelle bienheureuse, l'héroïne française, Jeanne d'Arc. Cette fête, précédée d'un Triduum prêché par M. le curé, amène un grand nombre de personnes à la sainte Table. A la grand'messe, M. l'abbé Pauleau, aumônier des sœurs de Mormaison, prononce un superbe panégyrique de la bonne lorraine ; le soir, toutes les maisons du bourg sont illuminées, les rues sont fleuries et une magnifique procession aux flambeaux à travers le bourg et le parc de M. Gourraud termine cette inoubliable journée.

Le 21 décembre suivant, la paroisse est témoin d'une bien touchante cérémonie. M. le curé célèbre le vingt-cinquième anniversaire de sa première messe, assisté comme alors par son parent le R. P. Trotin, de la congrégation de Chavagnes, et comme alors ayant pour servant de messe M. Michaud, son père, âgé de quatre-vingts ans. Ils sont bien sincères ce jour-là les vœux que lui expriment, au nom de toute la population, le conseil paroissial et le conseil municipal.

Le 1er janvier 1911, M. le curé offre en étrennes à ses paroissiens les grâces d'une mission prêchée par les RR. PP. Cœuré et Nevoux, rédemptoristes. L'affluence est extraordinaire à tous les exercices et trois personnes seulement ne s'approchent pas de la sainte Table. Le quatrième dimanche du mois, jour de la clôture, a lieu l'érection d'un grand calvaire à la Bonnelière, remplaçant celui qui avait été élevé en 1865 et que l'orage avait abattu.

Le 4 avril suivant, Mgr Catteau fait la visite pastorale de la paroisse et donne la confirmation à cent vingt-trois enfants. Contrairement à l'usage, mais afin de se conformer au désir du pasteur du diocèse, il ne lui est fait aucune réception solennelle afin de mieux marquer l'ère de persécution religieuse dans laquelle nous passons.

6 août 1911 : Fête de la *Croix de Charette* à la Chabotterie (voir ci-après).

10 septembre : Inauguration et bénédiction de la chapelle du Chêne de la Chevasse (voir § IV, page 194).

Mgr Catteau arrive à Saint-Sulpice le 15 novembre, à deux heures de l'après-midi. Il vient bénir la nouvelle école libre des garçons et la consacrer au Sacré-Cœur, dont la dévotion est si grande dans la paroisse.

Du 7 au 17 janvier 1912, le R. P. Nevoux vient prêcher un retour de mission dont le résultat a surtout été de stimuler la piété des filles de la paroisse.

Le 19 mai, la France célèbre le cinq centième anniversaire de la naissance de la Bienheureuse Jeanne d'Arc. Les maisons du bourg sont superbement décorées ; le soir, toutes sont illuminées ; dans la plupart des villages, des feux de joie sont allumés en l'honneur de la vaillante Pucelle.

Le dimanche 8 septembre, M. le curé profite de la seconde fête patronale, Notre-Dame de Saint-Sulpice, pour organiser un congrès eucharistique paroissial qui, sous la présidence de M. Mercier, vicaire général, obtient un plein succès. Le soir, la population tout entière, munie de flambeaux, accompagne Notre-Dame de Saint-Sulpice à travers le bourg et le parc de M. Gourraud, brillamment illuminé. La procession s'arrête devant le perron du Logis et là, M. le chanoine Mercier fait une délicate allocution ; il rappelle le souvenir du bon roi saint Louis et son amour de l'Eucharistie, il proclame enfin les pieuses résolutions qui ont été prises au cours des trois séances de ce congrès.

Le 11 février 1913, procession aux flambeaux pour fêter l'anniversaire de la première apparition de la Vierge à Lourdes.

Le 4 mai, en l'honneur de la fête nationale de Jeanne d'Arc, toutes les maisons du bourg sont magnifiquement pavoisées ; mais l'après-midi, les gendarmes viennent intimer l'ordre aux habitants d'enlever toutes les oriflammes bleues et blanches. La population se promet bien de ne pas obtempérer l'an prochain à un ordre aussi illégal.

Depuis le 17 avril 1913, M. Michaud est aidé dans son ministère par un jeune prêtre, M. l'abbé *Aimé Robin*, du Poiré-sur-Vie, précédemment vicaire à Sainte-Hermine, qui s'est consacré spécialement à l'œuvre scolaire.

§ X. — *Prêtres originaires de Saint-Sulpice depuis 1801*

Claude de Goué, né à la Chabotterie, le 22 janvier 1813, entré au grand séminaire en 1831, ordonné prêtre en 1836, est nommé vicaire à Chauché en 1837, puis en 1838 à Notre-Dame de Fontenay-le-Comte ; en 1840, il est désigné comme aumônier de l'hospice et du collège de cette ville. Quoique très jeune encore, son savoir et son expérience le font choisir comme premier aumônier de la nouvelle congrégation des religieuses des Sacrés-Cœurs de Jésus et de Marie à Mormaison, le 25 novembre 1840 ; il est la providence et le père nourricier de ces sœurs, et meurt dans l'exercice de son ministère le 6 octobre 1882. (Voir *Chronique de Mormaison.*)

Théophile de Goué, né à Saint-Sulpice, le 30 mai 1843, ordonné prêtre en 1866, exerce d'abord le ministère en qualité de vicaire à Saint-Pierre-des-Lucs de 1867 à 1878, puis comme aumônier des Filles de l'Union-Chrétienne de Fontenay-le-Comte de 1878 à 1887. Il était curé de Saint-Avaugourd-des-Landes depuis 1888, lorsqu'il est mort le 28 septembre 1892.

Jean Collanget, né à Saint-Sulpice, le 29 octobre 1843, ordonné prêtre en 1867, est successivement vicaire à Venansault, à Saint-Philbert-de-Bouaine, à Chaillé-les-Marais et aux Lucs de 1867 à 1881. Nommé curé de la Genétouze en 1881, il est obligé de donner sa démission pour cause d'infirmité le 1er décembre 1891, et se retire dans sa paroisse natale où il habite encore. Pendant bien des années M. Collanget aide dans son ministère M. le curé de Saint-Sulpice, mais à la suite d'une grave maladie, en 1906, ce vénérable prêtre a cessé de célébrer la sainte messe.

Philibert de Goué, né à la Roche-sur-Yon, le 27 octobre 1851, engagé aux zouaves pontificaux volontaires de l'Ouest en 1871, entre après la guerre au grand séminaire de Luçon qu'il quitte en 1872 pour se faire religieux capucin sous le nom de *frère Pierre.* Ordonné prêtre à Toulouse en 1875, il est gardien des couvents de Narbonne, de la Rochelle ; exilé en 1903 au Canada, il a été successivement gardien des résidences de Québec et de Ristigouche, où il réside aujourd'hui.

Louis de Goué, né à la Roche-sur-Yon, le 17 avril 1857, mais domicilié comme son frère Philibert à Saint-Sulpice, entre dans l'ordre des capucins, en 1877, sous le nom de *frère Alexandre*. Ordonné prêtre à Orihuela (Espagne), en 1881, il réside de nombreuses années en France et est actuellement à Burgos (Espagne).

Jean Bellaudeau, né à Saint-Sulpice, le 12 août 1856, entre dans la congrégation des Pères de Chavagnes en   , et est ordonné prêtre dans l'église même de Saint-Sulpice le 1er mai 1883. Quelques jours après, il s'embarque pour les Antilles anglaises à la Dominique, et devient, au diocèse de Rozeau, curé de Vieille-Case dont il est un pasteur aussi vigilant que dévoué. Le R. P. Bellaudeau, fortement éprouvé par le climat de ces pays chauds, où il est missionnaire depuis vingt-huit ans, a été obligé de rentrer France au mois d'avril 1911, et il a résidé comme prêtre habitué dans sa paroisse natale jusqu'en novembre 1912, époque à laquelle sa santé lui a permis de continuer en Amérique son apostolat.

Edouard Gautron, né à Saint-Sulpice, le 31 juillet 1870, ordonné prêtre en 1893, reste pendant quelque temps attaché comme secrétaire à Monseigneur, mais attiré par la vocation religieuse, il se fait rédemptoriste en 1900. Après avoir résidé à Bordeaux, il est parti, en 1903, évangéliser les peuplades de l'Equateur (Amérique), où il se trouve encore. Le R. P. Gautron a hérité du zèle religieux de son grand-oncle, le R. P. Monnereau, fondateur de la congrégation des sœurs dites de Mormaison.

Joseph Rivière, né à Saint-Sulpice, le 26 avril 1886, ordonné prêtre en 1910, a été nommé, la même année, au poste de vicaire à Sainte-Cécile (1).

------

(1) Donnons un pieux souvenir à M. l'abbé *Joseph Grasset*, né à Saint-Sulpice en 1889, clerc minoré, mort à Saint-Sulpice en 1908.

CHAPITRE V

HISTOIRE CIVILE ET MUNICIPALE

Cette partie de notre chronique ne peut être que très restreinte en raison même de la disparition presque totale des anciennes archives communales lors de la Révolution (1).

§ I. — *Justice*

Au Moyen-Age, la juridiction la plus fréquente à Saint-Sulpice était celle exercée par les justices seigneuriales, qui perdirent peu à peu, au profit des juridictions royales, la majeure partie de leurs privilèges. D'ailleurs, en général, ils y étaient peu importants, car les deux principaux fiefs de la paroisse ne donnaient droit que de *basse justice* pour la Chabotterie, et de *moyenne et basse justice* pour la Bégaudière ; il en résultait donc, surtout dans le dernier état l'ancien droit, une juridiction très restreinte ne s'étendant guère que sur les petits procès entre seuls vassaux, avec appel à la justice supérieure, celle de Montaigu.

Deux seigneuries cependant, celles de la Maulionnière et de l'Enclave de Saint-Denis, avaient des droits plus considérables, tant au civil qu'au criminel. Ces droits étaient ceux que conférait la coutume du Poitou pour les *hautes, moyennes et basses justices*, droits qui allaient jusqu'à la peine de mort et l'exposition des criminels au

(1) Sources de ce chapitre : *Arch. communales de Saint-Sulpice* et *Arch. de la Chabotterie* (dossier Saint-Sulpice). Les autres sources seront seules indiquées.

pilori. Toutefois, la faible étendue du fief de la Maulionnière rendait ces droits sans conséquence, et la haute justice de l'Enclave, qui embrassait un grand nombre de villages de la paroisse de Saint-Denis-la-Chevasse, ne s'étendait guère à Saint-Sulpice que sur les villages de la Grande et de la Petite-Chevasse.

Toutes ces seigneuries avaient leurs officiers, (procureur fiscal, greffier, sergent, sénéchal), qui, vu le peu d'importance de leurs fonctions, cumulaient avec d'autres charges. Seule, la seigneurie de l'Enclave de Saint-Denis ou châtellenie de Choisy, rattachée à la Chabotterie, avait son juge-sénéchal à demeure et même ses *notaires* que nous trouvons demeurant tantôt à la Chevasse, tantôt à Rocheservière. Ce sont eux que nous rencontrons sur les titres des XVIe et XVIIe siècles sous le nom de « notaires de la châtellenie de Rocheservière pour les droits qui furent de Choisy ». — Il ne paraît pas que le bourg de Saint-Sulpice ait eu de notaire depuis le XVIIe siècle, mais auparavant — XIVe, XVe et XVIe siècles — plusieurs notaires jurés et passeurs de la châtellenie de Montaigu y habitaient ; c'étaient, pour la plupart, des prêtres ou des clercs, et nous en avons signalé quelques-uns pages 209 et 212.

Comme juridiction royale, la paroisse relevait, avant la Révolution, du siège présidial de Poitiers qui était la circonscription judiciaire de toute la contrée. Aujourd'hui Saint-Sulpice dépend de la justice de paix de Rocheservière, du tribunal civil de la Roche-sur-Yon et de la cour d'appel de Poitiers.

§ II. — *Affaires militaires*

Si, jadis, les habitants de Saint-Sulpice ont parfois beaucoup à souffrir des guerres, du moins leurs charges militaires sont-elles peu nombreuses, les armées royales n'étant guère composées que de nobles et d'engagés volontaires. Il y a bien, en 1448, l'institution des *francs-archers* suivant laquelle chaque paroisse doit fournir un soldat, mais il n'en est resté dans Saint-Sulpice aucun souvenir. Plus tard, en 1688, Louis XIV reprend cette vieille institution en créant les *milices*. Ce système est gouverné par un grand principe, celui de *l'obligation collective de chaque paroisse* de fournir les hommes qui lui sont demandés pour la milice. C'est donc l'assemblée générale des habitants qui procède elle-même à l'élection du milicien qui sera équipé aux frais de la paroisse. En 1691, le mode de désignation est changé; ce sera, désormais, par tirage au sort, dont les opérations seront présidées par l'assemblée des habitants. Plus tard, c'est le roi qui se charge de l'habillement, mais l'obligation collective paroissiale reste entière et si le milicien vient à mourir, à déserter, etc., la paroisse est tenue immédiatement de le remplacer.

Cette institution qui, durant les périodes de guerre, était une lourde charge pour les paroisses de campagne, n'est pas à comparer avec notre régime militaire actuel. Ainsi nous voyons qu'en 1740, par exemple, Saint-Sulpice, l'Herbergement et Mormaison doivent faire, de concert, leurs opérations de tirage au sort, et sont chargées de fournir quatre miliciens seulement, appelés par moitié à chaque recrutement : ils feront partie du bataillon de Fontenay et de la compagnie des Essarts (1).

La paroisse de Saint-Sulpice est sur le pied de guerre pendant les guerres de Vendée : nous renvoyons, sur ce point, au chapitre II (p. 72-90) et nous nous contenterons de dire quelques mots de l'organisation de la *Garde Nationale* à Saint-Sulpice (2).

(1) Archives nationales.

(2) Nous voudrions pouvoir signaler les soldats de Saint-Sulpice qui auraient péri glorieusement pendant les guerres de l'Empire. Nos recherches aux Archives de la Vendée ont été vaines, cependant tout porte à croire que cette commune eut à regretter la perte de plus d'un de ses enfants dans les armées de Napoléon Ier, ce génie militaire incontestable qui, hélas ! a fait verser inutilement le sang de tant de français.

Dès 1790, on crée dans chaque commune une garde nationale, mais nous n'en trouvons ici aucune trace dans les documents conservés jusqu'à ce jour. Il en est tout autrement sous la Restauration, et les cadres de celle de Saint-Sulpice sont dressés par le maire, M. de Goué, le 1er juin 1816.

La compagnie de Saint-Sulpice-l'Herbergement (car les deux communes sont réunies pour la circonstance) ou 6e compagnie fait partie de la légion de Rocheservière et de Saint-Fulgent *(M. de Sapinaud)*, cohorte de Rocheservière (chef : M. *A. de la Roche-Saint-André ;* adjudants-majors : MM. *G. de Goué* et *du Tressay)*. La compagnie a pour capitaine *Pierre Bouron ;* pour lieutenant *Mandin ;* pour sous-lieutenants *Pierre Grasset* et *Jacques Texier*.

La garde nationale est à nouveau organisée pendant la guerre franco allemande. M. *Gabriel de Goué*, fils du précédent, est désigné comme capitaine, en septembre 1870, et il nous a laissé de son commandement deux poésies pleines d'humour et de charme.

Mais c'est aussi l'année terrible et la France a besoin de toutes les forces vives de la nation. Saint-Sulpice, qui a déjà un certain nombre des siens sous les drapeaux à la frontière, fournit un important contingent au 35e régiment de mobiles de la Vendée formé par décret du 15 août 1870. Les mobiles de la commune font partie de la 7e compagnie (canton de Rocheservière) du 3e bataillon. Ils ont pour capitaine *Gustave Marais ;* lieutenant *Henri Boisson*, puis, à la mort de ce dernier, le 30 novembre, *Octave de Goué ;* sous-lieutenant *Octave de Goué*, puis *Auguste Chartier*. Après avoir prit part vaillamment aux combats qui furent engagés autour de Paris, ils rentrèrent dans leurs foyers le 11 mars 1871.

Saint-Sulpice compte tout au moins trois de ses enfants morts pour la Patrie en 1870-1871 : *Joseph de Goué*, lieutenant au 2e zouaves, reçoit plusieurs blessures à la bataille de Wœrth-Frœschwiller-Reichshoffen, le 6

août 1870, et meurt à Wœrth, le 20 septembre suivant ;
— *Jean Drouet*, mobile, tué à la bataille de Champigny, le 30 novembre 1870 ; — *François Trefflard*,
soldat au 32ᵉ de marche, blessé, évacué à l'hôpital
militaire de Lyon où il meurt le 12 décembre 1870 (1).
Au nombre des plus grièvement blessés, citons :
Jean-Baptiste Prou, soldat au 79ᵉ d'infanterie depuis
1866, amputé de deux doigts à la main gauche par
un coup de feu reçu à la bataille de Mouzon, le 30
août 1870 ; — *Jean Boussaud*, mobile de la Vendée,
blessé à Champigny, le 30 novembre 1870, d'une balle
qui lui traverse les deux côtés de la mâchoire et qui
l'empêche, désormais, de parler.

---

(1) Une plaque viendra sans doute bientôt perpétuer à
Saint-Sulpice le souvenir de ces glorieux défenseurs de la
France. En attendant, une *manœuvre inqualifiable* et contraire
aux règlements ayant fait inscrire, en 1911, le nom de J. de
Goué en tête du monument du *Souvenir Français* à Sainte-
Pazanne (Loire-Inférieure), bien qu'il eût, sa vie durant, ignoré
jusqu'au nom même de ce bourg, le président du Comité des
groupes de Souvenir Français de la Loire-Inférieure a envoyé,
le 14 décembre 1912, aux maires intéressés, la lettre *officielle* suivante : « ... C'est à tort et sur l'indication d'un renseignement
« inexact que l'on a inscrit sur le monument du Souvenir Fran-
« çais, à Sainte-Pazanne, érigé en 1911, le nom du lieutenant
« Joseph de Goué (écrit improprement de Gaué), mort pour
« la patrie, en 1870. Après une enquête approfondie, il est
« prouvé que cet officier est né à la Roche-sur-Yon, en 1844,
« et qu'il a toujours été domicilié à Saint-Sulpice-le-Verdon,
« canton de Rocheservière (Vendée) ; donc, seules les commu-
« nes de la Roche-sur-Yon et de Saint-Sulpice-le-Verdon, et
« non de Sainte-Pazanne, peuvent revendiquer cet honneur et
« ce droit. Recevez, Monsieur le Maire, etc... Le président du
« Comité, délégué général du Souvenir Français (signé) :
« Commandant Dubard. »

§ III. — *Instruction primaire*

Avant la Révolution, chaque paroisse a tout au moins une école primaire qui est entretenue par le budget de la fabrique, à défaut de fondations ou de collectes suffisantes. L'assemblée des habitants élit les maîtres et les maîtresses qui peuvent être destitués par l'évêque et qui sont placés sous la surveillance directe du curé.

Bien que le principe obligatoire soit encore ignoré, l'instruction, quoique fort rudimentaire, est loin de faire défaut comme on aime à l'insinuer à notre époque. A Saint-Sulpice, en particulier, à voir les nombreuses personnes qui signent sur les anciens registres de l'état-civil, nous pouvons attester qu'elle n'était pas négligée, et à peine inférieure à ce qu'elle est de nos jours.

Le nom de ces braves maîtres d'école ou *régents* ne nous est pas parvenu, à l'exception de *Louis Mignet,* demeurant dans sa borderie de la Caillaudière, en 1764. Il devait vivre en fort bonne intelligence avec son curé, si nous en jugeons d'après le fait suivant. Le régent ayant eu un fils le 31 décembre 1770, le curé, M. Gouin, après avoir inscrit l'acte, clot ainsi son registre : *Finis coronat opus.*

Durant la première moitié du XIXᵉ siècle, l'école des garçons occupe l'emplacement du bureau de tabac actuel. Pendant quelque temps il n'y a point d'instituteur et, le premier février 1834, le préfet parle de la réunir à celle de l'Herbergement ; enfin tout s'arrange et, le 13 mars 1835, M. Monnereau est nommé instituteur à Saint-Sulpice. En 1847, on demande des réparations à l'école, mais, le 17 décembre 1848, le conseil municipal constate que la maison d'école n'est pas réparable, et il vote la construction d'une nouvelle, qui, d'après les plans de M. Guillerot, architecte, coûtera 5.678 fr. 77. Le 10 novembre 1850, M. G. de Goué, maire, procède à son inauguration. On reconnaît bientôt qu'elle est trop petite, car elle sert également de mairie et de logement à l'instituteur ; aussi, le 13 août 1873, le conseil municipal vote, sur la proposition du maire, M. S. de Goué, la construction d'une salle de classe et d'un préau, et approuve le devis de 3.397 fr. 61 : c'est l'école communale actuelle.

Malheureusement, les nouveaux règlements sur l'école neutre ne laissant aucune garantie d'éducation nettement chrétienne aux enfants, une école libre s'imposait dans cette commune profondément catholique.

Cette œuvre, à laquelle la famille de Goué a contribué tout spécialement ainsi que M. Avrilleau, le généreux donateur du terrain, les familles Gourraud, Espivent de la Villeboisnet, Grasset, etc., et en quelque sorte tous les habitants de Saint-Sulpice, qui ont été admirables d'entrain et de bonne volonté pour faire les charrois nécessaires à la construction des bâtiments, a été couronnée d'un plein succès.

L'école édifiée en 1911 à cent cinquante mètres du bourg sur la route de Saint-André, a pu s'ouvrir, le lundi 13 novembre. Tous les enfants, à une ou deux exceptions près, sont venus suivre les enseignements des maîtres chrétiens.

L'instruction des filles, un peu négligée avant la Révolution, a beaucoup progressé depuis un demi-siècle. Jusqu'en 1870 la *régente* enseignait dans une maison placée à l'angle des routes de Saint-André et de la Chevasse, à côté de la cure. « Il existe, dit une délibération « de l'assemblée municipale du 15 août 1867, une « école libre des filles tenue par une institutrice tolé- « rée depuis longtemps, logée dans une maison très « insuffisante que la fabrique a la complaisance d'affec- « ter momentanément au service de l'école ; » mais faute de fonds on demande le *statu quo*. Toutefois, le 2 avril 1868, on revient sur cette décision, grâce aux facilités que propose M. Stanislas de Goué, pour lui acheter son terrain (1). Le 2 février 1869, on approuve les plans de M. Clair sur son devis de 6.802 francs et, l'année suivante, l'école est déjà édifiée. Le 19 novembre 1871, le Conseil demande que l'institutrice communale soit une sœur de la communauté de Mormaison, ce qui est accepté : au mois de janvier 1872, arrive Mme Guilbaud, sœur Théaudet, première institutrice communale de Saint-Sulpice (2). Cette école, dirigée avec tant de dévouement par les sœurs, a été laïcisée le 1er septembre 1902 ; elle sert toujours d'école communale sous la direction d'une institutrice laïque qui n'enseigne qu'à une ou deux petites filles.

Tout l'essaim de ces jeunes enfants est venu se placer sous le toit de l'école catholique privée, prête depuis longtemps à le recevoir. En effet, M. le curé Morin avait fait construire dès 1877, en prévoyance d'une laïcisation, une salle d'école, sur un terrain appartenant à la famille de Goué, du Bien-Etre, qui donna également en 1899 celui destiné à la maison des institutrices.

En dépit des nombreuses entraves apportées par l'administration préfectorale, mais grâce à maintes démarches des principaux bienfaiteurs, M. et Mme Gourraud, l'école fut ouverte le 12 décembre 1902, sous la direction de Mlle M. Chaillou. Elle est une des plus florissantes du diocèse.

---

(1) Deux nouvelles parcelles de terre furent acquises le 29 mai 1870.

(2) Mme Dugast-Matifeux, née Delphine Bréthé, par testament du 1er février 1881, donnait un legs de 5.000 francs à la commune de Saint-Sulpice pour qu'elle ait une institutrice laïque. Ce legs fut refusé par le Conseil Municipal les 15 juillet et 12 août 1894.

§ IV. — *Charité*

L'ordonnance de Moulins de 1566 mettait à la charge de la communauté d'habitants, c'est-à-dire de la paroisse, l'entretien, la nourriture et le soulagement des pauvres. Ce service était exercé par une *assemblée de charité*, dont la composition était plus restreinte que celle de l'assemblée générale des habitants, car elle comprenait seulement le curé, les marguilliers, les notables et aussi les *dames de charité*. Si les ressources le permettaient, on élisait des *compagnies de charité*, qui ont été remplacées depuis par les bureaux de bienfaisance. Quand par hasard cette compagnie n'existait pas, c'étaient simplement le curé et les marguilliers qui distribuaient aux pauvres les revenus de leur petit patrimoine.

Ce patrimoine était formé principalement par les legs que presque toujours les nobles, les bourgeois et les prêtres laissaient par testament aux pauvres de leur paroisse.

C'est ce qui se produisit maintes fois jadis à Saint-Sulpice, et cette louable pensée s'est perpétuée jusqu'à nos jours.

Voici d'après les registres des délibérations municipales et les archives communales les legs de cette nature *faits à la commune* depuis moins d'un siècle.

La famille *Touzeau*, par acte reçu devant Mᵉ Guérin, notaire à Rocheservière, le 25 mai 1824, assigne une rente de 150 francs aux pauvres de la commune de Saint-Sulpice, payable en deux termes égaux, tant qu'il n'y aura pas de prêtre desservant à l'Herbergement. Cette rente fut donc payée jusqu'en 1840, et pourrait, en raison de la loi de séparation de 1905, être revendiquée par la commune. Elle est aujourd'hui de 127 francs.

Magdeleine Brochard, femme *Douillard*, par testament du 30 juillet 1828, donne aux pauvres de Saint-Sulpice et de Saint-André le surplus des trois quarts de sa succession une fois liquidée, soit un capital de 2,000 francs pour les deux communes, suivant l'ordonnance royale d'autorisation du 10 juin 1829.

M. *Gabriel de Goué*, par testament du 15 février 1830, ordonne une distribution aux pauvres de vingt-et-un boisseaux de blé pendant chacune des trois années qui suivront son décès.

M. *François Heullin*, curé de Saint-Sulpice, fait, par testament du 27 mars 1856, un legs aux pauvres de sa paroisse d'une somme de 1.200 francs. Accepté par le Conseil Municipal le 17 janvier 1875 et par le Préfet le 8 février suivant, ce don est transformé en une rente annuelle de 32 francs, distribuée en pain par le curé.

Mme *S. Buet*, née *Lucie Gourraud*, par testament du 3 mai 1897, fait un don de 200 francs aux pauvres de Saint-Sulpice. — etc.

Les ressources manquant, la commune n'a pas de bureau de bienfaisance ; les obligations légales consistent donc principalement dans l'assistance médicale et l'assistance aux vieillards et infirmes incurables.

§ V. — *Impôts*

M. Louis de la Boutetière a publié un document très intéressant donnant le rôle des tailles en Poitou au XVe siècle. On sait que l'imposition royale, la taille, levée régulièrement depuis 1439, n'est demandée alors qu'aux roturiers et seulement pour subvenir aux frais des troupes et de la guerre ; elle est par suite très variable. A la fin du XVe siècle, Louis XI, qui est en guerre contre le duc de Bourgogne et le duc de Bretagne, réclame des subsides aux populations poitevines particulièrement menacées par ce dernier.

Saint-Sulpice est taxé à 7 livres en 1479 ; cette somme est élevée à 170 livres 5 sols en 1480, pour retomber à 100 livres en 1488 et à 60 sols en 1490 (1).

Nous n'avons pas pour les siècles qui suivent des do-

---

(1) *Mémoires de la Soc. des Antiquaires de l'Ouest*, 1878-1879, p. 556.

cuments précis sur le montant des impôts de cette paroisse. Nous savons seulement que Saint-Sulpice fait partie des Marches avantagères du Poitou. C'est à ce titre que ses habitants ont souvent maille à partir avec ceux de la paroisse de Saint-André-Treize-Voix qui est placée dans les Marches avantagères de la Bretagne. En effet, les habitants ou plus exactement les collecteurs de Mormaison et de Saint-Sulpice, trouvant que le meilleur moyen de se décharger d'une partie des impôts est d'imposer leurs voisins, comprennent à diverses reprises dans leurs rôles de tailles et autres impositions les habitants de Saint-André. Ces derniers en ayant appelé au Conseil du Roi, celui-ci condamne, par arrêt du 9 août 1757, les collecteurs de Saint-Sulpice et de Mormaison à restituer à Saint-André les sommes qu'ils ont exigées depuis la décision du 4 mai 1754 (1).

Peu d'années après, nous pouvons donner des chiffres précis grâce à la conservation d'un titre très rare dans son espèce : c'est le rôle détaillé des impôts qui seront perçus sur les habitants de Saint-Sulpice pour l'année 1765.

En voici le préambule :

« *Rolle et répartition de la somme de 2.251 livres 11 sols, scavoir : pour le* principal de la taille et de la crue (2) *celle de 2.170 livres ; pour les six deniers pour livres dycelle susdite somme attribuée aux* collecteurs *pour leurs droits de colecte, celle de 54 livres 5 sols ; pour le* droit de quittance et timbre *du Sieur receveur des tailles en exercice, celle de 2 livres 6 sols ; et pour le* logement du sieur Curé *celle de 25 livres* (3), *revenant*

---

(1) *Arch. dép. de l'Ille-et-Vilaine :* Arch. des États de Bretagne : commission intermédiaire.

(2) La taille (ainsi que la crue de la taille ou taillon), quoique créée en 1439 dans un but purement militaire, était devenue l'impôt royal proprement dit et répondait à ce que nos récents projets fiscaux désignent sous le nom d'impôt sur le revenu.

(3) L'ordonnance de 1695 met à la charge des habitants le logement de leur curé.

*toutes ces susdites sommes à celle de deux milles deux
cent cinquante une livres onze sols.*

« *Plus a pareillement été imposé par le présent rolle
l'article séparé de la taille et au marc la livre dycelle à
raison de 12 sols 9 deniers par une seule et mesme ligne
la somme de 1441 livres, 3 sols, 2 deniers, scavoir :* celle
de 2.030 livres *pour la* capitation ; *pour le* fourrage et
le logement des trouppes *en quartiers d'hiver celle de
399 livres ; pour le* cazernement *des trouppes de cette
généralité, les quatre deniers pour livres compris, celle
de 9 livres, 13 sols, 2 deniers ; pour la* destruction des
loups, *celle de 2 livres 10 sols. — Le tout mandé estre
taxé et imposé l'année prochaine 1765 sur tous les habitants taillables du Bourg et paroisse de Saint-Sulpice,
élection de Châtillon-sur-Seyvre, suivant les mandement
et commission envoyés en lad. paroisse par M. de Blos-
sac, Intendant de cette généralité du Poitou, de luy signée et de M^rs les officiers de lad. élection, en datte du
30 octobre et 20 novembre. Au regallement desquelles
susdittes sommes il a été présentement procédé par nous*
Mathurin Nicolleau, Jacques Gaboriau *et* Mathurin
Amiaud, *tous laboureurs, collecteurs nommés pour faire
le recouvrement en la forme et manière que suit...*(1). »

Et suivent, par village, le nom de tous les habitants
imposés, avec leur profession et le détail de leur imposition, permettant ainsi d'avoir une idée très nette de
l'état de Saint-Sulpice pendant les dernières années qui
précédèrent la Révolution.

Nous ne pouvons entrer dans ce détail (2) et nous
nous contenterons de faire mention des sept plus fortes

---

(1) *Arch. de la Chabotterie :* Rôle arrêté à Châtillon-sur-Sèvre
le 12 décembre 1764.

(2) Tous les corps de métiers s'y trouvent à peu près repré-
sentés. Saint-Sulpice n'avait pas besoin alors d'aller au loin,
comme de nos jours, chercher un médecin. Le 23 octobre 1719,
nous trouvons le sieur *Choblet,* maître-chirurgien juré à Saint-
Sulpice-le-Verdon, commis pour procéder à une enquête judiciaire sur le cadavre de M. de Montsorbier (*Echos du Bocage*

impositions foncières de la paroisse. Ce sont : M. de Paris de Soulanges, 429 livres, — M. Gourraud de la Bonnelière, 309 livres, 10 sols, — M. de la Fontenelle, 278 livres 15 sols (1) — M. Goupilleau, 142 livres, 5 sols, — Mlle de Chevigné, dame de la Giraudière, 92 livres, — le sieur Pierre Touzeau, 79 livres, — M. du Chaffaut, 56 livres, etc. La somme totale de la taille au principal est de 2.251 livres, 11 sols, celle des autres impositions 1.441 livres, 3 sols, 2 deniers, soit un total de 3.692 livres, 14 sols, 2 deniers, qui devra être versé à la caisse du receveur de l'élection de Châtillon-sur-Sèvre (autrefois Mauléon), dont Saint-Sulpice faisait partie au point de vue fiscal.

Cette somme est considérable pour l'époque, mais la Révolution sera loin d'y apporter remède. Les guerres de Vendée ont tout détruit, et la misère étant immense, les habitants des communes du canton des Brouzils, et par conséquent ceux de Saint-Sulpice, car cette commune se rattache à ce canton, font une pétition au Conseil des Cinq-Cens, exposant « qu'ils sont réduits à la « plus grande détresse par suite de la guerre et deman- « dent que leurs impositions soient réduites de moitié « pour trois ans. » Nous ignorons le résultat de cette pétition datée des Brouzils, le 20 fructidor an V — 6 sep-

---

Vendéen p. 103). En 1764 c'est *André-Alexandre Renaud*, du bourg, qui occupe ces fonctions et qui mourut, peut-être victime de la guerre, le 23 juin 1793, âgé de soixante ans.

(1) Cette somme n'est pas proportionnée à la valeur des terres possédées en Saint-Sulpice par M. de la Fontenelle : On sait, en effet, que tout noble était exempt de la taille, en compensation de ses charges militaires ; mais d'après la coutume du Poitou, le noble ne bénéficiait de ce privilège que pour sa demeure, la borderie y attenant et pour ses domestiques. Il en était de même pour les ecclésiastiques ; le curé de Saint-Sulpice ne payait pas d'impôts pour son presbytère et la borderie de la cure, mais il était imposé à la somme de 23 livres pour ses propres terres.

tembre 1797 (1). Moins de trois ans après, en 1800, la commune est taxée à 3 900 francs de contributions au principal, part de l'Etat, chiffre qui est déjà presque du double du montant de l'imposition au principal, trente-cinq ans auparavant ; il y a en outre les centimes additionnels, car le terme est déjà trouvé.

Après une période d'arrêt, due à la bonne gestion des ministres de Louis XVIII, de Charles X et de Louis-Philippe, on peut assister au progrès toujours croissant des impositions. Pour la présente année 1913, les impositions dont se trouve chargée la commune de Saint-Sulpice (perception des Brouzils) atteignent le chiffre de 5.115 fr. 13 pour l'Etat, de 3.153 fr. 80 pour le département et de 1.305 fr. 28 pour la commune, soit au total 9 574 fr. 10, non compris les taxes accessoires, prestations, etc., etc.

Ajoutons ici que le budget communal de Saint-Sulpice s'élève à 4.186 francs.

§ VI. — *Administration municipale*

La paroisse rurale est la première unité de division de l'ancienne France ; cette unité sera appelée la commune en 1790. Jusqu'à cette date les intérêts communs sont placés sous la garde de la *fabrique*, gérant plus particulièrement les biens paroissiaux considérés, suivant l'ancienne jurisprudence, comme appartenant à la société des habitants catholiques de l'agglomération rurale ; par extention, les fabriciens s'occupent de toutes les affaires locales. Cependant la communauté des habitants est représentée d'une façon plus générale par *l'assemblée générale des habitants*, comprenant tous les habitants âgés de vingt-cinq ans et inscrits au rôle des impositions. Elle délibère sur tous les besoins locaux ; elle s'occupe des écoles primaires,

---

(1) *Arch. Nationales*, A F III, 266.

des compagnies de charité, de l'élection des fabriciens
et des collecteurs d'impôts, des affaires militaires et du
tirage au sort ; elle désigne aux fonctions les plus hum-
bles, sacristain, fossoyeur, sage-femme, etc. En un mot,
cette assemblée est, jusqu'à la Révolution, l'organe municipal actif de la paroisse de campagne ; il a eu pour
successeur le *conseil municipal*.

A la tête de cette assemblée générale est placé le
procureur-syndic ou syndic de la paroisse, regardé plus
particulièrement comme l'agent du pouvoir royal et
dont le rôle est à peu près celui de nos *maires* actuels.

Cet aperçu de l'organisation municipale fera mieux
comprendre les quelques détails qui précèdent et ceux
qui vont suivre.

Ajoutons encore ici que Saint-Sulpice fait partie,
avant la Révolution, de la subdélégation de Montaigu,
intendance du Poitou. Après 1789, la commune de
Saint-Sulpice (ainsi que l'Herbergement) est placée
dans le canton des Brouzils, arrondissement de Montaigu, et au début du XIXᵉ siècle, du canton de Rocheservière, arrondissement de la Roche-sur-Yon, dont elle
n'a depuis cessé de faire partie.

I. — ETAT-CIVIL. — On sait que les registres de
l'Etat-Civil devaient être tenus par les curés d'une façon
très régulière depuis l'ordonnance de 1539. Ceux de
Saint-Sulpice ne paraissent pas avoir enfreint à cette
règle, à en juger par les trente-sept extraits relevés en
1767 concernant les seigneurs de la Chabotterie, entre
1562 et 1627 (1). D'ailleurs, à la date du 31 novembre
1767, le curé Gouin certifie « *n'avoir pas de registres
plus anciens dans ma paroisse, tant paur baptêmes, mariages et sépultures, yue de l'année 1562, et que ceux qui
sont en assé mauvais ordre par la vetusté des temps et
mal écrit et que j'ay eu beaucoup de paine a dechifrer* » ;
et en note le chevalier du Petit-Thouars a ajouté que

---

(1) *Arch. de la Chabotterie.*

les registres antérieurs « ont este brulés par les protestants ».

Quoi qu'il en soit, c'est malheureusement tout ce qu'il
reste des anciens registres paroissiaux avant l'année 1737,
les archives de la paroisse ayant été brûlées en 1793. La
période comprise entre 1737 et 1790 aurait eu le même
sort, si le roi, par ordonnance de 1736, n'avait exigé une
double rédaction des actes de l'état-civil et la remise
d'un des registres au greffe du présidial : ceux-ci ont
donc pu être préservés et sont déposés actuellement au
greffe du tribunal civil de la Roche-sur-Yon (1).

Nous ne savons par quel heureux hasard quatre années de cette époque (1740, 1741, 1745, 1760) doivent
leur conservation à la mairie de Saint-Sulpice. L'un de
ces cahiers fait la mention d'une requête fort curieuse
du curé. Elle mérite d'être signalée.

*Lettre adressée à M. Caillaux, procureur du présidial
de Poitiers, par Gouin, curé de Saint-Sulpice :*

*« Je vous prie d'avoir bien la bonté de donner à M. le
Procureur du Roy les registres de l'autre part, et en
tirer un récépissé et m'envoyer quatre feuilles de papier
simple paraphé. Je vous envoye 3 livres 12 sols. Il est
fâcheux que l'intention de Sa Majesté étant que les paroisses les plus éloignées ayent un juge pour parapher
auprès afin d'éviter les frais d'une fabrique aussi pauvre
surtout qu'est celle de ma paroisse, elles soient obligées
de faire des dépenses exorbitantes. Il en a coûté, des années, plus de 12 livres ; c'est pourquoi je continue à écrire
sur le papier timbré paraphé, jusqu'à ce qu'il soit fini.
J'espère que vous ne me refuserez pas cette grâce et celle
de me croire avec bien de l'estime, Monsieur, votre très
obéissant serviteur. Ce 4 janvier 1742. (Signé) Gouin,
curé de Saint-Sulpice. »*

La Révolution donne au maire les fonctions d'officier
de l'état-civil (1791). Toutefois, pendant les guerres de
Vendée, la municipalité ne peut se former à Saint-Sul-

---

(1) Seule l'année 1761 manque.

pice, et le registre des naissances, mariages et décès est tenu par le curé, M. Amiaud, sur un registre coté et paraphé par Pineau, inspecteur de la division de Montaigu, armée de Charette, le 24 octobre 1794.

Depuis la pacification, les registres ont été légalement tenus par les maires et sont au complet à dater du mois d'octobre 1796.

II. — ETAT NOMINATIF DES MAIRES. — Avant la création du procureur-syndic, les administrateurs de la paroisse ou mieux de la fabrique, choisis au sein de l'assemblée générale des habitants, sont les véritables autorités municipales de ce temps. Malheureusement leurs noms ne sont pas parvenus jusqu'à nous, à l'exception de *Mathurin Mareschal* qui est administrateur de la paroisse en 1534.

Depuis la fin du XVIIe siècle le syndic est le président de la communauté des habitants, mais, de même que pour les administrateurs, le nom de ceux de Saint-Sulpice est resté ignoré. C'est le procureur-syndic qui convoque l'assemblée générale des habitants de la paroisse, le 1er mars 1789, en vue des Etats-Généraux. Les membres de cette assemblée municipale élisent deux délégués pour représenter Saint-Sulpice à l'assemblée provinciale de Poitiers, pour y porter leur cahier de doléances et pour élire les députés du Tiers-Etat aux Etats-Généraux. Les délégués paroissiaux sont *Jean Touzeau* et *Abraham Mercier ;* toutefois ce dernier étant malade ne peut se présenter à Poitiers (1).

Le premier maire de Saint-Sulpice-le-Verdon, en 1791, est *Jean Touzeau*, que nous trouvons encore avec cette qualité le 12 janvier 1793 (2). Puis les guerres de Vendée empêchant toute organisation municipale, ce n'est qu'après la prise de Charette et la pacification qui suit qu'elle recommence à fonctionner.

---

(1) *Arch. Nationales*, Ba 68.

(2) Bib. de Nantes, *Coll. Dugast-Matifeux*, 25.

Voici, depuis lors, les maires de cette commune :

Pierre Douillard, agent municipal, commencement de l'an V (octobre 1796) — germinal an V (avril 1797).

Gabriel Renaudin, agent municipal, messidor an V (juin 1797) — messidor an VII (juillet 1799).

Jean Amiaud, agent municipal, vendémiaire an VIII (septembre 1799) — prairial an VIII (juin 1800). Il est qualifié « maire provisoire », messidor an VIII (juin 1800) — fin thermidor an VIII (août 1800).

Gabriel Renaudin, maire, fructidor an VIII (septembre 1800) — 24 septembre 1812, date de sa mort.

Gabriel de Goué, maire, 27 septembre 1812 — 17 décembre 1829, démissionnaire pour raison de santé.

Jean Bouron, maire sur la proposition de son prédécesseur, 17 décembre 1829 — révoqué par le gouvernement de Juillet, le 20 septembre 1830.

Jacques Texier, maire, nommé par le nouveau gouvernement, 21 septembre 1830 — 31 mai 1843.

Jean Renaud, maire, 8 juin 1843 – 31 décembre 1845, décédé le 4 mai 1846.

Jacques Grasset, pour le maire malade, 1er janvier 1846 — août 1846 ; maire, 19 août 1846 — avril 1848.

Gabriel de Goué, élu maire le 13 août 1848 — il refuse de prêter serment à l'Empire et sa démission est acceptée le 28 avril 1852.

Louis Fradet, maire, 15 mai 1852 — 30 août 1852.

Vincent Grasset, maire, 12 septembre 1852 — 6 février 1855, date de sa mort.

Victor Texier, maire, février 1855 — septembre 1865.

Jean Chauvin, maire, octobre 1865 — avril 1871.

Stanislas de Goué, élu maire le 14 mai 1871 — démissionnaire pour raison de santé aux élections du 22 novembre 1874, mais conserve ses fonctions de maire jusqu'à sa mort, 4 janvier 1875.

Jean Chauvin, élu maire le 10 janvier 1875 — démissionnaire le 12 novembre 1877.

Albert de Goué, « maire provisoire », 12 novembre

1877 — révoqué le 21 décembre 1877, par le nouveau préfet nommé à la suite du départ du maréchal Mac-Mahon ; il est remplacé par Henri Monnereau, adjoint, pendant quelques jours. Elu maire le 20 janvier 1878 — 19 décembre 1894, date de l'acceptation de sa démission donnée pour raison d'absence.

Léon Gourraud, élu maire le 23 décembre 1894 — juillet 1908, démissionnaire pour raison de santé.

Alain de Goué, élu maire le 2 août 1908.

III. — Faits notables de la vie municipale. — 29 janvier 1799. — Le gouvernement ayant ordonné de planter solennellement, dans chaque commune, un *Arbre de la Liberté* et d'en dresser le procès-verbal, cette plantation se fait à Saint-Sulpice le 10 pluviôse an VII :

« Aujourd'hui 10 pluviose an VII de la Republique française une et indivisible, les citoyens Gabriel Renaudin, Pierre Lardière, agent et adjoints municipaux de la commune de Sulpice-le-Verdon (1)... Jean et Zacharie Touzeau, François et Pierre Renaudin, Pierre Degambe, Pierre Favreau, Charles Grasset, Jean Avrilleau, Pierre Malidin, Pierre et André Bon, Jacques Drouet, Louis Proust, Georges Chauvin et autres citoyens de la susditte commune de Sulpice, réunis dans la maison commune sur l'invitation du susdit agent qui leur a représenté que l'arbre de la liberté planté dans cette commune il y a environ un an est péri naturellement (?) et que l'article 3 de la loi du 24 nivôse an VI leur fait une obligation de le remplacer par un autre arbre vicace, qu'il a fait faire pour cette opération tous les préparatifs nécessaires à cette représentation, chaque citoyen présent s'est rendu à l'endroit indiqué et l'arbre de la liberté y a été solennellement planté en chantant plusieurs chansons patriotiques. La feste a été terminée par des feux et

---

(1) C'est alors le nom officiel de la commune, son véritable nom étant trop clérical pour n'être pas modifié.

des danses. Fait et rédigé... » Suivent les signatures ; le procès-verbal est de l'écriture de J. Touzeau (1).

6 juillet 1814. — Réception à la Chevasse de S. A. R. Monseigneur le duc d'Angoulême par M. de Goué, maire, entouré de son conseil municipal, du curé et des habitants de Saint-Sulpice et des communes avoisinantes. (Voir chap. II, p. 70.)

15 mai 1815. — Départ de soixante-dix hommes de la commune comme soldats royalistes sous les ordres de M. de Goué, capitaine.

1814, 1816, 1818, etc. — Etats de services des anciens soldats vendéens dressés par M. de Goué, maire, et les autres membres de la Commission, en vue d'obtenir une pension.

1836. — Malgré les appels réitérés de la commission chargée de l'érection, à la Roche, de la statue de Travot, le vainqueur de Charette, le conseil municipal refuse d'y contribuer.

1er avril 1838. — Première délibération du conseil municipal dont le procès-verbal soit conservé sur le registre, aux Archives communales.

7 septembre 1838. — Achèvement de la confection du cadastre par M. A. Guillard, géomètre.

10 novembre 1850. — Inauguration de la mairie et de la maison d'école des garçons.

1851-1852. — Correspondance des plus curieuses entre M. le Préfet et M. Gabriel de Goué, maire, lequel refuse d'adhérer au coup d'état du 2 décembre 1851.

10 octobre 1852. — Adresse de félicitations du conseil municipal au nouveau gouvernement impérial. Vote d'une somme de 15 francs pour l'érection de la statue de Napoléon à la Roche-sur-Yon.

---

(1) *Arch. de la Vendée,* L 204. — Faisons remarquer que la cérémonie paraît n'avoir été qu'une formalité exigée par le gouvernement, puisque la plupart des assistants étaient d'anciens soldats royalistes. — Cet arbre, d'ailleurs, de même que ses deux devanciers plantés le 12 janvier 1793 et en 1798, eut une existence très éphémère.

6 février 1853. — Vote d'une boulangerie municipale près de la mairie ; le résultat ne répond pas à l'attente.

16 septembre 1855. — Grand feu de joie voté par le conseil pour commémorer la prise de Sébastopol.

1858. — Partage et vente du grand commun du bourg.

1870-1871. — Offre faite par plusieurs familles de la commune de fournir un certain nombre de lits aux militaires blessés.

2 mars 1872. — Sur un appel du maire, M. St. de Goué, les habitants de Saint-Sulpice fournissent par souscription une somme de 699 fr. 05, pour la libération des départements occupés.

1872. — Pétition de soixante électeurs de Saint-Sulpice qui, « convaincus que le salut de la France ne peut « être que par le retour immédiat du Roi, supplient « l'Assemblée nationale de proclamer Henri V. »

1883-1889. — La commune n'ayant pas de drapeau tricolore pour arborer à la mairie le 14 juillet, il s'en suit, chaque année, un échange de lettres, parfois comiques, entre le préfet et le maire, M. Albert de Goué, menacé d'être révoqué. Enfin M. le Préfet annonce par dépêche, le 3 mai 1889, qu'il expédie un drapeau, objet de ce long conflit.

28 mai 1905. — Etablissement d'un marché de beurre, œufs et volailles, à Saint-Sulpice, le quatrième mardi de chaque mois. Il est bientôt abandonné.

28 mai 1905. — Protestation énergique du maire, M. Gourraud, et du conseil municipal contre la dénonciation du Concordat.

FÊTE DE LA CROIX DE CHARETTE

A LA CHABOTTERIE

(6 août 1911)

L'auteur a cru préférable de reporter à la fin de cette monographie le compte-rendu de la fête de la Croix de Charette qui ne pouvait entrer complètement dans le cadre des chapitres précédents, puisqu'elle a été militaire par le souvenir qu'elle rappelait et en même temps religieuse et politique par son caractère.

Cette manifestation vendéenne, qui eut un grand retentissement dans la presse, dans les journaux de Paris comme dans ceux de la province et même de l'étranger, mérite d'ailleurs ici une place toute spéciale : elle a commémoré un événement local de la plus haute importance en même temps qu'elle a réuni sur le territoire de Saint-Sulpice une foule immense (1).

Depuis de longues années, *M. Alain de Goué,* « qui prend à tâche de conserver, soit par ses actes, soit par ses écrits, les vieux souvenirs de cette partie de la Vendée (2), » caressait le projet d'élever à la mémoire de Charette un monument plus digne, plus durable que la modeste croix de bois qui marquait l'endroit où le héros vendéen fut frappé et fait prisonnier par Travot et ses soldats, capture qui mettait définitivement fin à la sublime épopée Vendéenne. — Il entra en relation avec la famille de Charette qui prit immédiatement à son compte la moitié des frais du monument projeté, les frais de l'autre moitié devant être couverts

---

(1) On donne ici le résumé du compte-rendu de cette fête paru dans la *Revue du Bas Poitou* 1911, p. 263-332, et dans un tirage à part (78 p.).

(2) *Publicateur,* 17 septembre 1911.

par MM. de Goué, père et fils, demeurant à la Chabotterie, et par les souscriptions de quelques royalistes fidèles. Il en dessina lui-même le plan qui fut exécuté en superbe granit de Nantes par M. Dupeux, entrepreneur à la Roche-sur-Yon, aidé pour les sculptures de détail par les meilleurs ouvriers de M. Vallet, l'artiste nantais si connu (1).

Mais en élevant cette Croix fleurdelysée, le vrai signe qui convenait à la mémoire de Charette, M. A. de Goué n'avait pas seulement le désir d'honorer les gloires du passé, il avait en même temps à cœur de provoquer en Vendée une grande manifestation catholique et royaliste. Il pria *M. René Vallette*, directeur-fondateur de la *Revue du Bas-Poitou,* ce fin lettré dont il connaissait le zèle ardent pour la cause royaliste, de l'aider dans sa tâche, et le dimanche 6 août 1911 fut choisi pour l'inauguration de ce monument.

LA FÊTE RELIGIEUSE. — Dès le matin de ce jour, le petit bourg de Saint-Sulpice prend une animation inaccoutumée. On arrive de toutes parts à l'église, ornée comme aux plus beaux jours de fête, et qui, bien avant dix heures, est déjà archi-comble.

La grand'messe commence, célébrée par M. l'abbé *E. Michaud,* curé de la paroisse, qui a pris tant à cœur le succès de cette fête et, après l'évangile, M. l'abbé *Ch. Forgeau,* missionnaire diocésain, dont le talent oratoire est renommé par toute la Vendée, monte en chaire et prononce le panégyrique de Charette dans un discours empreint de la plus haute éloquence et du plus pur souffle religieux et patriotique. Il montre tour à tour qu'Athanase Charette de la Contrie fut un *homme,* c'est-à dire une volonté, un caractère, un *français,* c'est-à-dire un soldat chevaleresque et aimant sa patrie, enfin un *chrétien.*

Après un tel discours qu'on a été sur le point d'ap-

(1) Voir chapitre II, page 68.

plaudir dans le saint lieu, la pieuse assistance ne chante le *Credo* qu'avec plus de cœur et de foi.

A une heure, les cloches sonnent à nouveau. Les fidèles viennent assister à la bénédiction du Très Saint Sacrement, puis la procession promptement formée et précédée du drapeau de la Jeunesse Catholique de Saint-Sulpice, se dirige dans l'ordre le plus parfait vers le bois de la Chabotterie. Le trajet se fait au chant des Vêpres, des Litanies de la Vierge, du Chapelet et enfin des cantiques *Je suis chrétien*, et *Dieu le veut*, qui sont on ne peut mieux appropriés à la circonstance.

Il est une heure trois quarts quand le cortège arrive au pied de la croix, recouverte d'un voile blanc fleurdelysé. Le voile tombe et *M. Michaud* prononce d'une voix visiblement émue une courte mais vibrante allocution. Il lit ensuite les paroles liturgiques et bénit solennellement la croix à laquelle Mgr Catteau, évêque de Luçon, a daigné accorder cinquante jours d'indulgence. En ce moment plusieurs vieux drapeaux de la Grande Guerre s'inclinent en même temps que les fidèles, et la bénédiction se termine par une fervente prière dite par M. le Curé à l'intention de la France. La foule se presse alors pour baiser la croix doublement sanctifiée, pendant que des chanteurs entonnent sur l'air de *la Vendéenne* une *Cantate à Charette*, de *M. Benjamin Clénet*.

LA FÊTE ROYALISTE. — Au moment de la bénédiction du monument, la foule peut s'évaluer tout au moins à *cinq mille personnes*. Ce chiffre est d'autant plus remarquable qu'il a été fait très peu de publicité pour cette fête, et que le lieu de la réunion, celui-là même qui fut baigné par le sang de Charette et de ses fidèles compagnons d'armes, est d'un accès difficile et situé dans un des coins les plus écartés du Bocage, loin de toute agglomération, de toute gare, et que l'heure de la cérémonie s'accorde peu avec celle des trains.

Dans ce cadre qu'évoque le souvenir des guerres de Vendée, dans un pré entouré presque de tous côtés par le bois de la Chabotterie, a été dressée une grande tente trop petite encore pour l'assistance, mais décorée avec goût.

Sur l'estrade prend place le président d'honneur, *M. le général baron de Charette*, le héros de Mentana et de Loigny, l'une des plus belles figures de la France contemporaine, arrivé dès la veille à la Chabotterie. Il nous est impossible de mentionner toutes les notabilités présentes à cette réunion : présidents des comités royalistes, sénateurs, députés, conseillers généraux et d'arrondissement, maires. Toutes les classes de la société sont représentées, riches et pauvres, laïques et ecclésiastiques ; les paysans sont en plus grand nombre, car le nom de Charette, près duquel combattaient leurs aïeux, est toujours resté populaire parmi eux.

A deux heures dix, la conférence royaliste est ouverte par M. Vallette, qui donne la parole à M. Jacques de la Débuterie. Celui-ci nous fait part des regrets exprimés par plusieurs personnalités absentes, par M. le marquis d'Elbée, M. le curé de Vieillevigne, par des sénateurs et députés, etc.; puis il lit les poésies de circonstance.

M. *R. Vallette* se lève ensuite et, en un discours d'une très belle facture littéraire, il vient retracer la carrière militaire de Charette, démontrer l'opportunité du monument dont il explique la signification et les sculptures et présenter à l'assistance les deux principaux orateurs, MM. de Lur-Saluces et Robain.

A. M. Vallette succède M. *de Lavrignais*, député de la Vendée pour la circonscription où s'élève la Croix de Charette, qui tient à s'associer à cette fête et à affirmer très catégoriquement, dans un beau langage, ses sentiments religieux et royalistes : « Notre tradition religieu- « se c'est la foi catholique... Notre tradition politique « c'est la monarchie », et il explique cette dernière pensée par un excellent résumé d'histoire.

M. *le comte Eugène de Lur-Saluces*, dont le nom est à lui tout seul un drapeau, et qui, actuellement, est le chef royaliste de la région du Sud-Ouest dont la Vendée fait partie, se lève au milieu des acclamations. Il montre la résistance de la Vendée qui, vaincue en apparence, obligea cependant la République à conserver en France le culte catholique ; il rappelle ensuite la prise et la mort de Charette. Après avoir parlé du courage et de l'énergie de la France et des deux conceptions que l'on peut avoir du patriotisme, il termine par une comparaison de la République et de la Monarchie qui, elle du moins, a toujours su donner à la France un immense prestige dont notre pays bénéficie encore malgré les capitulations de son gouvernement actuel.

A la suite de ce magistral discours, M. de la Débutrie lit une ode de M. *Clénet*, intitulée la *Prise de Charette*, dont les beaux vers ont su donner un récit véritablement historique.

M. *le comte de Béjarry*, sénateur de la Vendée, se lève alors et prononce une courte mais excellente allocution pleine de souvenirs.

Voici M. le docteur *Paul Bourgeois*, ancien député royaliste de la Vendée, président actuel du Conseil Général, qui vient lire une poésie charmante, vigoureuse et spirituelle tout à la fois dont presque toutes les strophes sont soulignées de vifs applaudissements.

M. *Paul Robain*, du Comité directeur de l'Action française et son très éloquent conférencier, prend à son tour la parole et va porter l'enthousiasme à son comble. Il commence par évoquer la prise et la mort de Charette, la défaite de la cause catholique et royaliste qui renaît en ce moment, grâce, en partie, aux efforts de l'Action Française. Des présages heureux annoncent déjà un succès prochain. Il ne faut pas avoir une attitude passive mais défendre rigoureusement les libertés religieuses ; or, l'histoire a toujours prouvé que pour assurer cette liberté du culte catholique que veulent détruire les juifs et les francs maçons, pour rendre à la France son antique grandeur il fallait un roi, un roi catholique et national comme Philippe VIII, l'héritier de Saint-Louis. Aussi, Charette crie-t-il à tous du socle de cette croix : Pour Dieu, pour la France, pour le Roi jusqu'à la mort !

Cette splendide harangue soulève à sa finale un tonnerre d'applaudissements.

M. *le comte de Chabot*, le vétéran de la cause royaliste en Vendée, salue alors le général de Charette dans un sonnet charmant.

Puis M. *Vallette* donne lecture de l'adresse qu'il propose d'envoyer à Monseigneur le duc d'Orléans, adresse qui est votée par l'assemblée tout entière frémissante d'enthousiasme.

Le vieux *général de Charette*, que la mort allait enlever au respect et à l'affection de tous deux mois après, se lève enfin et prononce en guise de remerciements ces quelques mots désormais historiques : « *Ce qui a fait ce que j'ai été*, dit-il, *ce qui fait ce que je suis — catholique et royaliste — c'est la Foi, et quand je veux la réconforter, je viens en Vendée.* »

La réunion va prendre fin, quand M. *Alain de Goué*, avec une chaleur et un entrain qui ravivent encore, si toutefois c'est possible, l'enthousiasme indescriptible de la foule, adresse à tous ses remerciements. Il fait acclamer une fois encore le Roi, et présente deux jeunes gens de Rocheservière, qui entonnent avec conviction la véritable *Chanson de Charette*, celle-là même que chantèrent les soldats du Général Vendéen. Le groupe d'Action Française de Fontenay-le-Comte à son tour entonne *la Gueuse*, la chanson des Camelots du roi, et la manifestation se termine à quatre heures un quart, par les cris prolongés de : *Vive le Roi !*

Puis l'assistance retourne, avant de quitter ces lieux, saluer une dernière fois la Croix de Charette, y faire une petite prière et emporter un souvenir de la cosse historique dont la plupart des branches disparaissent sous les efforts de ce pieux vandalisme. Ce fut là peut-être l'hommage le plus populaire et le plus touchant rendu à la mémoire du grand Charette au cours de cette belle journée.

A l'issue de la cérémonie, *Mme de Goué* recevait en son château de la Chabotterie tous les invités. Un lunch des plus élégants réunissait plus de deux cent cinquante personnes, devant lesquelles *M. René Valette* prit une dernière fois la parole en un toast improvisé, délicat et chaleureux ; il leva son verre à la santé de la famille de Goué, à celle du général de Charette, de tous les royalistes présents et au retour du Royal Exilé.

De vibrantes acclamations font écho à ces paroles, et la brillante assistance, de même que la foule tout à l'heure, se retire, emportant de cette fête bien vendéenne par son caractère tout à la fois catholique et royaliste, un inoubliable souvenir en même temps que les plus légitimes espérances (1).

FIN

---

(1) Monseigneur le duc d'Orléans a bien voulu, le 25 août 1911, adresser aux organisateurs de la fête, MM. de Goué et Vallette, ses remerciements et sa reconnaissance, en les priant d'être son interprète auprès des nombreuses personnes qui se sont groupées autour d'eux. Il daignait même les recevoir à sa table et en audience privée à Bruxelles, le 7 décembre suivant ; Il leur exprimait de vive voix tous ses remerciements, félicitant chaudement M. de Goué d'avoir choisi, pour marquer le souvenir du dernier combat du grand chef royaliste, le signe de la Rédemption.

ADDITIONS ET CORRECTIONS

Page 27. — Suivant la correspondance de Goupilleau une des principales causes de l'insurrection de Saint-Sulpice fut l'accaparement de toutes les charges publiques par les trois frères Touzeau. (Bib. de Nantes, *Coll. Dugast-Matifeux*, 70.)

Page 31, ligne 13. — *Au lieu de* la chef, *lire* la clef.

Page 53, ligne 8 de la note 1. — *Au lieu de* ceux-là, *lire* ceux-ci.

Page 77, ligne 21. — Julien Lardière était diacre et non prêtre.

Page 78. — On peut ajouter à la liste des victimes de Saint-Sulpice *Louis-Marie-Pierre de Goué*, demeurant à la Chabotterie, et oncle du seigneur de ce lieu, mort le 24 mars 1793, très vraisemblablement victime d'un des premiers engagements des guerres de Vendée.

Page 99, lignes 20 et 22. — *Au lieu de* Louise, *lire* Louis. Les Bégaud partageaient aussi, en 1548, la succession de *Louise Bégaud*, dame de la Chapelle, cousine-germaine de leur père.

Page 103, ligne 26. — La cession de la Bégaudière eut lieu le 31 décembre 1653.

Page 104, ligne 27. — *Au lieu de* Jeanne de Kermeur, *lire* Jeanne de Kermeno.

Page 108, ligne 10. — *Au lieu de* de Cosnoral, *lire* de Cosnoal.

Page 110, fin. — Mme de Bourbon-Chalus a vendu, le 23 avril 1913, la terre de la Bégaudière à sa cousine-germaine, *Yvonne Espivent de la Villeboisnet*, épouse de Sévère de la Monneraye, comte de la Bourdonnaye-Montluc.

Page 137, fin. — Charles de Goué est décédé le 23 avril 1913.

Page 143, note 1. — *Au lieu de* Belleville. *lire* Montaigu.

Page 151, ligne 7. — *Au lieu de* Boussérieu, *lire* Boussiron.

Page 153, lignes 11 et 30. — *Au lieu de* Bernard, *lire* Bertrand.

Page 154, ligne 25. — *Au lieu de* Blanche, *lire* Blanchet.

Page 155, ligne 5. — *Au lieu de* premier lit, *lire* second lit.

Page 155, ligne 29. — Marie-Félicité était fille de Marie-Anne Grignon de Pouzauges.

Page 156, ligne 6. — Auguste du Chaffault eut trois filles : l'aînée, Marie-Renée-Coricie, épousa son propre oncle, Jacques-Gabriel du Chaffault.

Page 161, ligne 13. — *Au lieu de* Charles Trastour, *lire* Armand Trastour.

Page 184, ligne 2. — Nous tenons à préciser que l'architecte diocésain, M. Loué, ne put liquider les comptes de la nouvelle église, malgré les demandes du conseil de fabrique, parce qu'il était gravement malade ; mais le nouveau curé, désireux d'en finir et ignorant cette maladie, le menaça de poursuites judiciaires. Etant décédé, le 30 juillet 1890, ce fut son successeur, M. Filluzeau, qui se chargea du règlement définitif.

Page 204, ligne 35. — *Au lieu de* 1877, *lire* 1875.

Pagé 218, ligne 2. — *Au lieu de* au début de, *lire* le 8 juillet.

TABLE